读客文化

华杉讲透
资治通鉴 8

通篇大白话，拿起来你就放不下；
古人真智慧，说不定你一看就会。

华杉 著

图书在版编目（CIP）数据

华杉讲透《资治通鉴》. 8 / 华杉著. —— 南京：江苏凤凰文艺出版社, 2021.3（2023.7重印）
ISBN 978-7-5594-5326-6

Ⅰ. ①华… Ⅱ. ①华… Ⅲ. ①中国历史 – 古代史 – 编年体②《资治通鉴》– 研究 Ⅳ. ①K204.3

中国版本图书馆CIP数据核字(2020)第207003号

华杉讲透《资治通鉴》. 8

华杉 著

责任编辑	丁小卉
特约编辑	王 珺
封面设计	陈 晨
封面插画	朱嘉伟
责任印制	刘 巍
出版发行	江苏凤凰文艺出版社
	南京市中央路165号，邮编：210009
网　址	http://www.jswenyi.com
印　刷	三河市龙大印装有限公司
开　本	710毫米×1000毫米 1/16
印　张	18
字　数	246千字
版　次	2021年3月第1版
印　次	2023年7月第5次印刷
书　号	ISBN 978-7-5594-5326-6
定　价	48.80元

江苏凤凰文艺版图书凡印刷、装订错误，可向出版社调换，联系电话：010-87681002。

目 录

编者注：为了保证阅读流畅性，本书目录列出每卷"主要历史事件"和"主要学习点"的页码，方便读者查找，不在内文中另设标题，仅在"主要学习点"处划线提示。

卷第五十九 汉纪五十一
（公元188年—190年，共3年） / 001

【主要历史事件】

刺史改作州牧，地方势力坐大 / 003
王芬谋废灵帝，无人支持，最终失败自杀 / 005
董卓不认同皇甫嵩的战略，
结果皇甫嵩连战连捷，董卓怀恨在心 / 007
灵帝驾崩，刘辩继位，外戚何进秉持朝政 / 009
何进被杀，袁绍关闭宫门大杀宦官 / 014
董卓废少帝改立刘协，得以掌控朝政 / 016
董卓专政，欲望日益膨胀，京师人心崩恐 / 020
关东联兵讨伐董卓，推举袁绍为盟主 / 021
董卓欲迁都改制，反对者或贬或斩 / 022
曹操率先起兵讨伐董卓，战败 / 027

【主要学习点】

打包围战，也要给敌人留一个缺口逃跑 / 007
创业要有自信 / 011
事业也有年轮，年轮越细密，事业越坚实 / 019
管理者要过程导向，而不是结果导向 / 024

卷第六十 汉纪五十二
（公元191年—193年，共3年）/ 031

【主要历史事件】

诸将商议立刘虞为帝，刘虞坚辞不受 / 033
孙坚大败董卓，在修整洛阳时发现传国玉玺 / 035
公孙瓒击破青州黄巾，声名大振 / 040
刘备、赵云投奔公孙瓒 / 041
袁绍率军击退公孙瓒 / 045
王允请吕布做内应，成功刺杀董卓 / 046
曹操大败黄巾军，领兖州牧，实力大增 / 050
李傕、郭汜等攻破长安，王允被杀 / 052
曹操迎战袁术军，连战连捷 / 056
袁绍刺杀吕布失败，因害怕而闭城 / 057

【主要学习点】

坚持不贪心的价值观 / 036
做出选择后就要贯彻到底 / 043
正确的财务自由是可持续地挣钱，
而不是不劳而获 / 046
只问耕耘，不问收获，才能顺势而为 / 048
在成败尚不可知之前，不要轻易站队 / 052

卷第六十一 汉纪五十三

（公元194年—195年，共2年）/ 063

【主要历史事件】

曹操一路攻打陶谦，并击破刘备 / 066
张邈背叛曹操，迎立吕布为兖州牧 / 067
曹操与吕布争夺兖州，战败单骑逃跑 / 071
陶谦去世，刘备领徐州 / 072
郭汜与李傕互相猜忌，最终决裂 / 076
吕布兵败曹操，投奔刘备 / 079
献帝一路逃亡，得以东归洛阳 / 081
袁绍谋士沮授力劝迎献帝，袁绍不听 / 083
孙策击破刘繇，威镇江东 / 085
公孙瓒屡战屡败，筑高楼疏远众人 / 091

【主要学习点】

自信的自我和自我的自信 / 068
人要想成功，有时运气比努力更重要 / 071
居仁行义，支持者自然会自己来 / 072
我命由天不由我才是英雄气概 / 084
既不嫉妒他人，也不要夸耀自己的功劳 / 087
和人打交道，要注意识别"顶级坏人" / 089
人性的弱点，在于追求一劳永逸 / 092

卷第六十二　汉纪五十四

（公元196年—198年，共3年）/ 095

【主要历史事件】

刘备不敌袁术，向吕布请降 / 098
曹操谋划迎接献帝，挟天子以令诸侯 / 100
袁绍不服在曹操之下而不受太尉之职，
曹操将大将军之位让给袁绍 / 103
郭嘉弃袁绍投奔曹操 / 104
祢衡心高气傲，被曹操借他人之手杀掉 / 107
曹操进击张绣，被张绣突袭，长子曹昂被杀 / 108
郭嘉的十胜十败论 / 109
袁术称帝，吕布转而协助曹操 / 111
曹操东征袁术，袁术弃军而走 / 114
曹操攻打吕布，吕布战败被杀 / 118

【主要学习点】

得不到的东西，就不要强求 / 100
立志是立身之本 / 107
每一次选择，都要深思熟虑 / 113
身怀才学，也要在该表现的地方表现 / 116

卷第六十三　汉纪五十五

（公元199年—200年，共2年）/ 125

【主要历史事件】

袁绍伏击公孙瓒，公孙瓒兵败身死 / 127
曹操唯才是用，遭到魏种背叛仍重用 / 128
袁术欲投奔袁绍，中途兵败病死 / 128
袁绍谋攻曹操，无视沮授的反对之声 / 129
张绣率众归降曹操 / 131
董承等密谋诛杀曹操，泄露后被杀 / 136
曹操击破刘备，刘备投奔袁绍 / 137
孙策中箭而死，孙权继立 / 139
曹操与袁绍对决，史称"官渡之战" / 142
袁绍不听田丰而败，羞愧之下杀了他 / 145

【主要学习点】

兵法不是战法，而是不战之法 / 130
读史要切己体察，评论要代入自己 / 135
等待也是一种军事行动 / 142
做个听话的领导者 / 146

卷第六十四 汉纪五十六

（公元201年—205年，共5年）/ 151

【主要历史事件】

曹操攻打刘备，刘备逃奔刘表 / 153
袁绍兵败后，羞愤病死 / 155
袁绍之子袁谭、袁尚兄弟相残，曹操按兵不动 / 158
刘表写信劝袁氏兄弟停止内乱，无人听从 / 160
袁尚被曹操包围，大败后逃奔中山 / 162
曹操攻占邺城，平定冀州 / 163
曹操祭拜袁绍，放声大哭 / 164
袁谭反曹操，失败被杀 / 167
曹操宽恕了写檄文痛骂自己的陈琳 / 168
荀悦撰写《申鉴》五篇，上奏献帝 / 170

【主要学习点】

《资治通鉴》是一部博弈通鉴 / 157
一个团队只能有一个声音 / 159
和领导的亲密关系仅可表现在
只有两个人的时候 / 164

卷第六十五 汉纪五十七

（公元206年—208年，共3年）／173

【主要历史事件】

仲长统写《昌言》讲透历史循环往复的规律／176
曹操杀袁绍之子袁尚、袁熙／179
刘备三顾茅庐请诸葛亮出山／181
朝廷撤除三公，任命曹操为丞相，权力更突出／184
孔融被曹操处死，许县无人敢收尸／187
以人为本的刘备，不肯抛下跟随的民众／189
诸葛亮劝孙权一同抗击曹操，以成鼎足之势／192
面对众人劝降，孙权决心抵抗曹操／194
周瑜赤壁大败曹操／195
曹操后悔不听田畴建议，想事后赏赐田畴／198

【主要学习点】

失败是必然的，成功是偶然的／180
高管不能把咨询顾问当作竞争对手／182
面对问题还是要多读书／186
上级对下级要有"礼"，不要自我膨胀／197
封赏的原则是先分钱后赚钱／199

卷第六十六 汉纪五十八

（公元209年—213年，共4年）/ 203

【主要历史事件】

孙权与曹操以合肥为目标展开争夺，
史称"合肥之战" / 205
曹操下令唯才是举 / 207
周瑜生重病而死 / 209
士别三日，当刮目相看 / 210
曹操迎战马超，史称"渭南之战" / 212
刘璋麾下张松、法正密谋请刘备入蜀 / 214
曹操享受特权待遇，公开宣布和皇帝平起平坐 / 216
荀彧反对曹操东击孙权，服毒自杀 / 218
献帝下诏合并十四州为九州，封曹操为魏公，
曹操直属地盘得以扩大 / 221
曹操开始建立魏国社稷、宗庙 / 223

【主要学习点】

要有学习观和学习学 / 210
人只能在自己的理解范围内写作 / 219

卷第六十七　汉纪五十九

（公元214年—216年，共3年）/ 227

【主要历史事件】

夏侯渊攻烧羌屯，大破韩遂 / 229
刘璋不愿吏民受苦而投降刘备 / 231
刘备自领益州牧，重用当初痛恨的刘巴 / 232
伏皇后密谋除曹操，事泄，曹操诛杀众人 / 235
曹操立其女为皇后 / 236
刘备向孙权提出和议，平分荆州 / 238
孙权围攻合肥，史称第二次合肥之战 / 240
张鲁投降曹操，曹操占领汉中，统一北方 / 242
曹操进封为魏王 / 244
中尉崔琰被曹操以"怨谤不逊"之罪赐死 / 244

【主要学习点】

要发挥出团队每个人的最大动能 / 241
真正善战的人都是防患于未然 / 242
明哲保身，关键在于不抢先说话 / 245

卷第六十八　汉纪六十

（公元217年—219年，共3年）/ 249

【主要历史事件】

曹操率军抵达居巢，开始攻击孙权 / 251
曹丕被立为太子，曹植失宠 / 252
刘备发兵进攻汉中 / 254
代郡、上谷乌桓无臣氏等造反，
曹操派其子曹彰前往征讨 / 256
夏侯渊战败，被刘备斩首 / 258
赵云使出空城计，大胜曹操 / 259
刘备攻占汉中，自称汉中王 / 260
关羽水淹七军，威震华夏 / 262
孙权大将吕蒙偷袭荆州，袭杀关羽 / 266
曹操表孙权为骠骑将军，领荆州牧 / 272

【主要学习点】

权力越大，责任越大 / 254
要始终站在领导的立场思考 / 255
不是每一个优秀的人都需要提升 / 256
领导者的三个职责 / 257
不怕死是大将的大忌 / 259
惟贤知贤，惟圣知圣 / 264
永远保持谦卑，保持敬畏 / 270

卷第五十九　汉纪五十一

（公元188年—190年，共3年）

主要历史事件

刺史改作州牧，地方势力坐大　003
王芬谋废灵帝，无人支持，最终失败自杀　005
董卓不认同皇甫嵩的战略，
结果皇甫嵩连战连捷，董卓怀恨在心　007
灵帝驾崩，刘辩继位，外戚何进秉持朝政　009
何进被杀，袁绍关闭宫门大杀宦官　014
董卓废少帝改立刘协，得以掌控朝政　016
董卓专政，欲望日益膨胀，京师人心崩恐　020
关东联兵讨伐董卓，推举袁绍为盟主　021
董卓欲迁都改制，反对者或贬或斩　022
曹操率先起兵讨伐董卓，战败　027

主要学习点

打包围战，也要给敌人留一个缺口逃跑　007
创业要有自信　011
事业也有年轮，年轮越细密，事业越坚实　019
管理者要过程导向，而不是结果导向　024

孝灵皇帝下

中平五年（戊辰，公元188年）

1 春，正月十五日，赦天下。

2 二月，紫宫星座旁出现孛星。

3 黄巾余贼郭大等起兵于河西白波谷，寇掠太原、河东。

4 三月，匈奴屠各部落攻杀并州刺史张懿。

5 太常、江夏人刘焉见国家多事，建议说："四方兵寇，都是因为刺史威权太轻，既不能禁止，又所用非人，以致离叛，应该改置牧伯，选清名重臣以居其任。"刘焉本来想做交趾牧（因为交趾远，可以避祸），侍中、广汉人董扶私下里跟他说："京师将乱，益州一带有天子气！"刘焉于是改求益州。正赶上益州刺史郤俭横征暴敛，谣言远扬，而耿鄙、张懿又都被贼军所杀，朝廷于是听从刘焉建议，选列卿、尚书为州牧，各自俸禄不变，前往各州就任。任命刘焉为益州牧，太仆黄琬为豫州牧，宗正、东海人刘虞为幽州牧。州牧掌握重权，就从这时开始。

刘焉，是鲁恭王之后；刘虞，是东海恭王五世孙。刘虞曾任幽州刺史，当地人民都怀念他的恩信，所以朝廷用他。董扶及太仓令（大司农属官，负责接收郡国漕运的粮食）赵韪，都弃官跟随刘焉入蜀。

【华杉讲透】

这是重大的变化，刺史本来是代表皇帝的监察官。刺，是检核问事的意思；史，是御史，是中央的派出机构。而如今改为州牧，牧，是牧养人民，州牧就是地方军事行政的全权长官，实际上比诸侯王还大了。州牧一起，中央权力衰微，地方势力坐大，"三国演义"时代就要开始了。刘焉给皇帝出了这一阴招，为自己谋得益州地盘，益州又经他的儿子刘璋，落入刘备之手。所以刘焉是蜀汉帝国的真正奠基人了。

6 皇帝下诏，征发南匈奴兵，协助刘虞，讨伐张纯。单于羌渠派左贤王率领骑兵到幽州报到。匈奴人担心征兵无休无止，于是右部醢落部落造反，与匈奴屠各部落联合，共十余万人，攻杀羌渠。国人立其子、右贤王于扶罗为持至尸逐侯单于。（于扶罗，就是五胡乱华十六国时代前赵帝国刘渊的祖先。）

7 夏，四月，罢免太尉曹嵩。

8 五月，任命永乐少府、南阳樊陵为太尉。六月，罢免。

9 益州贼马相、赵祇等在绵竹起兵，自称黄巾，杀死刺史郤俭，进击巴郡、犍为，不到一个月，破坏三郡，有部众数万，自称天子。益州从事贾龙率吏民进攻马相等，数日之内，将他们击破赶走，州界清净，贾龙于是选拔吏卒，迎接新任州牧刘焉。

刘焉将州府迁到绵竹，抚纳离叛，务行宽惠，以收人心。

10 七个郡国出现水灾。

11 已故太尉陈蕃之子陈逸与术士襄楷在冀州刺史王芬处见面，襄楷说："天象不利于宦官，黄门、常侍等将要被灭族。"陈逸闻言甚喜。王芬说："如果是这样，我愿意去驱除他们！"于是与豪杰转相招集联合，上书皇帝，说黑山贼攻劫郡县，想以此为借口起兵。正赶上皇帝要巡行河间老家旧宅，王芬等人想以兵劫持皇上，诛杀诸常侍、黄门宦官，然后废黜皇帝，立合肥侯为帝。

王芬将他们的密谋告诉议郎曹操，曹操说："废立皇帝为天下最为不祥之事，古人有权衡成败，计量轻重之后而行之的，比如伊尹、霍光，都是怀着至忠之诚，据有宰辅之势，手握大权，又顺应众人的愿望，所以大家能听从他们，而完成废立大计。如今你们只看到当年的容易，没有看见今天的困难，而行此非常之事，指望能成功，这不是太危险了吗？"王芬又去找平原人华歆、陶丘洪一起定计，陶丘洪想参加，华歆阻止他说："废立大事，就是伊尹、霍光也没有把握。王芬性格疏阔，又不够果断，这事一定干不成。"于是陶丘洪没有去。

正赶上北方天空夜半时分有赤气出现，从东到西，横贯整个夜空，太史上言："北方有阴谋，不宜北行。"皇帝于是取消了到河间的计划，并且下诏让王芬撤销之前集结的军队，接着又征召他入朝。王芬恐惧，解下印绶，弃官逃走，走到平原县，自杀。

12 秋，七月，任命射声校尉马日䃅为太尉。马日䃅，是马融的族孙。

13 八月，开始设置西园八校尉，任命小黄门蹇硕为上军校尉，虎贲中郎将袁绍为中军校尉，屯骑校尉鲍鸿为下军校尉，议郎曹操为典军校尉，赵融为助军左校尉，冯芳为助军右校尉，谏议大夫夏牟为左校尉，淳于琼为右校尉，都归蹇硕统领。皇帝自从黄巾起事之后，留心军事，蹇硕壮健有武略，皇帝亲自任命他，就是大将军也归他统辖。

14 九月，罢免司徒许相，任命司空丁宫为司徒，光禄勋、南阳人刘弘为司空。

15 任命卫尉、条侯董重为骠骑将军。董重，是永乐太后（皇帝的生母董太后）哥哥的儿子。

16 冬，十月，青州、徐州黄巾军再次兴起，寇掠郡县。

17 望气的术士认为京师将受到大军攻击，两宫流血。皇帝想用法术化解，于是大发四方军队，在平乐观讲武阅兵，筑起大坛，上面建十二重华盖，盖高十丈。在坛东北又筑有小坛，上面建九重华盖，高九丈。列步骑兵数万人，结营为阵。

十月十六日，皇帝亲自阅兵，立于大华盖下，大将军何进立于小华盖下。皇帝全身披挂，自称"无上将军"，马也披甲，皇帝骑上战马阅兵，绕营三遍而还，将兵权授给何进。

皇帝问讨虏校尉盖勋："我讲武如此，怎么样？"盖勋说："臣听说先王只讲德，不讲武。如今寇贼在远方，而陛下在京师阅兵，不足以昭示陛下的果敢坚毅，只是显示黩武好战而已。"皇帝说："说得好！只恨认识您时间太晚！群臣中还没人跟我说过这样的话。"盖勋对袁绍说："皇帝很聪明，只是被左右蒙蔽。"于是和袁绍密谋诛杀宦官。蹇硕恐惧，将盖勋外放为京兆尹。

18 十一月，王国包围陈仓。皇帝下诏，再次拜皇甫嵩为左将军，督促前将军董卓，合兵四万人征讨。

19 张纯与丘力居寇掠青州、徐州、幽州、冀州四个州。皇帝下诏，命骑都尉公孙瓒征讨。公孙瓒在辽东属国（移民区）石门山与之会战，张纯大败，抛弃妻子儿女，向塞外逃走。叛军所掳掠的男女俘虏，全部获得解救。公孙瓒深入追击，却没有后援和交通线，反而被丘力居等在辽西管子城包围，坚守二百余日，粮食吃尽，军队崩溃，士卒死者十之五六。

20 董卓对皇甫嵩说："陈仓危急，请速救援。"皇甫嵩说："不对。百战百胜，不如不战而屈人之兵。陈仓虽小，城守坚固完备，不易攻下。王国兵力虽强，他攻不下陈仓，士卒一定疲敝，等他疲敝，我们再攻击，可获全胜。现在不需要去救援。"王国攻陈仓八十余日，不能攻下。

中平六年（己巳，公元189年）

1 春，二月，王国部众疲敝，解围而去，皇甫嵩进兵追击。董卓说："不可，兵法，穷寇勿追，归众勿追。"皇甫嵩说："不对。之前我们不打他，是避开他的锐气。如今追击，正是乘其衰而击之。我们所攻击的，是疲惫之师，不是归心似箭之众。王国部队正在撤退，没有斗志，我们是以整击乱，他们也不是什么穷寇。"于是皇甫嵩单独进兵追击，命董卓为后卫。皇甫嵩连战连捷，大破敌军，斩首一万余级。董卓大为羞惭怀恨，从此跟皇甫嵩结下仇恨。

韩遂等共同废黜王国，劫持前任信都县令、汉阳人阎忠，奉他为首领。阎忠接着又病死，韩遂等争权夺利，相互杀害，势力于是衰退。

【华杉讲透】

这段议论，显示董卓兵法读得有问题，"穷寇勿追"，是《孙子兵法》原话。"归众勿追"，兵法没这句话，《孙子兵法》有"击其惰归"，他想回去，必须猛追，归众必追！

穷寇勿迫，不是穷寇莫追，方向不同。迫，是挡在他前面；追，是跟在他后面。敌军穷极逃亡，你跟在后面追杀，他们人人只想快逃，越快越好，越远越好，所以没有斗志，没人停下来跟你战斗，你一路砍后脑勺就是。如果是"迫"呢，你拦住他求生的退路，他人人都要跟你拼命，这样你就占不到便宜，反而有胜败反转的危险。

所以"围师必阙"，即便是打包围战，我们包围了敌人，也一定要留一个缺口给他逃跑，等他跑，再跟在后面追杀。如果把他全部围死，不要跑掉一个，他就视死如归，置之死地而后生，即便最后你把他们全部杀光了，恐怕自己兵员损失比他还大。

皇甫嵩说得非常对，之前是避其锐气，之后是击其惰归，兵法教科书式的打法。而董卓读书不精，一知半解，理解和判断全是错的。

宜将剩勇追穷寇，不可误判学董卓。

2 幽州牧刘虞到任，遣使到鲜卑，告之以利害，又以巨额悬赏，责成他们送上张举、张纯人头。丘力居等听说刘虞到了，非常欢喜，各自派翻译来晋见，自行归降。张举、张纯逃走出塞，余众都投降或解散。刘虞上书，撤销诸屯兵，只留下降虏校尉公孙瓒，将步骑兵一万人屯驻右北平。

三月，张纯的门客王政杀死张纯，将首级送给刘虞。

公孙瓒志欲扫灭乌桓，而刘虞却想以恩信招降，于是两人之间有了矛盾。（为公孙瓒杀刘虞埋下伏笔。）

3 夏，四月初一，日食。

4 太尉马日磾免职。皇帝遣使，拜幽州牧刘虞为太尉，封容丘侯。

5 蹇硕忌恨大将军何进，与诸常侍一起游说皇帝，派何进西击韩遂，皇帝听从。何进知道这是他们的阴谋，奏报派袁绍去徐州、兖州招集军队，等袁绍招兵回来，再挥师西进，如此以拖延时间。

6 当初，皇帝的儿子数次夭折。何皇后生下皇子刘辩，送到道人史子眇家养育，号称"史侯"。王美人生下皇子刘协，董太后自己抚养，号称"董侯"。群臣请立太子，皇帝认为刘辩轻佻无威仪，想立刘协，犹豫未决。后来，皇帝病重，将刘协托付给蹇硕。

四月十一日，皇帝在嘉德殿崩逝（得年三十四岁）。蹇硕当时在内，想先诛杀何进，然后立刘协，派人迎接何进，让他进宫议事。何进即刻前往。蹇硕的司马潘隐与何进是好朋友，出宫迎接，向何进递眼色示意。何进惊觉，拔马飞驰回营，带兵屯驻百郡邸，然后称病，拒绝入宫。

四月十三日，皇子刘辩即皇帝位，时年十四岁。尊皇后为皇太后。太后临朝听政，赦天下，改元为光熹。封皇弟刘协为勃海王。刘协时年九岁。任命后将军袁隗为太傅，与大将军何进一起，参录尚书事（主掌宫廷机要）。

何进已秉持朝政，对蹇硕图谋杀害自己非常愤恨，秘密计划诛杀蹇硕。袁绍通过何进的亲信门客张津，劝何进一举诛杀全部宦官。何进认为袁家累世贵宠（袁安曾任司空、司徒，袁安的儿子袁敞任司空，孙子袁汤任司空、司徒太尉，袁汤的儿子袁逢任司空，小儿子袁隗官至太傅），而袁绍与他的堂弟、虎贲中郎将袁术也都得到豪杰们拥戴，所以信任袁绍，接受他的建议。何进又广招智谋之士，何颙、荀攸以及河南人郑泰等二十余人，任命何颙为北军中侯，荀攸为黄门侍郎，郑泰为尚书，把他们当作自己的心腹。

荀攸，是荀爽的孙子。

蹇硕心中狐疑，不能自安，写信给中常侍赵忠、宋典等说："大将军兄弟秉国专朝，如今又与天下党人密谋要诛杀先帝左右近臣，扫灭我等，只是因为我掌管禁兵，暂时还没敢发动。如今，我们应该关闭宫门，紧急将他们捕杀！"

中常侍郭胜，是何进同郡老乡，太后及何进有当前的地位，郭胜都出过大力，所以亲信何氏。郭胜与赵忠等商议，不听蹇硕的，将蹇硕的书信送给何进。

四月二十五日,何进派黄门令将蹇硕逮捕诛杀,兼并了他的部队。

骠骑将军董重,与何进权势相冲突。宦官们于是依靠董重为党助。董太后每欲干预政事,都被何太后挡回去。董太后愤怒,骂道:"你今天嚣张,都是靠你哥哥罢了!我让骠骑将军斩下何进头颅,易如反掌!"何太后把这话告诉何进。

五月,何进与三公一起上奏:"董太后派前任中常侍夏恽等与州郡地方官勾结,图财谋利,全都收入永乐宫。按先例,藩国王后不可逗留京师,请将董太后迁回本国。"何太后准奏。

五月初六,何进举兵包围骠骑将军府,逮捕董重并免职,董重自杀。

六月初七,董太后忧怖,暴崩。何进因此失了民心。

7 六月十七日,葬孝灵皇帝于文陵。何进担心再有类似蹇硕的阴谋,称病,不参加葬礼,也不送葬上山陵。

8 水灾。

9 秋,七月,将勃海王刘协改封为陈留王。

10 罢免司徒丁宫。

11 袁绍等又游说何进说:"之前窦武欲诛宦官,而反为宦官所害,是因为他言语泄露。五营士兵都畏服宦官,窦武却想任用他们,自取祸灭。如今将军兄弟并领劲兵,部曲将吏皆英俊名士,乐尽力命,事在掌握,此天赐时机,将军应该一举为天下除害,以垂名后世,机不可失!"

何进于是向太后汇报,请将中常侍以下宦官全部罢免,以三署郎(光禄勋所辖左、右、五官中郎将署所掌郎官的合称)替补他们的职位。太后不听,说:"宦官统领禁中,这是从古到今的汉家制度,不可废除。况且先帝刚刚崩逝,我怎么能公开地跟士人一起相对议事呢?"何进说不过太后，退而求其次，想先诛杀宦官中放纵不法的。袁绍认为，宦官亲近皇帝，向上转达奏章，向下传达诏令，如果不一举全部废除，必为后患。而何太后的母亲舞阳君，以及何进的弟弟何苗，又收受宦官贿赂，知道何进要杀宦官，多次向何太后进言保护宦官，又说："大将军就想杀尽皇上左右，削弱皇权，让他自己专擅政事。"太后也认为这分析有道理，对何进起了疑心。何进是新贵暴发户，不自信，过去对宦官的敬畏心还在，虽然外表上想垂名后世，实际上内心并不能决断。事情就这么拖延下来。

袁绍等又为何进出谋划策，多招四方猛将及诸豪杰，让他们带兵入京，胁迫太后。何进同意。主簿、广陵人陈琳进谏说："谚语说'掩目捕雀'，对微小的事物，尚且不能用欺骗手段，更何况国家大事，可以以诈术去做吗？如今将军总领皇威，手握兵要，龙行虎步，想做什么就做什么，诛杀宦官，就如同以炉火燎毛发一样容易，只须速发雷霆，行权立断，则天顺人从。难道反而放下自己手中利器，去征求外人协助？如果地方势力大兵聚会，则强者为雄，谁兵多谁说了算。那不是将军倒持干戈，把刀把子递给别人吗？这样做，一定不会成功，只会带来大乱！"何进不听。

典军校尉曹操听到后，笑道："宦官这个东西，自古就有，只是人主不该给他们权势恩宠，以至于发展到这个地步。既然要治他们的罪，应该诛杀首恶，一个狱吏就够了。何至于要纷纷攘攘召天下大军呢？想将他们全部杀光，事情一定会泄露，我将亲眼看到此事的失败！"

【华杉讲透】

何进的表现，是典型的不自信。自己能办成的事，非要借助别人的力量，跟别人合伙干，最终引狼入室，天下大乱。

这种情况很多，现在很多朋友创业，本来是自己的事，但是不自信，要找人合伙，创业成功之后，发现合伙人没有贡献，却占了很大股份，心理不平衡，于是又造成了利益纠纷。

当初，灵帝征召董卓进京任少府，董卓上书说："臣所辖部队，都是湟中地区的义从（志愿兵）和羌人、匈奴人，他们都对臣说：'军饷未发，粮食断绝，妻儿饥冻。'拖住我的车，不让我走。羌人、匈奴人心肠险恶，情态像狗一样，臣不能禁止，只能顺着他们，安抚他们，如果事态进一步发展，我再向上奏报。"朝廷也管不了董卓，又赶上皇帝病重，就以玺书拜董卓为并州牧，命他将兵权交给皇甫嵩。董卓又上书说："臣误蒙天恩，掌兵十年，士卒大小，相狎日久，恋臣畜养之恩，为臣效命，乞请允许我率领他们于北部州郡，效力于边陲。"

皇甫嵩的侄子皇甫郦对皇甫嵩说："天下兵柄，在大人与董卓之手。如今怨隙已结，势不两立。董卓接到诏书，让他交出兵权，他却上书请留，这是违逆诏命。他度量着京师政事混乱，所以敢于踌躇不进，这是心怀奸谋。这两条都够死刑。况且他凶残暴戾，没有亲信，将士们也不依附他。大人如今身为元帅，仗国威以讨之，上显忠义，下除凶害，无往不利！"皇甫嵩说："董卓违命，虽然有罪。我如果擅自征讨诛杀，也有责任。不如公开上奏弹劾，让朝廷裁决。"于是上书。皇帝责让董卓，董卓还是不奉诏，驻兵于河东，以观时变。

何进召董卓将兵进京。侍御史郑泰进谏说："董卓残忍寡义，贪得无厌，如果将朝政借助于他，授之以大事，必将恣其凶欲，危及朝廷。明公以皇亲国戚，德高望重，掌握国家大权，完全可以乾纲独断，诛除有罪之人。完全不应该也不需要引董卓为外援啊！况且事情越拖延，就越容易生变乱，窦武殷鉴不远，明公应该速决！"尚书卢植也上言不宜召董卓。何进都不听。郑泰于是弃官而去，对荀攸说："何公不容易辅佐啊！"

何进府掾王匡，骑都尉鲍信，都是泰山人，何进派他们回家乡招兵，并召东郡太守桥瑁屯驻成皋，派武猛都尉丁原将数千人入侵河内，火烧黄河孟津渡口，洛阳城中都能看见火光。这些行动，都以诛杀宦官为名。

董卓接到何进征召，即刻出发，并上书说："中常侍张让等，窃幸承宠，浊乱海内，臣听说，扬汤止沸，不如抽柴去火；割疮虽痛，胜过侵入脏腑。当初晋国赵鞅以晋阳之兵，驱逐君王身旁的恶人，如今臣鸣钟鼓向洛阳进发，为您逮捕张让等人，以清除奸秽！"

太后还是不听。何苗对何进说："我们当年从南阳来京，都是靠着宦官才得以富贵。国家之事，谈何容易！覆水难收，事情一旦发动，就不可收拾，请您深思！我们还是应该和宦官和平共处！"

董卓军队到了渑池，何进还在狐疑不定，派谏议大夫种邵宣诏让他停止。董卓不受诏，又进军到河南。种邵迎接慰劳，并传令让他回师。董卓怀疑有变，派军士上前持兵器胁迫种邵。种邵怒，以诏书名义斥责，军士们散开。种邵于是上前，质问董卓。董卓理屈词穷，于是退军到夕阳亭。

种邵，是种暠的孙子。

袁绍害怕何进改变主意，威胁他说："仇怨已经形成，形势已经显露，将军您还在等什么？为何不早做决断呢？事久变生，您也就跟窦武一个命运了！"何进于是任命袁绍为司隶校尉，持节，有权独断专行（汉朝司隶校尉本来就持节，到汉元帝时期诸葛丰任司隶校尉时收回，如今再次授符节给袁绍）。又任命从事中郎王允为河南尹。袁绍派洛阳方略武吏（州县佐官）司察宦官动静，又催促董卓赶快上奏章，说要进兵平乐观。

何太后这时候害怕了，将中常侍、小黄门等全部罢黜，让他们回家，只留下何进的亲信在宫中守卫。诸常侍、小黄门都到何进府上谢罪，愿意任由何进处置。何进说："天下汹汹，都是因为你们这些人罢了。如今董卓军队马上就到，你们何不早点回到自己封国？"袁绍劝何进就在此时将宦官们全部诛杀，再三陈请，何进不许。袁绍又发公文通知各州郡，诈称何进的命令，让他们逮捕宦官家属。

何进计划了很多天，消息泄露，宦官们惧而思变。张让的儿媳妇，是太后的妹妹。张让向儿媳妇叩头说："老臣我获罪，将与您一起回到老家。只是受恩累世，如今要远离宫殿，情怀恋恋，希望能再进宫值一天班，能再看一眼太后和陛下，然后退就沟壑，死而无怨！"儿媳妇把张让的话告诉娘亲舞阳君，舞阳君又告诉太后。太后于是下诏，让诸常侍重新进宫当班。

八月二十五日，何进入长乐宫，请太后尽诛诸常侍宦官。中常侍张让、段珪商议说："大将军称病，不临丧，不送葬，如今却能进到宫中来，意欲何为？难道是窦武的事又要重演了？"派人偷听，听到了何进和太后的谈话。于是率领党羽数十人，手持兵器，从侧门进入，在殿门埋伏。何进出门之后，张让又诈称太后诏书，召何进回来。何进进门坐定之后，张让等诘问何进说："天下大乱，并非我等之罪。先帝曾经与太后不愉快，太后几乎要被罢黜，全靠我等涕泣解救，各出家财千万为礼物，和悦皇帝心意。我们图什么呢？不就是为了把自己托付给你何家吗？如今你反而要将我们灭族，这不是太过分了吗？"于是尚方监渠穆拔剑将何进斩于嘉德殿前。

张让、段珪等写下诏书，任命故太尉樊陵为司隶校尉，少府许相为河南尹。尚书接到诏书，心中怀疑，说："请大将军出来一起商议。"中黄门将何进头颅扔给尚书说："何进谋反，已经伏诛。"

何进部将吴匡、张璋在外，听说何进被害，想引兵入宫，宫门紧闭。虎贲中郎将袁术与王匡一起劈门进攻，中黄门手持兵器守卫。到了日暮时分，袁术火烧南宫青琐门，想以此逼出张让等人。张让等向太后汇报，说大将军的士兵造反，火烧皇宫，攻打尚书门，于是带着太后、皇帝、陈留王，劫持宫廷其他官属，从双层复道前往北宫。尚书卢植执戈在阁道窗下，仰头斥责段珪。段珪恐惧，于是释放太后，太后从阁楼跳下，得以逃生。

袁绍与叔父袁隗矫诏召樊陵、许相，将他们斩首。袁绍及何苗引兵屯驻朱雀门下，捕得赵忠等人，斩首。吴匡等一向怨恨何苗不与何进一条心，又怀疑他与宦官通谋，于是下令军中说："杀死大将军的，就是何苗！吏士们能为大将军报仇吗？"大家都流涕说："誓死报仇！"吴匡于是带兵与董卓的弟弟、奉车都尉董旻攻杀何苗，弃尸于苑中。袁绍于是紧闭北宫门，勒兵抓捕宦官，无论老幼，全部斩杀，一共杀了两千余人，甚至有不是宦官，只是没长胡须而被诬杀的。袁绍进兵清剿，派兵士登上端门，进攻寝殿。

八月二十七日，张让、段珪等困迫，于是带着皇帝和陈留王等数十人步出谷门，夜里到了小平津，六颗御玺，一颗也没带，公卿没有一个跟随的，唯有尚书卢植、河南中部掾闵贡夜里追到黄河边。闵贡厉声斥责张让等人，并且说："你们还不快死！我要杀了你们！"亲手剑斩数人。张让等惶怖，叉手再拜，叩头对皇帝辞别说："臣等死，陛下自爱！"于是投河而死。

【华杉讲透】

何进是典型的决策困难症，这种性格很普遍，一旦需要做出决策，面临A、B两个选择，如果你建议他选A，他就会跟你谈A的坏处，以及选B的理由，一定要B。你说，好吧，我同意你，选B吧！他马上问你：为什么不是A呢？然后跟你谈B的坏处，以及选A的理由，一定要A。如此反复循环，把你逼疯了，他也做不出决策，就任由事态发展，最终不可收拾。

决策困难症，现在有个词叫"选择困难症"，通常指购物时难以做出选择。这可以说是一种精神障碍，从价值观上讲呢，是不愿意主动承担任何责任，不愿意主动接受任何损失。宁愿被动接受死亡，也不愿主动担当一丁点风险。没有任何意志力，但是有坚定的绝不找死、坚决等死的态度。

闵贡扶着皇帝与陈留王夜里借着萤火虫的亮光向南而行，想回到皇宫，走了数里，才得到一辆民家的板车，于是一起坐上板车，抵达洛舍。

八月二十八日，皇帝骑一匹马，陈留王与闵贡共骑一匹马，从洛舍南行，逐渐有一些公卿赶来护驾的。董卓到了显阳苑，远远见到洛阳火起，知道有变，引兵急进，天亮之前到了城西，听说皇帝在城北，与公卿们一起前往逢迎，在北邙阪接到皇帝。皇帝看见董卓带着军队突然到来，恐怖流涕。公卿们对董卓说："有诏退兵。"董卓说："你们身为国家大臣，不能匡正王室，让君王流离失所，还叫我退什么兵！"董卓和皇帝说话，皇帝啥也说不清楚，于是转头问陈留王，问祸乱怎么发生的。陈留王回答，从头到尾，无所遗漏。董卓大喜，认为陈留王贤明，而且又是董太后养育长大的，董卓自以为与董太后同族，于是有了废立之意。

当日，皇帝还宫，赦天下，改年号光熹为昭宁。六颗御玺，五颗找到，但最重要的传国玺丢了。任命丁原为执金吾，骑都尉鲍信从泰山招兵刚回来，对袁绍说："董卓拥强兵，将有异志，今天不先下手，一定被他所制。现在他刚到，士卒疲劳，突袭他，可以把他擒了！"袁绍畏惧董卓，不敢发动。鲍信于是带着他招来的兵回到泰山。

董卓进京，步骑兵不过三千人，自己觉得兵少，不能威服远近。于是每隔四五天，就夜里悄悄调动军队出城到附近军营，第二天一早，再大张旗鼓进城，大家都以为董卓的军队在陆续到来，全洛阳城没有一个人知道真相。不久，何进及何苗的部属都归附董卓。董卓又秘密指使丁原手下司马、五原人吕布刺杀丁原，兼并了他的部众，董卓势力大盛。于是董卓劝说朝廷，以天雨不止为由，将司空刘弘免职，由自己取而代之。

当初，蔡邕被流放朔方，后来遇上赦令，得以回来。五原太守王智，是王甫的弟弟，上奏弹劾蔡邕诽谤朝廷，蔡邕于是又亡命天涯，流浪了十二年。董卓听到蔡邕的名气，召他进京。蔡邕称病不来。董卓怒，咆哮说："我能灭他全族！"蔡邕恐惧，应召而至，到了之后，任命为祭酒。董卓对他非常敬重，以考绩优等为由，三日之间，周历三台，先是补侍御史，然后转治书御史，再升迁为尚书。（柏杨注：三台，是中台，尚书台；宪台，御史台；外台，谒者台。蔡邕只经历了御史台和尚书台二台，没有经历外台。）最后，升为侍中。

12 董卓对袁绍说："天下之主，宜得贤明，每次想到灵帝，都令人愤恨！董侯看上去似乎可以，我打算改立他为帝，看看是不是比史侯强。当然，人也有小时候聪明，长大又糊涂的情况，谁知道他以后会怎么样。如果他能胜任也就罢了，如果董侯也不行，那刘氏就不该再留下遗种！"

袁绍说："汉家君临天下四百余年，恩泽深渥，兆民戴之。今上正是少年，并无不善之行宣于天下。您想废嫡立庶，恐怕众人不能听从您的意见啊！"

董卓手按剑柄呵斥袁绍说："竖子敢这么跟我说话吗！天下之事，岂不在我！我要这么办，谁敢不从！你是说董卓的刀剑不锋利吗？"

袁绍勃然说："天下豪杰岂止董公您一个人吗！"拔出佩刀，横着作一个揖，扬长而去。董卓因为新到，见袁绍也是大户世家，所以也不敢加害。袁绍于是将当初何进授给他的司隶校尉符节悬挂于洛阳城东门，逃奔冀州。

九月癸酉日（柏杨注：应为八月三十日），董卓大会百官，奋首而言："皇帝暗弱，不可以奉宗庙，为天下之主。如今，我想依伊尹、霍光故事，改立陈留王，如何？"公卿以下皆惶恐，不敢说话。董卓又高声说："当初霍光定策，田延年按剑。有人敢反对大义的，军法从事！"满座震动。唯独尚书卢植说："当初太甲即位，却昏暗不明；昌邑王刘贺，也是罪状超过一千条；所以才有伊、霍废立之事。今上年纪尚轻，并无失德之行，不能用之前的事来相提并论。"董卓大怒，起身要杀卢植。蔡邕为卢植求情，议郎彭伯也进谏说："卢尚书海内大儒，人望所归，如果今天杀了他，天下震怖。"董卓这才罢休，但仍将卢植免官。卢植逃走，隐居于上谷。董卓将废立之议展示给太傅袁隗。袁隗表示同意。

九月初一，董卓在崇德前殿再次大会百官，胁迫太后策废少帝，说："皇帝在居丧期间，无人子之心，威仪不似人君，如今废为弘农王，立陈留王为帝。"袁隗解下皇帝玺绶，呈奉给陈留王，扶弘农王下殿，北面称臣。太后哽咽流涕，群臣含悲，无人敢言。

董卓又议："何太后曾逼迫董太后，致令董太后忧死，违逆身为儿媳妇之礼。"于是将何太后迁居永安宫。赦天下，改年号昭宁为永汉。九月初三，董卓毒杀何太后，公卿以下不穿丧服，下葬时，仅穿素色衣服而已。董卓又将何苗开棺戮尸，肢解节断，弃于路边。杀何苗母亲舞阳君，弃尸于园囿枳树丛中。

13 朝廷下诏，任命公卿以下官员子弟进宫为郎官，以替补宦官职责，侍奉于殿上。

14 九月十二日，任命太尉刘虞为大司马，封襄贲侯。董卓自任太尉，领前将军事，加节传（代表皇帝行使权力的符节及传达诏令的文书）、斧钺、虎贲卫队，改封为郿侯。

15 九月十三日，任命太中大夫杨彪为司空。

16 九月二十一日，任命豫州牧黄琬为司徒。

17 董卓率诸公上书，为陈蕃、窦武等党人平反，全部恢复他们的爵位，派遣使臣分别前往祭悼，擢升他们的子孙为官。

18 从六月开始下的雨，到九月停止。

19 冬，十月初三，葬何太后。

20 白波贼入寇河东，董卓派部将牛辅讨伐。
当初，南单于於扶罗即位后，谋杀他父亲的人就叛变，共同拥立须卜骨都侯为单于。於扶罗到京师控告，正赶上灵帝崩逝，天下大乱，於扶罗于是率领数千骑兵，与白波贼军合兵一处，寇掠郡县。当时各地人民都筑坞堡自保，於扶罗抢不到东西，反而损兵折将，于是又想归国。这时，匈奴国内也不接纳他了。於扶罗只好停留于河东平阳。须卜骨都侯单于即位一年而死，南匈奴于是虚置王位，以老王行国事。

21 十一月，任命董卓为相国，允许他赞拜不名，入朝不趋，剑履上殿。

【华杉讲透】

划重点,"赞拜不名,入朝不趋,剑履上殿",这不祥之词又出现了。在萧何获得这个特权时我们分析过。在汉朝获得这个特权的,先后有萧何、董卓、曹操、曹真、司马懿,除了萧何后来以"君子自污"的智慧,自谦、自退得以保命外,其他的,要不就是篡位,要不就是被杀。所以,有了这个特权,下一步必须是篡位。董卓任相国,也是一个重点,从萧何之后,汉朝已经四百年没有相国,而是以三公为最高官位。董卓任相国,就已经超越三公,逼近皇帝。

董卓在与袁绍讨论废立之事时,说如果陈留王也不中用,则"刘氏种不足复遗"!刘氏该绝种,这已经赤裸裸有灭汉自立之心了。

不过,董卓的问题,是没有"年轮",<u>一个事业,就像一棵大树,须有生长的年轮,年轮越细密,大树越坚实。</u>我们的一生,都在经营自己的年轮,年轮越细密,就越坚实。如果没有年轮,骤然膨胀,那长得越快的树,要么树龄很短,活不长;要么树干太空,容易折断。董卓并不是像王莽那样收买天下人心多年,而是突然来了一个机会,以军队控制了京师而已,膨胀得太快,实际上毫无根基。出了洛阳城,就根本没有他的地盘。

相反,袁绍是有"年轮"的人,《三国演义》里反复说他家"四世三公",这就是百年大树的年轮,树大根深,年轮细密,是时间积累得来。所以袁绍敢于勃然顶撞董卓:"天下健者岂惟董公!"

天下健者多了去了,董卓只不过控制了一个名存实亡的空壳小朝廷,根本没有控制天下,他却误以为"天下之事,岂不在我"。谬哉!

22 十二月戊戌日(十二月无此日)。任命司徒黄琬为太尉,司空杨彪为司徒,光禄勋荀爽为司空。

当初,尚书、武威人周毖,城门校尉、汝南人伍琼,建议董卓,擢升任用天下名士以收众望。董卓听从,命周毖、伍琼与尚书郑泰、长史何颙等淘汰秽恶,选拔一直被压制的人才。于是征名士荀爽、陈纪、韩融、申屠蟠。拜荀爽为平原国相,荀爽前往上任,走到宛陵,被擢升为光禄勋，到光禄勋府上了三天班，又拜为司空。从接到征召，到高居三公之位，不过九十三天。又任命陈纪为五官中郎将，韩融为大鸿胪。陈纪，是陈寔的儿子；韩融，是韩韶的儿子。荀爽等都畏惧董卓凶暴，不敢不来。唯独申屠蟠拿到征召的文书，别人都劝他起行，申屠蟠笑而不答。董卓最终也无法让他屈服。申屠蟠在家活到七十多岁，得以善终。

董卓又任命尚书韩馥为冀州牧，侍中刘岱为兖州刺史，陈留人孔伷为豫州刺史，东平人张邈为陈留太守，颍川人张咨为南阳太守。董卓自己的亲信，并不在显要官职，只是在军中任将校而已。

23 朝廷下诏，撤销光熹、昭宁、永汉三个年号。（仍称中平六年。）

24 董卓生性残忍，一旦专政，据有国家甲兵、珍宝，威震天下，欲望膨胀，对宾客们说："我的面相，尊贵无上！"侍御史扰龙宗找董卓汇报工作，没有解下佩剑，董卓当场将他用铁锤击杀。当时，洛阳城中贵戚邸宅相望，金银财产，家家充积，董卓放纵兵士，突入抢劫，先搜刮财物，再抢掠妇女，不管多么高贵的皇亲贵戚家庭，也毫不避忌。京师人心崩溃恐惧，家家朝不保夕。

董卓急于捉拿袁绍。周毖、伍琼对董卓说："废立君王这样的大事，不是常人所能理解的。袁绍不识大体，恐惧逃亡，并不是他有其他什么异志。如今抓捕他太急，反而激起事变。袁氏树恩四世，门生故吏遍于天下，如果他收豪杰，聚徒众，恐怕英雄从中而起，山东就不是董公您之所有了。不如赦免他，拜为一郡郡守，袁绍喜于免罪，必然不再为患。"董卓认为有道理，于是拜袁绍为勃海太守，封邟乡侯。又任命袁术为后将军，曹操为骁骑校尉。

袁术畏惧董卓，出奔南阳。曹操改名换姓，从小路向东逃归，经过中牟，被亭长怀疑，抓到县衙。当时县令已经接到董卓的通缉令。唯有功曹心知抓来的人确是曹操，认为世道混乱，不宜拘押天下英雄，于是建议县令，将曹操释放。曹操回到陈留，散尽家财，招募得士兵五千人。

当时，天下豪杰大多想要起兵征讨董卓，袁绍在勃海，冀州牧韩馥派出几位从事，对袁绍严密监视，不让他有所动作。东郡太守桥瑁，诈作京师三公书信，移书各州郡，陈述董卓罪恶，说："被董卓逼迫，无以自救，企望起兵，解除国家患难。"韩馥接到书信，与几位从事商议说："我们应该帮袁氏呢，还是帮董氏呢？"治中从事刘子惠说："如今兴兵为国，有什么袁氏、董氏！"韩馥面有愧色，刘子惠又说："兵者凶事，不可为首。如今我们不如等一等，看看别的州，有人发动，咱们再响应。冀州比其他州不弱，要建立功勋，还没人能超过冀州。"韩馥认为有理，于是写信给袁绍，陈述董卓之恶，鼓动袁绍起兵。

孝献皇帝甲

初平元年（庚午，公元190年）

1 春，正月，函谷关以东的州郡都起兵讨董卓，推举勃海太守袁绍为盟主。袁绍自号车骑将军，诸将皆板授官号。（当时董卓挟持天子，袁绍等无法取得正式诏书，所以称"板授"，就是没有诏书的任命。）袁绍与河内太守王匡屯驻河内，冀州牧韩馥留在邺城，供应军粮。豫州刺史孔伷屯驻颍川，兖州刺史刘岱、陈留太守张邈、张邈的弟弟广陵太守张超、东郡太守桥瑁、山阳太守袁遗、济北国相鲍信和曹操都屯驻在酸枣，后将军袁术屯驻鲁阳，部众各有数万。豪杰们大多归心于袁绍，唯有鲍信对曹操说："才略超过当世之人，有能力拨乱反正的，就是您！如果才德不配，就算是今天看上去很强大，最终也必然毙命。您恐怕是天降之英才吧！"

2 正月初十，赦天下。

3 正月癸酉日（正月无此日），董卓派郎中令李儒毒杀弘农王刘辩（得年十五岁）。

4 董卓准备大规模征兵以讨伐山东。尚书郑泰说："为政在德，不在于兵多。"董卓不悦，说："按你的话，兵没有用啰？"郑泰说："不是这个意思，只是山东用不着加之以大兵罢了。明公您出自西州，少年时期就担任将帅，熟悉军事。袁绍不过是一个公卿子弟，生长在京师；张邈是东平国长者，只会端坐堂中，目不斜视；孔伷只会高谈阔论，把死的说活，活的说死；这些人都没有军旅之才，临阵决敌，都不是您的对手。况且他们并不能得到封王封侯，尊卑没有次序，各自仗恃掂量自己的兵力，观望成败，不肯同心同德，同进同退。况且山东承平日久，人民不熟悉战争。而关西一直遭受寇乱，妇女都能弯弓搭箭而射杀敌人。天下人所畏惧的，就是并州、凉州之人，以及羌族及匈奴自愿军，而您正好拥之以为爪牙，这就像驱虎豹以赴犬羊，鼓烈风以扫枯叶，谁敢抵挡！相反，如果此时向全国征兵，使天下惊慌，那些不愿意服役的民众聚集起来发生变乱，那才是自损威重啊！"董卓听了这话，这才高兴了。

5 董卓认为山东兵盛，想迁都以避之，公卿们都不想搬，但是又不敢说。董卓上表，举荐河南尹朱儁为太仆，做自己的副相国。使者召拜，朱儁推辞不肯接受，说："国家西迁，必然让天下人失望，反而成就山东的祸端，我认为不可以。"使者说："召您接受拜官，您拒绝；没问您迁都的事，您却回答。这是为何？"朱儁说："副相国，不是我能胜任的。迁都是不可行的，而且是急迫之事。辞让我所不能胜任的，陈述国家紧急事务，这是我应该做的。"董卓于是不再选拔副相国。

董卓大会公卿，说："当初高祖定都关中，经历了十一代。光武帝迁都到洛阳，也有十一代了。按《石包谶》的预言，应该迁都长安，以应天人之意。"百官都默不作声。司徒杨彪说："迁都改制，天下大事，所以盘庚迁都亳州，殷朝人民都有怨气。当初关中被王莽之乱破坏，所以光武帝迁都洛阳，历年已久，百姓安乐。如今无故抛弃宗庙、园陵，恐怕百姓惊动，必有糜沸之乱。所谓《石包谶》，那是妖邪之书，怎么能信！"

董卓说："关中肥沃富饶，所以秦得之而以全力吞并六国，况且陇西盛产木材，杜陵又留有烧制陶器的窑灶，集中力量营建新都，可以一朝而成。百姓何足议哉！如果有反抗的，我以大兵驱赶，可以把他们全赶进海里去！"

杨彪说："天下动之甚易，安之甚难，希望明公您仔细考虑！"董卓变色说："你要阻挡国家大计吗？"太尉黄琬说："这就是国家大计，杨公之言，值得深思！"董卓不回答。司空荀爽见董卓义气雄壮，怕他杀害杨彪等，于是从容说："相国怎么会愿意这么做呢，只是山东兵起，不是一天两天就能平定的，所以迁都以图之，这也是和秦汉当年的形势一样。"

董卓的怒气稍微消减。黄琬退下之后，又上书反对。二月初五，董卓以灾异为名，罢免黄琬、杨彪等，任命光禄勋赵谦为太尉，太仆王允为司徒。城门校尉伍琼、督军校尉周毖坚决谏止迁都，董卓大怒说："我初入朝之时，您二位劝我任用善士，我听了你们的，让这些人在地方上做官。而这些人到任之后，就举兵来反对我！这是您二位出卖我！我有什么对不起你们的吗？"二月初五，逮捕伍琼、周毖，斩之。杨彪、黄琬恐惧，找董卓谢罪。董卓也后悔杀了伍琼、周毖，于是又上表，保荐杨彪、黄琬为光禄大夫。

【华杉讲透】

董卓出身豪强地主家族，掌握了国家最高权力后，对世家门阀还是有一定的谦卑和敬畏，希望他们能团结在自己的周围，共治天下，所以也真心实意平反党人，擢升他们的子孙。但是，董卓的欲望无极限，而世家门阀又从内心鄙视他，最终还是要决裂。非我族类，其心必异，人跟人底层逻辑不一样，永远无法相互理解，很多事无解。

6 董卓征召京兆尹盖勋为议郎，当时左将军皇甫嵩将兵三万屯驻扶风，盖勋找皇甫嵩密谋讨伐董卓，正赶上董卓也征召皇甫嵩进京为城门校尉。皇甫嵩帐下长史梁衍游说皇甫嵩说："董卓寇掠京邑，随意废立皇帝，如今又征召您。您去了，大则有危亡之祸，小则受困顿之辱。如今董卓在洛阳，而皇帝将要西行，如您率众迎奉皇帝，奉令讨逆，征兵群帅，袁绍在东，您在西，则董卓可擒也。"皇甫嵩不听，应征到京。盖勋孤掌难鸣，也只好回京师。董卓任命盖勋为越骑校尉。

河南尹朱儁向董卓陈述军事意见，董卓斥责说："我百战百胜，了然于心，你不要胡说八道，惹得我杀你，还污了我的刀！"盖勋说："以当初商朝高宗武丁之圣明，还征求大家的谏劝，何况董公您，难道要堵人之口吗？"董卓于是道歉。

7 董卓派军队到阳城，正赶上乡民祭祀集会，于是军队当场屠杀乡民，男人全部杀光，霸占他们的车辆财物，装载他们的妇女，人头系在车辕上，一路高歌回洛阳，报告说破贼大捷。董卓下令将人头火化，妇女赏赐给士兵们为婢妾。

【华杉讲透】

官军屠灭一个无辜村庄，男的杀光，女人和财物全部抢走，回去汇报说是剿匪大捷，邀功请赏，再次升官发财。这听起来不可思议，令人发指，但事实上，这也算是一个旧社会的"历史惯例"，经常发生的"潜规则事件"，人性之恶的标本式案例。这是灭绝人性，但这本身也是人性。明代王阳明剿匪，第一条就是严禁将领私自下乡剿匪，因为王阳明知道会发生这样的事，而且是几乎必然会发生。

这是什么道理呢？我把它称为"KPI屠杀"。KPI, Key Performance Indicator, 关键绩效指标，军队的绩效指标，就是敌人的首级，但是他打不过敌人，甚至根本找不到敌人，怎么办呢？他就进山"剿匪"，包围一个村庄，如此这般。

KPI考核，会带来制定考核指标者意想不到的毁灭性结果，这本来是个管理学常识。比如发生了杀人案，你考核捕快，说必须破案，破案就升官，破不了就处罚他。人类历史上还没有哪个国家哪个时期能做到杀人案一定能破的。但是只要你考核，就一定能破，怎么破呢？就是制造冤案，找个人说是他杀的，判他死刑，办案的人升官了，鸣冤的还得汇报到他那儿，他压着，永远也翻不了案。还有曾经奶粉的三聚氰胺事件，就是因为检测氮含量，你要考核氮含量，他就给你加三聚氰胺。所以，我也把"KPI屠杀"称为"管理的三聚氰胺现象"。屠杀无辜村庄是灭绝人性，这本身也是人性。在我们的企业里面，与之性质相同、程度不同的事情，比比皆是。

如何避免发生这样的事呢，就是<u>管理要过程导向，而不要结果导向</u>。王阳明剿匪，就是取消结果导向，建立过程导向，在匪患严重的村庄建立保甲制度。

<u>管理过程，接受结果，只问耕耘，不问收获，这就是正道</u>。如果老板一心要结果，下属就会以你意想不到的路径和根本无法承受的代价，把结果给老板交上来。比如一个公司，如果考核销售额，经理人就会放政策、做促销、给账期，完成销售额指标拿奖金，结果就是全公司上下都赚了钱，老板亏了。如果你考核利润，经理人就会不做任何投入，砍掉一切可以砍掉的费用，竭泽而渔，牺牲公司未来换取今天的利润。总之，无论什么结果导向的考核指标，都不可能"科学"。只有你自己制定方略，这事儿应该怎么干，然后考核过程。

至于董卓，他当然知道士兵们干了什么事，因为他自己就是这么干的。也不要以为只有董卓的兵会这么干，当时很多部队都会这么干，因为诱惑太大了。

8 二月十七日，车驾西迁，董卓逮捕洛阳富人，套上罪名诛杀，没收财产，死者不可胜计。然后驱赶全部洛阳居民前往长安，有数百万人之多。步骑兵前后驱驰，又相互踩踏，群众饥饿，又沿途被抢劫，路上堆满了尸体。董卓自己留驻在洛阳毕圭苑，指挥烧毁宫殿、官衙、民宅，二百里之内，房屋全部毁尽，鸡犬不留。又派吕布发掘诸皇帝陵墓及公卿百官坟墓，收其珍宝。董卓用猪油涂布十余匹，将俘虏的山东士兵缠裹起来，先从足底开始烧，然后活活烧死。

9 三月初五，车驾入长安，皇帝住在京兆府舍，之后才稍稍修葺宫室。这时董卓还没到，朝政无论大小，都委任给司徒王允。王允协调内外，保护王室，有大臣之度，从皇帝到群臣，都倚靠王允。王允能屈意事奉董卓，董卓也信任他。

10 董卓因为袁绍的缘故，三月十八日，杀太傅袁隗、太仆袁基，以及袁家婴孩以上五十余人。

11 当初，荆州刺史王叡与长沙太守孙坚一起攻打零陵、桂阳盗贼。王叡认为孙坚不过是一介武夫，言语间对他颇为轻视。等到州郡举兵讨董卓，王叡与孙坚也起兵。王叡与武陵太守曹寅不和，扬言要先杀曹寅。曹寅恐惧，伪造按行使者公文给孙坚，陈述王叡罪过，下令孙坚将他逮捕诛杀，再行上报。孙坚接到公文，即刻勒兵袭击王叡。王叡听说孙坚兵到，登城瞭望，派人前去询问："来做什么？"孙坚先锋官说："士兵久战劳顿，找使君您求粮饷而已。"王叡见到孙坚，惊问："士兵来求赏，孙府君为何也在军中？"孙坚说："奉使者檄文，诛杀阁下！"王叡问："我犯了什么罪？"孙坚说："你犯了'无所知'罪！"王叡束手无策，将金屑刮下，喝下去自杀。

孙坚进军到南阳，部众已达数万人。南阳太守张咨不肯供应军粮，孙坚诱而斩之，军中震栗，孙坚要什么就给什么。孙坚前行到鲁阳，与袁术合兵。袁术因此占据南阳。表孙坚为破虏将军，领豫州刺史。（表，上表向朝廷请示。朝廷是董卓把持着，当然不可能同意。所以此处的"表"，只是个说法，实际上就是袁术直接任命。进入三国时代，以后这样的"表"会越来越多。）

朝廷下诏，任命北军中侯刘表为荆州刺史。当时寇贼纵横，道路不通。刘表单枪匹马入宜城，邀请南郡名士蒯良、蒯越，和他们商议说：

"如今江南各宗党为贼,各自拥众不附,如果被袁术利用,大祸必至。我想征兵,又怕征不到,你们有什么办法?"蒯良说:"民众不归附,是因为仁政不足;归附之后又不能治理,是因为道义不足。如果能行仁义之道,则人民自然会来归附,就像水往低处流一样,还担心什么征不到兵呢!"蒯越说:"袁术骄傲无谋。宗党贼帅则贪暴而不被部下拥戴,如果派人诱之以利,他们一定来投降,使君诛杀贼帅,再抚慰其他人,让他们能为我所用。一州之人,都有求生之心,听到您的威德,一定扶老携幼,前来归附。如此,军队建立,民众依附,南据江陵,北守襄阳,荆州八郡,皆可传檄而定。这时候,即使袁术南下,他也无能为力了。"刘表说:"很好!"于是派蒯越去引诱宗党贼帅,来了五十五人,刘表将他们全部斩首,兼并了他们的部众。刘表把州府移到襄阳镇抚郡县,荆州属下长江以南地区全部平定。

12 董卓在洛阳,袁绍等诸郡皆畏其强,无人敢率先进兵,曹操说:"举义兵以诛暴乱,大众已合,你们还犹豫什么呢!假如董卓倚仗王室,占据洛阳,东向以临天下,就算他无道,也还可惧。如今,他焚烧宫室,劫持天子西迁,海内震动,不知所归,这正是上天要他灭亡之时,可以一战而定!"于是引兵向西,准备占据成皋。张邈分出一部分军队,由手下将领成兹率领,跟随曹操挺进。曹操到了荥阳汴水,与董卓部将、玄菟人徐荣遭遇,两军交战,曹操兵败,曹操被流箭射中,胯下战马也受伤。堂弟曹洪将自己的马让给曹操,曹操不接受。曹洪说:"天下可以没有曹洪,不能没有曹操!"于是曹操上马,曹洪步行跟从,乘夜逃去。徐荣见曹操所带的兵那么少,还力战一整天,觉得酸枣不易攻打,于是也带兵撤退。

曹操回到酸枣,见各路大军一共十余万,每日置酒高会,不图进取,曹操责备大家,谋划说:"诸位听听我的计策,请袁绍率河内部队进逼孟津;酸枣诸将据守成皋、敖仓,封锁辕辕、太谷,占据险要地形;袁术率领南阳部队进军丹水、析县,入武关,以震三辅。然后,三路大军,皆深沟高垒,不与董卓作战,多张疑兵,示之以天下形势,以顺诛逆，可以立即平定。如今兵以义动，迟疑不进，让天下人失望，我为诸君感到羞耻！"

张邈等不采纳曹操的建议，曹操于是与司马、沛国人夏侯惇等到扬州招兵，得一千余人后返回，屯驻在河内。

不久，酸枣诸军粮食吃尽，各军拔营而散。兖州刺史刘岱与东郡太守桥瑁有矛盾，刘岱杀死桥瑁，任命王肱为东郡太守。

青州刺史焦和也起兵讨董卓，一心要西行与酸枣诸军会师，不顾后方保障。结果，他的兵刚刚渡过黄河，黄巾军已经进入青州境内。青州一向殷实富裕，甲兵鼎盛，但是，焦和每次看见敌人就跑，从来不敢交战，又喜好卜筮，信鬼神，你如果当面见他，他谈吐不凡，但是你看他的政事，则赏罚混淆。青州由此萧条，城邑都成了一片废墟。不久，焦和病死，袁绍派广陵人臧洪任青州牧，以慰抚百姓。

【华杉讲透】

曹操的计策，确实也无法施行。首先，他的战略，也不是直捣董卓，而是将董卓包围在关中，等待他内部生变。可见曹操败了一仗，差点做了"先烈"之后，也不敢和董卓硬碰硬。而十几二十万大军围困关中，后勤保障能供应多久呢？就像后面所发生的，董卓内部没有生变，义军内部先生变了。其次，曹操要调动的，是袁绍、袁术、张邈三路大军，但只是跟张邈一个人说，张邈就算想听，也没法听从。而天下英雄，除了二袁、张邈这三路，还有刘表、刘焉等等，多着呢，谁来取代董卓呢？曹操的计策，是为谁而设呢？既不是为张邈而设，也不是为袁绍、袁术而设，只是说如何打败董卓，却没有一个利益所归的主公。

此时，谁能进军诛灭董卓，谁就能挟天子以令诸侯，但是，有胆量的没力量，有力量的没胆量，谁也不敢去打董卓。董卓呢，也没有力量打出来，割据之势已成，讨伐董卓已经既不重要，也不紧急，不在各路诸侯决策的优先级上了，积蓄自己的势力才是首位的，曹操也一样。

13 夏，四月，朝廷征召幽州牧刘虞为太傅，但是，道路断绝，诏书竟不能送达。之前，幽州远在边陲，费用庞大，每年都从青州、冀州调赋税二亿补助给幽州。如今，处处断绝，道路运输不通，刘虞身为州长，也穷得身穿破衣草鞋，吃饭没有两种以上的肉类。于是刘虞务求行政宽厚，劝勉农桑，又开通上谷市场与匈奴贸易，加上渔阳的盐产和铁矿，竟然做到百姓人人喜悦，年年五谷丰登，谷米每石只卖到三十钱。青州、徐州士人和百姓避难归附刘虞的达一百多万人，刘虞全都收容安置，为他们安生立业，流民都安居幽州，忘了自己是流亡他乡。

14 五月，司空荀爽薨逝。六月辛丑日（六月无此日），任命光禄大夫种拂为司空。种拂，是种邵的父亲。

15 董卓派大鸿胪韩融、少府阴脩、执金吾胡毋班、将作大匠吴脩、越骑校尉王瑰到关东，晓谕袁绍等，劝说他们服从朝廷。胡毋班、吴脩、王瑰到了河内，袁绍派王匡将他们逮捕诛杀。袁术也杀死阴脩。唯有韩融，因为德高望重，得以免死。

16 董卓取缔五铢钱，重新铸小钱。收取洛阳及长安铜人、铜兽、铜鸟、铜马等铸钱，从此钱贱物贵，谷米每石卖到数万钱。（和幽州每石三十钱对比，董卓通货膨胀，金融崩溃了。）

17 冬，孙坚与官属在鲁阳城东设宴饮酒，董卓部队步骑兵数万突然来到，孙坚正在行酒令，谈笑自若，整顿部曲，不准妄动。后来骑兵集结渐渐增多，孙坚才徐徐起身，导引部队进城，说："之前我安坐不起，是怕士兵们互相踩踏，恐怕各位就无法入城了。"董卓部队看见孙坚军容齐整，也不敢进攻，自己撤退了。

18 王匡屯驻黄河孟津渡口，董卓军袭击，王匡大败。

19 左中郎将蔡邕建议："孝和皇帝（穆宗刘肇）以下庙号称'宗'

的，应该都省去，以符合旧典。"皇帝同意。（称"祖"，是有功；称"宗"，是有德。和帝以下，无德可宗，所以去掉。）

20 中郎将徐荣向董卓举荐同郡故友、冀州刺史公孙度，董卓任命公孙度为辽东太守。公孙度到任，依据法律诛灭郡中名豪大姓一百余家，郡中震栗，于是他东伐高句丽，西击乌桓，对所亲信的属吏柳毅、阳仪等人说："汉室将亡，我与诸君图谋正事而已。"于是将辽东分为辽西郡、中辽郡，分别设置太守。又渡过渤海，收服东莱诸县，设置营州刺史。公孙度自立为辽东侯、平州牧，立汉高祖刘邦及光武帝刘秀的祭庙，承制（代表皇帝发号施令），郊祀天地，籍田（举行天子亲耕仪式），乘坐鸾辂，设旄头、羽骑。

卷第六十 汉纪五十二

（公元191年—193年，共3年）

主要历史事件

诸将商议立刘虞为帝，刘虞坚辞不受 033
孙坚大败董卓，在修整洛阳时发现传国玉玺 035
公孙瓒击破青州黄巾，声名大振 040
刘备、赵云投奔公孙瓒 041
袁绍率军击退公孙瓒 045
王允请吕布做内应，成功刺杀董卓 046
曹操大败黄巾军，领兖州牧，实力大增 050
李傕、郭汜等攻破长安，王允被杀 052
曹操迎战袁术军，连战连捷 056
袁绍刺杀吕布失败，因害怕而闭城 057

主要学习点

坚持不贪心的价值观 036
做出选择后就要贯彻到底 043
正确的财务自由是可持续地挣钱，
而不是不劳而获 046
只问耕耘，不问收获，才能顺势而为 048
在成败尚不可知之前，不要轻易站队 052

孝献皇帝乙

初平二年（辛未，公元191年）

1 春，正月初六，赦天下。

2 关东讨伐董卓的诸将商议说：皇帝幼小，被董卓胁迫，又远隔关塞，不知死活，而幽州牧刘虞，是宗室贤俊，不如立刘虞为皇帝。曹操说："我等举兵，之所以远近无不响应，是因为正义在我们一方。如今幼主微弱，为奸臣所制，并非有昌邑王刘贺那样的亡国之过。如果一旦改易，天下谁能安心？诸郡北面以奉刘虞，我自西向以忠幼主。"

韩馥、袁绍写信给袁术说："当今皇帝不是孝灵皇帝的儿子，我们想依照周勃、灌婴诛杀少主，迎立代王的先例，立大司马刘虞为皇帝。"（当初周勃、灌婴一口咬定少帝不是惠帝的儿子，如今韩馥、袁绍也准备依葫芦画瓢，用"一口咬定法"。）

袁术内心自己想当皇帝，不愿意国家有成年君主，于是借口公道正义，拒绝韩、袁二人的提议。袁绍又写信给袁术说："如今西边虽然名义上有皇帝，实际上不是灵帝血脉，公卿以下都媚事董卓，怎么还能信任他们！我们应当进兵屯驻关隘，将他们封锁逼死。东立圣君，则太平可期。何况我们家族被屠戮，难道不能像伍子胥那样报仇雪恨，反而还要做他的臣子吗？"（意思是把袁氏家族被屠的账算在献帝身上了。）袁术回答说："圣主聪明睿智，有周成王之资，奸贼董卓，乘着危乱之际，暂时威服百官，这不过是汉家的一点小挫折，怎么能说今上不是皇家血脉呢？这岂不是诬蔑吗？又所谓家族被戮，不能再北面为臣，这是董卓干的事，怎么能算在皇帝头上呢？我一片赤诚之心，志在消灭董卓，其他事我不懂！"

韩馥、袁绍直接派前乐浪太守张岐等，带着大家的拥戴书，去找刘虞，奉上皇帝尊号。刘虞见到张岐等人，叱责说："如今天下崩乱，主上蒙尘，我们深受国家重恩，却不能清国雪耻，诸君各据州郡，正应当勠力尽心于王室，反而造逆谋来玷污我吗？"坚决拒绝。张岐等又请求刘虞领尚书事，承制，以皇帝名义封爵任官。刘虞仍然不听，威胁说如果你们再逼我，我就逃奔匈奴，让你们死了心！袁绍等人只好停止。

【华杉讲透】

孔子说："名不正，则言不顺，言不顺，则事不成。"讨董卓，救国家，这是名正言顺的。但是，之前在酸枣，十几万大军逗留不进，是因为没有一个领袖可以号令所有人，这是另一方面的言不顺，事不成。所以韩馥、袁绍想到另一个办法，就是下断言，"一口咬定法"，一口咬定献帝不是灵帝儿子，立刘虞为君，大家都听刘虞号令。

下断言，是常用的宣传手法，不需要事实依据，也不需要逻辑推理，就是下断言，一口咬定，然后不断重复，让谎言千遍成真理。就像周勃、灌婴一口咬定少帝不是惠帝儿子，他们成功了，史书上也只能照抄，让读者自己去判断。所以韩馥、袁绍认为，我们也可以这么干。

但是，刘虞没有那么大野心，袁术、曹操则野心很大，所以搞不成。刘虞不接受皇帝称号，张岐退而求其次，让他像公孙度一样"承制封拜",勉强"言顺",刘虞仍然不接受。这名正言顺的事,就始终没有解决。

3 二月十二日,任命董卓为太师,位在诸侯王之上。

4 孙坚率军移屯梁县以东,被董卓将领徐荣所败,又收拾残卒进屯阳人。董卓派东郡太守胡轸率领步骑兵五千人攻击,以吕布为骑督。胡轸与吕布不和,孙坚出击,大破胡轸,斩其都督华雄。

有人对袁术说:"孙坚如果攻下洛阳,就难以控制他,这是除掉豺狼(董卓),生出猛虎(孙坚)。"袁术起了疑心,不再给孙坚运送军粮。孙坚连夜飞驰去见袁术,在地上写写画画,给袁术分析形势,说:"我之所以奋不顾身,是上为国家讨贼,下为将军报仇!我与董卓并无血仇,而将军您反而听人谗言,怀疑我,这是为什么呢?"袁术惭愧不安,即刻调发军粮。

孙坚回到军营,董卓派将军李傕游说孙坚,要和他结为姻亲,并请孙坚上疏,把他的子弟想做刺史、郡太守的,开列名单,由董卓保举任用。孙坚说:"董卓逆天无道,我如果不能夷灭他三族,宣示四海,则死不瞑目!我难道还要和他联姻吗?"孙坚挥师进军大谷口,距洛阳仅九十里。董卓亲自出兵,与孙坚在诸皇陵之间大战,董卓败走,撤退到渑池,在陕县集结部队。孙坚进军洛阳,攻打吕布,吕布败走。孙坚于是扫除宗庙,以太牢祭祀,并在城南甄官(掌琢石、陶土之事)署井中找到了传国玉玺。孙坚分兵出新安、渑池,准备邀击董卓。

董卓对长史刘艾说:"关东军屡战屡败,都畏惧我,做不成什么事。唯有这个孙坚,小有愚勇,还颇能用人。我们应该提醒诸将,对孙坚小心提防。我曾经和周慎一起西征边章、韩遂。我向张温建议,由我引兵做周慎后援部队,张温不听。张温又派我征讨先零叛羌,我知道无法攻克,但又不得不行动,于是前进,留别部司马刘靖将步骑兵四千人屯驻安定,以壮声势。叛羌欲截断我的退路,我稍做攻击,就打开了阻截,这都是他们畏惧安定驻军的缘故。羌虏以为安定有数万人,却不知道只有刘靖一支孤军。孙坚当时跟随周慎，向周慎请求先率领一万兵进驻金城，由周慎率军二万为后援，那么边章、韩遂畏惧周慎大军，不敢轻易与孙坚决战，而孙坚的军队，足以截断他们的粮道。周慎如果能听孙坚的，那凉州可能已经平定了。张温不听我的，周慎不听孙坚的，结果官军败走。那时候，孙坚任佐军司马，而与我所见略同，可见他也是可用之才，只可惜无缘无故跟了袁家这些公子哥儿，终究是死路一条！"

董卓派东中郎将董越屯驻渑池，中郎将段煨屯驻华阴，中郎将牛辅屯驻安邑，其余诸将分布各县，以抵御山东兵马。牛辅，是董卓的女婿。董卓引军回长安。孙坚修缮诸皇陵，引军回鲁阳。

5 夏，四月，董卓到长安，公卿皆跪拜于车下迎接，董卓用手拍拍皇甫嵩说："义真，你怕不怕？"（皇甫嵩字义真，参见之前公元189年两人结下怨仇。）皇甫嵩说："明公以仁德辅佐朝廷，大庆方至，何怖之有！如果滥施刑罚以逞凶，将使天下皆惧，也不是我一个人怕了。"

董卓党羽想按姜太公先例，尊称董卓为尚父。董卓问蔡邕意见，蔡邕说："明公威德，诚然巍巍，但是要和姜太公相提并论，我觉得还不可以。等关东平定，车驾返回洛阳，再行商议。"董卓于是打消了这个念头。

董卓下令司隶校尉刘嚣调查吏民中有为子不孝，为臣不忠，为官不清廉，为弟不顺从兄长的，全部诛杀，财物充公。于是吏民相互诬告，冤死者数以千计。百姓愁怨，路上相遇，只是互望一眼，都不敢说话。

【华杉讲透】

为子不孝，为弟不顺都要杀，重点在后一句，财物没官，董卓缺钱了。之前随意捏造罪名，杀尽洛阳富户，取了他们的财产。如今在长安，富人没了，手就伸向普通人了。你如果觉得自己忠孝两全，到不了你头上，那就错了，因为还有一个节目叫"诬告"，而董卓要的是钱，就等着将错就错。你如果认为自己从来没有得罪过人，没有人会害你，那又错了，因为还有一招叫"举报有奖"。总之，局势一到这个地步，有钱就是罪，在劫难逃。

君子见机而作，看见苗头迹象，就必须决断，抛弃一切，这是历代那些明哲保身的隐居者的生存之道。能做到这一步，不是因为智慧，是"不贪心"的价值观，高官厚禄，万贯家财，弃之若敝屣，不要了就不要了。

6 六月二十三日，地震。

7 秋，七月，司空种拂免职，任命光禄大夫、济南人淳于嘉为司空。太尉赵谦免职，任命太常马日䃅为太尉。

8 当初，何进派云中人张杨回并州招兵，结果何进败亡，张杨就留在上党，有部众数千人。袁绍在河内，张杨前去投奔袁绍，与南单于於扶罗一起屯驻在漳水。韩馥见豪杰们都归心于袁绍，心中妒忌，暗中减少袁绍的粮秣供应，想让他部众离散。正赶上韩馥部将麹义叛变，韩馥与麹义交战，韩馥战败，袁绍就与麹义联合。

袁绍的宾客逢纪对袁绍说："将军举大事，粮秣却靠他人供应，如果不能据有一州，连自己都无法保全。"袁绍说："冀州兵强，而我们的士兵又饥又乏，如果一击不能取胜，就没有立足之所。"逢纪说："韩馥庸才，可以秘密联络公孙瓒，约他攻取冀州。韩馥一定惊骇恐惧，这时候，再派一个辩士，向他陈述祸福，韩馥仓促之间，一定愿意逊让，把冀州让给将军。"袁绍同意，即刻写信给公孙瓒。

公孙瓒引兵而至，表面上说是讨董卓，实际上阴谋袭击韩馥。韩馥与公孙瓒作战不利。正赶上董卓入函谷关西去，袁绍还军延津，派外甥、陈留人高干，以及韩馥所亲信的颍川人辛评、荀谌、郭图等游说韩馥："公孙瓒率燕、代两地之卒乘胜南下，而诸郡都响应他，其锋不可挡。而袁将军引军东向，他的意图也难以预料，我们为将军您感到危险！"韩馥恐惧，问："那我该怎么办？"

荀谌说："您自以为在宽仁容众方面，比袁氏如何？"

韩馥说:"我不如他。"

"临危决策,智勇过人方面呢?"

"也不如他。"

"世代施布恩德,让天下人皆受其恩惠方面呢?"

"还是不如他。"

荀谌说:"袁氏一时之杰,将军与他,有三个不如,却久居于他的上位,他一定不甘心居于将军之下。冀州是天下之重资,他如果与公孙瓒并力来取,危亡即刻来临。袁氏本是将军故旧,又是讨董卓的同盟,当今之计,不如举冀州以让袁氏,他一定感恩将军的厚德,公孙瓒也不敢来争了。如此,则将军有让贤之名,而身安于泰山了。"

韩馥的性格一向懦弱胆怯,就接受了他们的计策。韩馥长史耿武、别驾闵纯、治中李历听说后进谏说:"冀州带甲百万,粮食够吃十年。袁绍孤客穷军,完全是仰我鼻息,如同婴儿在股掌之间,我们只要不给他喂奶,立刻饿毙,为什么要把冀州让给他呢?"韩馥说:"我本来就是袁氏旧吏,况且才能不如袁绍,度德而让贤,这古人也是推崇的,诸君为什么不赞同呢?"

之前,韩馥从事赵浮、程涣率领强弩部队一万人屯驻孟津,听到消息,率兵驰还。当时袁绍在朝歌清水,赵浮大军从后而来,船数百艘,士众一万余人,整军击鼓,夜里经过袁绍军营,袁绍非常厌恶。赵浮抵达邺城,对韩馥说:"袁本初军无斗粮,各已离散,虽有张杨、於扶罗新附,并不肯为他所用,不足为敌。我们请带兵出击,十天之内,一定让他土崩瓦解,将军只管大开房门,高枕而卧,有什么忧虑,又有什么恐惧呢?"

韩馥又不听,于是宣布辞职,从官府中迁出,居中常侍赵忠旧居,派儿子把印绶送给袁绍。袁绍将至,从事士人皆弃韩馥而去,唯独耿武、闵纯仗刀挡拒,实在拦不住才停止。袁绍诛杀二人。

袁绍领冀州牧,承制,以皇帝名义任命韩馥为奋威将军,但是没有一兵一卒,也没有官属。袁绍任命广平人沮授为奋武将军,由他监护诸将,对他宠遇甚厚。魏郡人审配、巨鹿人田丰都因为正直而不得志于韩馥，袁绍任命田丰为别驾，审配为治中，南阳人许攸、逢纪，颍川人荀谌等皆为谋士。

袁绍任命河内人朱汉为都官从事。朱汉之前受过韩馥羞辱，又想讨好迎合袁绍，于是擅自发兵包围韩馥宅第，拔刀登屋。韩馥逃走上楼，朱汉抓到韩馥长子，用铁锤打断其双腿。袁绍即刻逮捕朱汉，诛杀。韩馥仍然忧怖，逃去投奔张邈。后来，袁绍遣使去见张邈，商议其他事情。韩馥在座，认为是来图谋他的，过了一会儿，起身如厕，在厕所用刻书简的刀自杀。

【华杉讲透】

明哲保身，不是韩馥这个保法。韩馥既不懂明哲，也不懂保身。明，是明于事；哲，是哲于理。保身呢，也不只是保自己的人身安全，而首先是保自己的原则，在乱世不同流合污。韩馥在明哲方面，是既不明，也不哲，既不明白事，也不懂道理，对形势完全没判断。保身方面呢，他也没有什么原则性的价值观，得志便猖狂，见到危险又想离开战场，一厢情愿想保平安，这样不仅保不了平安，而且害人害己，家破人亡，还没人同情，只是一个不敢承担责任的可怜虫。

鲍信对曹操说："袁绍为盟主，专权夺利，将要自生变乱，这又是一个董卓。如果我们要压制他，又没有这个实力，反而结成怨仇，不如转移到黄河以南，以待其变。"曹操觉得有理。正赶上黑山、于毒、白绕、眭固等十余万众寇略东郡，王肱不能抵御。曹操引兵入东郡，击白绕于濮阳，打了胜仗。袁绍于是任命曹操为东郡太守，郡府设在东武阳。

9 南单于劫持张杨，反叛袁绍，屯驻于黎阳。董卓任命张杨为建义将军，河内太守。

10 太史望气，说将有大臣被戮死，董卓派人诬告卫尉张温与袁术秘密联络，冬，十月初一，将张温在闹市笞杀，以应天象。（张温当初不能斩董卓，如今反而为董卓所杀，可悲可叹！）

11 青州黄巾寇掠勃海郡，有众三十万，想与黑山贼会合。公孙瓒率步骑兵二万人迎击于东光县南，大破之，斩首三万余级。贼军抛弃辎重，奔走渡河，公孙瓒乘他们渡过一半，发动突击（兵法：军半渡可击），贼军再次大败，死者数万，俘虏七万余人，车马、盔甲、财物不可胜算，公孙瓒威名大震。

12 刘虞的儿子刘和在朝廷任侍中，皇帝想东归洛阳，派刘和假装逃亡，潜出武关找刘虞，令他将兵来迎。刘和到了南阳，袁术希望以刘虞为外援，扣留刘和，许诺他说等刘虞兵到了，一起西进，让刘和写信给刘虞。刘虞收到书信，派数千骑兵去迎接刘和。公孙瓒知道袁术有异志，劝阻他，刘虞不听。公孙瓒担心袁术知道了，怨恨自己，于是也派自己的堂弟公孙越带数千骑兵去协助袁术，而私底下建议袁术扣留刘和，兼并他的部队。于是公孙瓒和刘虞有了矛盾。刘和从袁术处逃走向北，又被袁绍扣留。

当时关东各州、郡势力，都互相兼并以求自强，袁绍、袁术也离心离德。袁术派孙坚出击董卓，还未回来，袁绍就趁机任命会稽人周昂为豫州刺史，袭夺孙坚的阳城。孙坚悲叹说："大家同举义兵，以救社稷，眼看逆贼将要破灭，却各自争斗如此，我将与谁同心协力呢！"孙坚引兵攻击周昂，将他撵走。袁术派公孙越协助孙坚攻打周昂，公孙越为流箭所中而死。公孙瓒怒道："我弟弟的死，账要算在袁绍头上！"于是出军屯驻磐河，上书数袁绍罪恶，进兵攻打袁绍。冀州诸城都反叛袁绍，跟随公孙瓒。袁绍恐惧，将所佩戴的勃海太守印绶给公孙瓒的堂弟公孙范，派他到勃海郡就任。而公孙范到任之后，也背叛袁绍，领勃海部队以协助公孙瓒。公孙瓒于是任命自己帐下将帅严纲为冀州刺史，田楷为青州刺史，单经为兖州刺史，又将各郡守、县令全部撤换。

当初，涿郡人刘备，是中山靖王之后，少年丧父，家境贫寒，与母亲一起卖草鞋为生。刘备身高七尺五寸，双手下垂过膝，眼睛能看见自己的耳朵，有大志，寡言少语，喜怒不形于色。刘备曾经与公孙瓒一起在卢植门下学习，所以前往投奔公孙瓒。公孙瓒派刘备跟随田楷夺取青州，有功劳，于是任命为平原国相。刘备少年时与河东人关羽、涿郡人张飞相友善，任命关羽、张飞为别部司马，分统部曲。刘备与二人寝则同床，恩若兄弟。而在大庭广众之下，关、张二人总是终日侍立在刘备左右，跟随刘备周旋，不畏艰险。常山人赵云早先率本郡士兵投奔公孙瓒，公孙瓒说："听说你们冀州人都愿意归附袁氏，为什么你能迷途知返呢？"赵云说："天下汹汹，不知道谁是谁非，人民有倒悬之苦，本州的舆论，只希望有谁能施仁政，也不是就非议袁氏，而私心趋赴将军您。"刘备见到赵云，认为他是奇才，于是深加结交。赵云跟随刘备到平原，为刘备主持骑兵。

13 当初，袁术得了南阳，户口数百万，而袁术骄奢淫逸，征敛无度，百姓痛苦，人心开始离散。后来，袁术和袁绍有了矛盾，各立党援以相图谋，袁术联合公孙瓒，袁绍联合刘表，而豪杰们大多归附袁绍。袁术怒道："群小不归附我，反而归附我家家奴吗？"（袁术是嫡子，袁绍是庶子，故有此言。）又写信给公孙瓒说："袁绍不是袁氏儿子。"袁绍大怒。

袁术派孙坚击刘表，刘表派部将黄祖迎战于樊城、邓县之间，孙坚击破黄祖，进军包围襄阳。刘表派黄祖乘夜出城，调兵增援，黄祖将兵回城时，孙坚截击，黄祖败走，逃窜入岘山中。孙坚乘胜，连夜追击，黄祖部下士兵从竹林中射出暗箭，射杀孙坚。孙坚所举荐的孝廉、长沙人桓阶向刘表请求为孙坚发丧，刘表义而许之。孙坚哥哥的儿子孙贲率其士众投奔袁术，袁术任命他为豫州刺史。从此以后，袁术再也没有力量战胜刘表。

14 当初，董卓入关，留朱儁守洛阳。朱儁秘密与山东诸将通谋，担心被董卓袭击，出奔荆州。董卓任命弘农人杨懿为河南尹。朱儁又引兵回洛阳，将杨懿击走。朱儁认为河南残破，没有资源，于是向东，屯驻中牟，移书州郡，请求各地派兵给他征讨董卓。徐州刺史陶谦，尊奉朱儁为代理车骑将军，派精兵三千给他，其他各州郡也都各自有所支援。陶谦，是丹阳人，当初，朝廷因为黄巾军寇乱徐州，任命他为徐州刺史。陶谦到任之后，攻击黄巾军，大破之，黄巾军撤走，徐州全州晏然平定。

15 刘焉在益州，密谋独立。沛国人张鲁，从祖父张陵以来，世代都信奉五斗米教，客居于蜀。张鲁的母亲因会鬼神之道，经常进出刘焉家，刘焉于是任命张鲁为督义司马，张脩为别部司马，二人合兵掩杀汉中太守苏固，切断斜谷栈阁，杀害汉使。刘焉上书说："米贼截断道路，无法再与朝廷交通。"又以其他借口杀死州中豪强王咸、李权等十余人，以立威刑。犍为太守任岐及校尉贾龙因此起兵攻打刘焉，刘焉击杀任岐、贾龙。刘焉于是意气风发，制作乘舆马车一千余辆，刘表上书弹劾说："刘焉有子夏在西河假装圣人之行。"（子夏是孔子弟子，孔子去世后，子夏在西河设教。曾子批评他说："你在西河假装圣人，让百姓都知道你，不知道孔夫子了，这是你的罪！"刘表的意思，刘焉僭越天子仪仗，让益州百姓都以为他是天子，不知道真正的天子了。）当时刘焉的儿子刘范为左中郎将，刘诞为治书刺史，刘璋为奉车都尉，都在长安跟随皇帝左右，唯有小儿子、别部司马刘瑁一直跟着刘焉。皇帝派刘璋去晓谕刘焉。刘焉把刘璋留下来，不让他回长安了。

16 公孙度威行海外，中国人士躲避战乱的，大多去归附他，北海人管宁、邴原、王烈也在其中。管宁少年时与华歆为友，曾经和华歆一起在菜地劳作，看见地里有一块金子，管宁挥动锄头，只当瓦石一样，华歆则把金子捡起来扔到一边，人们从此时看出他们两位的优劣。邴原远行游学，过了八九年，准备回乡，老师同学们为他设宴饯行，都知道他不喝酒，仅准备了米和肉。邴原说："我本来是能喝的，只是担心荒废学业，所以戒酒，如今要远别，可以喝一次！"于是共坐饮酒，终日不醉。

　　管宁、邴原都以操守闻名，公孙度听说他们要来，安排好馆舍准备接待。管宁晋见公孙度之后，在山谷中结庐而居。当时避难者都在郡南居住，唯有管宁独自向北，以示没有南归之意，后来来的人渐渐挨着他，一个月工夫，就形成了一个村庄。管宁每次见公孙度，只谈学问经典，不谈世事，回到山里，专讲《诗》《书》和古代祭祀礼仪，不是学者，就不见面。于是公孙度对他的贤德感到很安心，民间也受他感化。

　　邴原性情刚直，喜欢清议，格正是非，公孙度以下，对他都深感不安。管宁对邴原说："潜龙以不见成德（潜龙勿用），不该说话的时候说话，这是招祸之道。"秘密助邴原逃回南方。公孙度知道消息，也不追赶。

　　王烈学识过人，少年时名声就在管宁、邴原之上，特别善于循循善诱，引人向善。乡里有一个人偷牛被抓到，说："要杀要剐，都行，只是不要让王先生知道。"王烈听说后，派人送去一匹布给他。有人问为什么，王烈说："盗贼害怕我知道他的过失，这说明他有羞耻之心，既然知道羞耻，则善心将生，所以我送他一匹布，以劝其善。"后来有一位老人在路上丢了一把剑，一个过路人看见地上的剑，就守在那里，一直到日暮时分，老人回来找剑，把剑交给老人。老人觉得这人好怪，告诉王烈这件事，王烈派人调查是谁，结果就是当初那个偷牛的人。乡里有争讼的，都去找王烈评理，结果呢，有的半道就自己回去了，有的走到看见王烈家房子，也掉头了，都谦让对方，不让王烈知道他们有过纷争。公孙度任命王烈为长史，王烈推辞，自己从事商业以自污（在当时做商人是很低贱的事），于是公孙度作罢。

【华杉讲透】

　　公孙度对管宁觉得很心安，"度安其贤，民化其德"。邴原呢，"度以下心不安之"。因为他们二人都是名士，都是有舆论影响力的人物，管宁原则清晰，只谈学问，不谈政治。邴原则"性刚直，清议以格物"，清议是议论政治，格物是拿个善恶是非的格子去评价时政和人物,所以不仅公孙度,所有官员都心中不安,因为邴原有公信力,他如果说什么事不对,或者什么人不好,对大家都是麻烦。那本来是到人家这里来避乱的,怎么能反而给人家添乱呢?天下已经大乱,就这里还起码能保障人身安全,你也是来避乱求保护的,为什么要拿圣贤标准去要求别人呢?

王烈的做法,叫"君子自污",不要做圣人,不要搞得自己一身洁白无瑕,自己给自己身上泼点污水,也省得被别人泼。

《资治通鉴》讲政治之道,讲两条道:参与之道和不参与之道。之前韩馥是参与了,却不懂得参与之道,所以败亡。而邴原呢,本来是不参与,又不懂得不参与之道,所以逃亡出来,又逃亡回去,狼狈不堪。管宁和王烈,就深谙不参与之道。参与还是不参与,是人各有志,但是做出选择之后,就要凡事彻底,一以贯之。

初平三年(壬申,公元192年)

1 春,正月丁丑日(正月无此日),赦天下。

2 董卓派部将牛辅将兵屯驻陕县,牛辅分别派遣校尉,北地人李傕、张掖人郭汜将步骑兵数万击破朱儁于中牟,乘胜掳掠陈留、颍川诸县,所过之处,杀光抢光,人民几乎死尽。

当初,荀淑有一个孙子叫荀彧,少年时就有才名,何颙见了,大为惊异,说:"这是辅佐君王之才!"等到天下大乱,荀彧对父老们说:"颍川是四战之地,应该早日迁徙。"乡人大多依恋故土,不愿离开,荀彧独自率宗族去投奔韩馥。到的时候,正好袁绍已经夺了韩馥的位置。袁绍待荀彧以上宾之礼,但荀彧觉得袁绍终究成不了大事,听说曹操有雄才大略,就离开袁绍,去投奔曹操。曹操与荀彧一席谈话,大悦说:"你就是我的张子房啊!"任命荀彧为奋武司马。荀彧同乡留下没走的,大多被李傕、郭汜所杀。

3 袁绍亲自率军迎击公孙瓒，与公孙瓒战于界桥之南二十里。公孙瓒兵三万，兵锋甚锐。袁绍令麹义率精兵八百先出战，两翼埋伏强弩一千。公孙瓒轻视麹义兵少，纵骑兵突击。麹义士兵伏在盾牌下不动，待公孙瓒骑兵相距仅十几步时，同时发动，呐喊声惊天动地，公孙瓒军大败，他所任命的冀州刺史严纲被杀，斩首一千余级。追击到界桥，公孙瓒收集军队，回身再战，再次被麹义击败。麹义一直追杀到公孙瓒大营，拔了他的牙门大旗。公孙瓒撤退。

当初，兖州刺史刘岱与袁绍、公孙瓒联合，袁绍令妻子儿女居住在刘岱处，公孙瓒也派从事范方率骑兵协助刘岱。等到公孙瓒击败袁绍军，传话给刘岱，要求他交出袁绍家属，又传令给范方："如果刘岱不交出袁绍家属，你就带骑兵回来。我平定袁绍之后，将移师讨伐刘岱。"刘岱与官属会议，连日不决，听说东郡人程昱有智谋，召他来问计。程昱说："如果抛弃袁绍近援，而求公孙瓒之远助，就好比认为越国人水性好，儿子溺水了，去越国找人来救，来得及吗？况且公孙瓒不是袁绍的对手，如今暂时赢了一仗，终将为袁绍所擒。"刘岱听从程昱的意见。范方于是带骑兵离开，还没到，公孙瓒已经败了。

4 曹操驻军在顿丘，于毒等攻打东武阳。曹操引兵向西，进山攻打于毒大本营。诸将都请求救援武阳。曹操说："假使贼军听说我向西，回师来救，武阳之围自然解除。如果他不回来，我能打败他的本部，他也必定不能攻下武阳。"于是西进。于毒接到情报，果然弃武阳而还。曹操于是攻打眭固及匈奴於扶罗于内黄，都大获全胜。

5 董卓任命他的弟弟董旻为左将军，哥哥的儿子董璜为中军校尉，都掌军权，宗族内外并列朝廷，董卓侍妾怀抱中的婴儿都封侯，把金色和紫色的绶带当玩具。董卓的车马服装都僭越天子的规格，召呼三台（尚书为中台，御史为宪台，谒者为外台）、尚书以下都到董卓府奏事。又在郿县筑坞堡，墙高七丈，厚七丈，储备三十年粮食，自己说："事成，雄踞天下；事不成，守此足以终老。"

【华杉讲透】

筑郿坞这一天，董卓已经败了。这世上最害人的词，叫"财务自由"，财务自由是一种什么心态呢，就是钱够了，不工作也有的吃。《三国演义》里说得更形象，郿坞里不仅有三十年粮食，还有金玉、彩帛、珍珠不计其数，少年美女八百人云云。这虽是小说家言，倒也可信，因为这符合"财务自由者"的幻想标准——不仅不干活也有的吃，而且保持现有的生活水平不要下降。

从小父亲就告诉我："家有斗金不如日进分文。"这是奶奶传给他的财务观念，不在于有钱没钱，而在于可持续地挣钱、生钱，永远不要想不劳而食的事。

董卓却不明白这个道理，他认为守三十年足以让自己终老，没想过那少年美女八百人，也愿意陪他终老吗？郿坞不会被从内部攻破吗？

人的幼稚可笑是没有底线的，因为人性的弱点，就是"一厢情愿"，一厢情愿能让人失去一切智商，轻信任何事情。

究其根本，还是没有志向，董卓干着雄踞天下的事，却没有雄踞天下的志向，随时准备退守郿坞。什么叫志向呢？王阳明说："持志如心痛，一心在痛上。"如果董卓有王天下之志，他就会勇往直前，完全不会有给自己安排退路的想法。没有志向，就是力小而任大，德薄而位尊，死路一条了。

董卓性格残忍，轻于诛杀，诸将言语稍微有点差错，就在眼前戮杀，致使人人自危。司徒王允与司隶校尉黄琬、仆射士孙瑞、尚书杨瓒密谋诛杀董卓。中郎将吕布，习于弓马，膂（脊梁骨）力过人。董卓知道自己对人刻薄，走到哪儿都用吕布做保镖，非常喜爱信任他，誓为父子。但是董卓性格刚愎偏激，吕布有一次稍微惹董卓不高兴，董卓操起手戟（一种便于刺击的小戟）就扔向吕布，吕布拳脚迅捷，闪躲避开，改容向董卓谢罪，董卓也消气了。但吕布由此私下怨恨董卓。董卓又派吕布守卫中阁，吕布借机与一位侍婢私通，心中更加不能自安。王允一向对吕布很好，吕布去见王允，说起几乎被董卓杀死的情况，王允借此将密谋诛杀董卓的事告诉吕布，请他为内应。吕布说："我和他毕竟是父子之情啊！"王允说："他姓董，你姓吕，本来就不是骨肉至亲。如今随时都担心自己会死在他手里，还叫什么父子，掷戟之时，有父子之情吗？"吕布于是同意做内应。

夏，四月二十三日（柏杨注：原文为丁巳日，根据《后汉书》改），皇帝有病新愈，在未央殿大会群臣。董卓朝服乘车而入，陈兵夹道，从大营到皇宫，左边步兵，右边骑兵，保卫严密，命吕布等前后护卫。王允派士孙瑞亲自写好诏书，交给吕布。吕布命同郡同乡、骑都尉李肃与勇士秦谊、陈卫等十余人伪装穿着卫士服，守在北掖门内等待董卓。董卓入门，李肃举戟刺击。董卓穿着盔甲，刺不进去，刺伤了手臂，堕下车来，回头大喊："吕布何在？"吕布说："奉诏讨贼臣！"董卓大骂："庸狗！岂敢如此！"吕布应声以矛刺杀董卓，又命士兵砍下他的头颅。主簿田仪及董卓的奴仆扑向董卓尸体，吕布又将他们格杀。吕布拿出怀中诏书对吏士们说："皇帝下诏仅讨董卓一人，其他人都不问罪。"吏士们都正立不动，大呼万岁。百姓歌舞于道路，长安城中士女卖珠玉衣装买酒肉庆祝的，填满街肆。董卓的弟弟董旻、侄儿董璜以及宗族老弱在郿县的，都被其群下砍杀或射死。将董卓暴尸于市，当时天气刚刚开始转热，董卓一向肥胖，油脂流在地上。守尸的小吏做了一根大灯芯，插在董卓肚脐上点燃，从晚上一直燃到天亮，就这样一直燃了几天。袁氏诸门生聚集到董卓尸体旁，把董尸烧成灰烬，扬之于路。郿坞中有黄金二三万斤，银八九万斤，锦绣珍玩堆积如山。

朝廷任命王允录尚书事，任命吕布为奋威将军、假节，仪比三司（级别待遇与三公相同），封温侯，与王允共同主持朝政。

【王夫之曰】

有诡谲鸷悍之才，在下位而觊觎帝位的，其灭亡也必速，所以王莽、董卓都亡了。而那些能霸天下数十年之久，甚至传之子孙，到后来因为无道而后灭亡的，必定是他在最开始的时候，并无窥窃神器之心，而是奋志勠力以天下为己任，到了后来，功立威震，上无驾驭之主，然后才萌生不轨之心,以不终臣节而获大宝。

关东之起兵诛董卓,自袁绍始。袁绍最开始顶撞董卓说:"天下健者,岂唯董公?"其志可知也。袁绍集山东之兵,声震天下,董卓西迁以避之。此时董卓有崩溃之势,如果袁绍速进扑击,董卓还能抵挡吗?但袁绍等逗留不进,懦弱无略只是一方面,袁术、袁绍兄弟自怀觊觎之志,他们比董卓还盼望汉朝灭亡,才是真心。

当此之时,真正崛起而与董卓死战的,只有两人,就是曹操和孙坚,可以说,此时曹操和孙坚,都没有非分之想,一心要救国救民的,孙坚算第一个,曹操算第二。结果呢,三分天下,曹操得其一,孙坚得其一。

所以,天下不是你一厢情愿,想得就得的,刘邦入关中,也就是想称关中王而已,项羽杀了义帝,他才有王天下之心。董卓死了,李、郭叛乱,袁绍专擅河北,把帝室丢在脑后,袁术、刘表相继僭越,献帝不能制御,曹操才生出篡夺之志。曹操挟天子,灭袁绍,降刘琮,孙权才确立割据大业。所以,曹操篡夺,是袁绍造成的,孙权割据,又是曹操促使的了。如果说在起兵讨董卓的时候,曹操、孙坚就有篡汉之心,那既不符人情,也不合天理,更不是兴废成败之定数。

【华杉讲透】

王夫之所论,天下不可智取,也不可力争,唯有德者居之。<u>万事不可志在必得,志在必得者死。</u>曹操和孙坚,都是只问耕耘,不问收获,开始时也是赤胆忠心,干的都是正事儿,后来也是顺势而为,实至名归。

董卓死时,左中郎将、高阳侯蔡邕正在王允家中做客,听到消息,为之惊叹。王允勃然大怒,叱责说:"董卓是国之大贼,几乎倾覆汉室,你身为国家大臣,本应同仇敌忾,却反而因为他对你的私恩,为他感到伤痛,岂不是与他同为逆贼吗?"当即将蔡邕逮捕,关进廷尉监狱。蔡邕谢罪说:"我虽然有不忠的行为,但是古今大义,耳所常听,口所常言,怎么会背叛国家而倾向董卓呢?希望能免我一死,处以黥面砍足的肉刑,让我能完成《汉史》。"(当初,蔡邕被流放朔方时,就上书请求让他续写《汉书》各志,蔡邕的学问和志向,都在著史。)士大夫们也都出面营救蔡邕,太尉马日䃅对王允说:"蔡邕旷世奇才,熟悉汉事,应该续成后史,成就一代大典。而他所犯的罪甚为轻微,如果诛杀他,岂不让天下人失望?"王允说:"当初武帝不杀司马迁,让他写作谤书,流于后世。方今国运中衰,城外就是战区,不可让佞臣执笔于圣主左右,既无益于圣德,又让我辈受他的讪笑讥议。"马日䃅退下,跟人说:"王允莫非也要绝后吗?善人,是国家的纲纪;史著,是国家的典籍;灭纪废典,能长久吗?"

蔡邕终究死在狱中。

【华杉讲透】

王允非杀蔡邕不可,原因恐怕在他那一句话:"复使吾党蒙其讪议。"他和蔡邕都是小心侍奉董卓而深受董卓信任和倚重,当然也没少替董卓干坏事,而蔡邕知道得太多。蔡邕不说写史还好,蔡邕要写史,王允就非杀他不可。

政治是个人的,蔡邕只想到国家利益,觉得自己对国家还有用,却不知道正犯了王允的忌。

当初,黄门侍郎荀攸与尚书郑泰、侍中种辑等密谋说:"董卓骄忍无亲,虽然坐拥强兵,实际上只是一个匹夫而已,可以直接刺杀。"事情几乎要成功之时,消息走漏,荀攸被捕入狱,郑泰逃奔袁术。荀攸在狱中,言语饮食自若,正赶上董卓被杀,荀攸得以免祸。

6 青州黄巾军入寇兖州,刘岱想出击,济北国相鲍信进谏说:"如今贼众百万,百姓震恐,士卒没有斗志,不可出战。而贼军没有辎重,全靠抢掠维持,我们不如固守,积蓄力量。贼军欲战不得,攻又不能,一定离散,那时候我们再选拔精锐,据守要害,可以将他们一举击破。"

刘岱不听，于是出战，结果为贼军所杀。

曹操部将、东郡人陈宫对曹操说："如今兖州无主，而王命不能通达，我可以出面游说州中主要官员，请您去主持州牧，以兖州为资以取天下，这是霸王之业！"

陈宫于是去游说兖州别驾、治中等官员："如今天下分裂，而兖州无主，曹操乃命世之才，如果我们迎接他来做州牧，一定能让百姓安宁。"鲍信等也深以为然，于是与州吏万潜等到东郡，迎曹操领兖州刺史。曹操于是进兵与黄巾军战于寿张东，作战不利。贼众精悍，而曹操兵弱将寡。曹操抚慰激励，明设赏罚，不断以奇谋巧计，昼夜会战，每战都有擒获，贼军于是退走。鲍信战死，曹操悬赏寻找他的遗体，没有找到，于是用木头刻成鲍信雕像，祭吊哀哭。

朝廷下诏，任命京兆人金尚为兖州刺史，金尚前来就任，曹操逆击，金尚逃奔袁术。

7 五月，任命征西将军皇甫嵩为车骑将军。

8 当初，吕布劝王允杀尽董卓部曲，王允说："此辈无罪，不可。"吕布想将董卓的财物分赐给公卿、将校，王允又不同意。王允一向只把吕布当一个剑客看待，吕布自负自己的功劳，自夸自大，得不到王允承认和尊重，渐渐心中不平。王允性格刚烈，疾恶如仇，当初因为畏惧董卓，折节下之，董卓死后，自以为没有对手，非常骄傲，所以下属臣僚对他都开始离心离德。

王允开始时与士孙瑞商议，想下诏赦免董卓部曲，后来又疑心说："部曲只是听上级命令行事，本身没有罪，如今先给他们恶逆的罪名，然后再赦免，恐怕反而让他们起疑心，不是让他们心安的办法。"于是停止。

王允又考虑将董卓军队解散，有人对他说："凉州人一向忌惮袁氏，畏惧关东大军，如今一旦解散部队，打开函谷关，一定人人自危。可以任命皇甫嵩为将军，前往统领他们，然后把他们留在陕县安抚。"王允说：“不对，关东举义兵者，都是和我们同一阵线，如今我们据守险要，屯兵陕县，虽然凉州人心安了，关东对我们又起疑心，不可以。"

当时百姓都传言要诛杀所有凉州人，董卓部下将校们相互转告，恐惧骚动，都拥兵自守，并说："蔡邕只是受董公亲厚，就被连坐，如今既不给我们赦免，又想解散我们的部队。今日部队解散，明日就是别人砧板上的鱼肉了。"

吕布派李肃到陕县，以诏命诛杀牛辅，牛辅等率军迎战，李肃败走弘农，被吕布诛杀。牛辅惶怖，手足无措，又赶上军营中无故自惊（惊营：由于士兵过分焦虑紧张，夜里有风吹草动，就以为有敌人袭营，惊起相互砍杀），牛辅想逃走，被左右所杀。李傕等回来，牛辅已死，李傕等无所依靠，派使者到长安请求赦免。王允说："一年之内，不能有两次赦令。"拒绝了他们的请求。李傕等更加恐惧，不知所为，想各自解散，回归乡里。讨虏校尉、武威人贾诩说："诸郡如果弃军单行，一个亭长就可以把你们擒了，不如率军西向，以攻长安，为董公报仇，事成，则奉国家以济天下；事不成，再走不晚。"李傕等同意，于是相率结盟，率军数千，昼夜西行。王允认为胡文才、杨整修都是凉州有威望的人，召他们来，派他们为使者，去跟李傕解释，但是，又不能和颜悦色，反而说："关东鼠辈，意欲何为？你们去把他们给我喊来！"于是二人前往，不是劝降，而是召他们快快进兵。

李傕等沿途招集兵士，到了长安，部众已达十余万，与董卓旧部樊稠、李蒙等合围长安。长安城墙高大，攻不进去，围了八天，吕布部下有蜀兵造反，六月初一，叛军打开城门，引李傕兵入城，放兵掳掠。吕布在城中与叛军交战，不能取胜，率领数百骑兵，将董卓头颅挂在马鞍上出走，驻马于青琐门外，招王允同去。王允说："如果能蒙社稷之灵，上安国家，那是我的心愿；如果不能，愿以身死之。皇上幼少，依靠我，我不忍心抛下他。努力谢关东诸公，勤以国家为念！"太常种拂说："身为国家大臣，不能禁暴御侮，让白刃向着皇宫，走了能安心吗？"于是战死。

李傕、郭汜屯兵南宫掖门，杀太仆鲁馗、大鸿胪周奂、城门校尉周烈、越骑校尉王颀，吏民死者万余人，尸体狼藉，满布街道。王允扶着皇帝，登上宣平门避兵。李傕等在门下伏地叩头，皇帝对李傕说："卿等放兵纵横，意欲何为？"李傕等回答："董卓忠于陛下，而无故为吕布所杀，臣等为董卓报仇，不敢为逆，事毕之后，到廷尉受罪。"李傕等包围门楼，一起上表要求司徒出来，问："太师何罪？"王允穷途无奈，下楼和叛军见面。

六月初二，赦天下，任命李傕为扬武将军，郭汜为扬烈将军，樊稠等皆为中郎将。李傕等逮捕司隶校尉黄琬等，杀之。

当初，王允任命同郡人宋翼为左冯翊，王宏为右扶风，李傕等想杀死王允，又担心二郡为患，于是征召宋翼、王宏。王宏遣使对宋翼说："郭汜、李傕因为我二人在外，不敢动王公，我们今日应征而去，明日就全家族灭，怎么办？"宋翼说："虽然祸福难料，但王命不可回避！"王宏说："关东义兵鼎沸，欲诛董卓，如今董卓已死，他的党羽容易制服。如果我们举兵共讨李傕等，与山东相应，才是转祸为福之计。"宋翼不听，王宏一个人也不敢发动，于是都应召进京。

六月初七，李傕逮捕王允、宋翼、王宏，一起诛杀，王允妻子儿女也都处死。王宏临死怒骂说："宋翼竖儒，不足以议大计！"李傕将王允暴尸街市，没人敢去收尸。王允老部下、平陵县令、京兆人赵戬弃官将尸体收葬。

当初，王允独占诛董卓功劳，士孙瑞把功劳也都归于王允，没有封侯，所以得免于难。

【司马光曰】

《易经》说："劳谦君子有终吉。"士孙瑞有功劳，但是谦让不居功，得以保住自己的身家性命，能不佩服他的智慧吗？

【华杉讲透】

王允之败，和董卓一样，都败在只知道有自己，不知道有别人，不能为他人着想，不能站在别人的立场去看问题。这也是一个管理心理学问题，叫"成功人士的过分自信"。

宋翼、王宏之败也是一个管理心理学问题，叫"懦弱者的过分侥幸"，懦弱必侥幸，不敢冒险，把命运交给别人，不懂得凡事做最坏的打算，不抱任何幻想。

士孙瑞是智者，他懂得在这城头变幻大王旗的乱世，不要赏赐，不要功劳，特别是不要杀人的功劳。因为今日之功，即是明日之罪，尘埃尚未落定，成败尚未可知，不要轻易站队。下文的贾诩也是一样，都是随波逐流，不乱抓稻草。

9 李傕等任命贾诩为左冯翊，想给他封侯，贾诩说："这不过是救命之计，何功之有！"坚决推辞不受。李傕又要任命他为尚书仆射，贾诩说："尚书仆射，是百官之长，天下所望，我的名望不够，不能服人。"于是任命贾诩为尚书。

10 吕布出武关，奔南阳，袁术待他十分亲厚。吕布自恃有功于袁氏，纵兵抢掠，成了袁术的祸患，吕布自己心中也不安，又去河内投奔张杨。李傕等悬赏捉拿吕布，十分紧急，吕布又逃归袁绍。

11 六月十九日，任命前将军赵谦为司徒。

12 秋，七月十三日，任命太尉马日䃅为太傅，录尚书事（录：总管，总管尚书台，这是实权）。

八月，任命车骑将军皇甫嵩为太尉。

13 下诏，命太傅马日䃅、太仆赵岐持节镇抚关东。

14 九月，任命李傕为车骑将军、领司隶校尉、假节；郭汜为后将军，樊稠为右将军，张济为骠骑将军，皆封侯。李傕、郭汜、樊稠共同管理朝政，张济领兵屯驻弘农。

15 罢免司徒赵谦。

16 九月二十九日,任命司空淳于嘉为司徒,光禄大夫杨彪为司空,录尚书事。

17 当初,董卓入关,游说韩遂、马腾一起图谋关东,马腾、韩遂于是率领部众到了长安。结果董卓身死,李傕等任命韩遂为镇西将军,遣还金城;马腾为征西将军,遣屯郿县。

18 冬,十月,荆州刺史刘表遣使贡献,任命刘表为镇南将军、荆州牧,封成武侯。

19 十二月,太傅皇甫嵩免职,任命光禄大夫周忠为太尉,参录尚书事(参录:参与总管)。

20 曹操追击黄巾军到济北,黄巾军全部投降。曹操得武装士卒三十余万,男女百余万口。曹操选拔其中的精锐士卒,号称青州兵(因为投降的是青州黄巾,所以叫青州兵)。

曹操聘请陈留人毛玠为治中从事,毛玠对曹操说:"如今天下分崩,皇帝流离,生民废业,饿馑流亡,官府没有一年的存粮,百姓没有安固的心思,难以持久。军队唯有奉行大义,才能取得最后胜利;有丰厚的财源,才能巩固自己的地位,我们应该尊奉天子,以号令其他不臣之徒;推行农耕,以积蓄军资;如此,则霸王之业可成。"

曹操采纳毛玠的意见,派使者找河内太守张杨,要借道去西安。张杨不听。

定陶人董昭对张杨说:"袁绍、曹操虽然是一伙,实际上不是一条心,长不了。曹操现在虽然弱小,但实为天下之英雄,我们应该和他结交。如今正好有这个缘分,应该帮助他通报朝廷,并且上表举荐他,如果事情有成,就结下了终生的友谊。"张杨于是上表为曹操通报,并且举荐曹操。董昭又替曹操给李傕、郭汜等写信，根据每个人的身份和分量，殷勤致意。

李傕、郭汜见了曹操的使者，认为关东诸将，都是想自立天子，如今曹操虽然派使者来，也并没有诚意，商议说要扣留曹操的使者。黄门侍郎钟繇对李傕、郭汜说："方今英雄并起，各自矫命专制，唯有兖州曹操还能心向王室，如果我们拒绝了他的效忠，恐怕不是给将来的人好的示范。"李傕、郭汜于是款待来使，厚加报答。

钟繇，是钟皓的曾孙。

【胡三省曰】
董昭在河内，钟繇在长安，曹操是没法指使他们的，而他们都主动为曹操办事，大概是听闻曹操的雄略之名，先主动为他效命立功，以相结纳。

21 徐州刺史陶谦与诸郡守联名推举朱儁为太师，移檄各州，要共讨李傕等人，奉迎天子。结果李傕用太尉周忠、尚书贾诩的计策，征召朱儁入朝，朱儁于是拒绝了陶谦的推举而就征，重新出任太仆。

22 公孙瓒遣兵击袁绍，到了龙凑，被袁绍击破。公孙瓒于是回到幽州，再也不敢出来了。

23 扬州刺史、汝南人陈温去世，袁绍派袁遗去兼任扬州刺史，被袁术击破。袁遗逃到沛国，被乱兵所杀。袁术任命下邳人陈瑀为扬州刺史。

初平四年（癸酉，公元193年）

1 春，正月初一，日食。

2 正月十四日，赦天下。

3 曹操驻军在鄄城。袁术为刘表所逼，引兵屯驻封丘，黑山变民的一支及南匈奴於扶罗都归附袁术。曹操击破袁术军，包围封丘，袁术逃往襄邑，又逃到宁陵。曹操追击，连战连捷。袁术逃往九江，扬州刺史陈瑀却拒绝接纳他。袁术于是退保阴陵，集结部队于淮河以北，然后又进兵寿春（扬州刺史治所）。陈瑀恐惧，逃往下邳。袁术于是占了他的扬州，又兼称徐州伯。李傕想拉拢袁术为援军，任命袁术为左将军，封阳翟侯，假节。

4 袁绍与公孙瓒所置的青州刺史田楷连战两年，士卒疲困，粮食并尽，双方都抢掠百姓，田野里连草都不剩一棵。袁绍任命他的儿子袁谭为青州刺史，田楷与袁谭作战，不能取胜。正好赵岐来山东主持和解，公孙瓒于是与袁绍结为亲家，各自引兵而去。

5 三月，袁绍在薄落津。魏郡士兵造反，与黑山贼于毒等数万人一起攻下邺城，杀死太守。袁绍回军屯驻斥丘。

6 夏，曹操还军定陶。

7 徐州治中、东海人王朗及别驾、琅邪人赵昱对刺史陶谦说："要想得到诸侯的拥护，不如勤王。如今天子在西京，应该遣使奉献进贡。"陶谦于是派赵昱奉奏章到长安。朝廷下诏，拜陶谦为徐州牧，加安东将军，封溧阳侯，任命赵昱为广陵太守，王朗为会稽太守。

当时，徐州百姓殷实，谷物丰收，流民都归附徐州。但是，陶谦信用谗邪小人，疏远忠直君子，司法、行政都一片混乱，于是徐州也慢慢乱了。许劭（之前搞月旦评的名士）避祸在广陵，陶谦对他礼遇优厚。许劭对他的随从们说："陶谦外慕声名，内心其实并非真正的正直之人，今天对我虽然优厚，以后一定有刻薄之时。"于是离开。后来，陶谦果然大肆抓捕前来投奔的士人,大家这才佩服许劭的先见之明。

8 六月,扶风大雨冰雹。

9 华山崩裂。

10 太尉周忠被免职,任命太仆朱儁为太尉,录尚书事。

11 下邳人阙宣聚众数千人,自称天子,陶谦击杀之。

12 大雨,日夜不止二十余日,淹没民居。

13 袁绍出军,进入朝歌县鹿肠山,征讨于毒,围攻五日,破之,斩于毒及其部众一万余人。袁绍于是顺着山北而行,进击诸贼军左髭丈八等,皆斩之。又击刘石、青牛角、黄龙左校、郭大贤、李大目、于氐根等,再斩首万余级,将他们的壁垒屯寨,全部屠平。接着与黑山贼张燕及四营的匈奴屠各部落、雁门的乌桓部落战于常山。张燕精兵数万,骑兵数千。袁绍与吕布联合攻打张燕,连战十余日,张燕兵马死伤虽多,袁绍军也疲敝了,于是双方都退兵。

吕布将士多暴横,袁绍觉得他们是祸患,吕布于是请求回师洛阳。袁绍承制,以天子名义任命吕布领司隶校尉,派壮士给吕布送行,实际上密谋刺杀他。吕布派人在营帐中鼓筝,自己秘密逃走。送行的人夜晚起来,冲进去砍杀,帐子被子都砍烂了。第二天,袁绍听说吕布还活着,很害怕,闭城自守。吕布引军,再度投奔张杨。

14 前太尉曹嵩在琅邪避难,他的儿子曹操下令泰山太守应劭前往迎接。曹嵩辎重车一百余辆。陶谦手下将领镇守阴平县,士卒们看着曹嵩的财宝眼红,在华县、费县交界处掩击曹嵩,杀死曹嵩及其幼子曹德。秋,曹操引兵攻打陶谦,攻拔十余座城池,到达彭城,大战,陶谦兵败，退保郯县。

当初，京县、洛阳遭董卓之乱，人民向东流亡，大多停留在徐州，遇到曹操复仇大军，坑杀男女数十万口于泗水，河水为之堵塞，不能流动。

曹操攻打郯县，不能攻克，于是撤退，攻取虑城、睢陵、夏丘，全部屠城，鸡犬不留，城邑一片废墟，看不到一个行人。

15 冬，十月二十二日，长安地震。

16 天市星旁出现孛星。

17 司空杨彪被免职。十月二十七日，任命太常赵温为司空，录尚书事。

18 刘虞与公孙瓒矛盾越来越深，公孙瓒数次与袁绍相互攻打，刘虞禁止，公孙瓒不听，刘虞于是稍稍减少给公孙瓒的粮饷供应。公孙瓒怒，屡次违抗刘虞命令，又侵犯百姓，刘虞也管不了他，于是派使者到长安向皇上上奏章，控告公孙瓒暴掠之罪。公孙瓒也上表告刘虞克扣粮饷。两人的奏章交替呈上，互相诋毁，朝廷也只能和稀泥。

公孙瓒于是在蓟城东南筑一座小城做自己的居城，刘虞数次请他前来相见，公孙瓒则称病不应。刘虞担心他终将是个祸乱，于是率所部兵合十万人讨伐公孙瓒。当时公孙瓒部曲放散在外，仓促之间准备从东城逃走。刘虞的士兵没有编制纪律，又不习战事，刘虞又心疼人民和他们的房屋，下令不许焚烧，又传令说："只杀公孙瓒一个，不要伤害其他人。"

公孙瓒于是招募锐士数百人，顺风纵火，直冲突围，刘虞部众大溃。刘虞与官属向北逃奔居庸，公孙瓒追击，三日，城池攻陷，生擒刘虞及其妻子儿女，回到蓟城，还是让刘虞在州府公文上署名。

正在这时，朝廷派来的使臣段训传诏增加刘虞封邑，督六州事，并拜公孙瓒为前将军，封易侯。公孙瓒于是诬告刘虞之前与袁绍密谋称帝，胁迫段训斩刘虞及其妻子于蓟城街市。前任常山国相孙瑾，掾张逸、张瓒等一起上前保护刘虞，破口大骂公孙瓒，然后与刘虞同死。

公孙瓒将刘虞人头传送京师，刘虞旧部下尾敦在半途将人头截获，送回安葬。刘虞以恩厚得众心，北州百姓无不痛惜。

【华杉讲透】

刘虞十万大军，竟然被公孙瓒数百人击溃，究其原因，因为刘虞在军事上完全外行，而公孙瓒是专业人士。刘虞之败，败在两条：一是"虞兵无部伍"，无部伍，就是没有编制，没有指挥系统。没有指挥系统，十万人也好，百万人也好，都是乌合之众，不成其为军队。二是刘虞"爱民庐舍，敕不听焚烧，戒军士曰：'无伤余人，杀一伯珪而已'"。（公孙瓒字伯珪。）如此，直接违反《孙子兵法》"将有五危"，危军杀将的五条禁忌之一："爱民，可烦也。"慈不掌兵，投鼠忌器，要保护百姓，就打不了仗。

当初，刘虞欲遣使去长安，却找不到合适人选，手下众人都说："右北平人田畴，今年二十二岁，年虽少，但是有奇才。"刘虞于是备好礼物，请田畴到州府做掾，并为他准备车骑出行。田畴说："如今道路阻绝，寇虏纵横，如果公开以官使身份出行，目标太大。我愿意以私人身份出发，只要能到达，完成使命就行！"刘虞同意。田畴于是自选家里庄客二十骑，从西关出塞，顺着北山，直奔朔方，再从小道到长安。

朝廷下诏，任命田畴为骑都尉。田畴认为，天子在长安，蒙尘未安，自己不可佩戴印绶，享受荣宠，坚辞不受。拿到朝廷回书，即刻驰回。到了蓟城，刘虞已死。田畴谒祭刘虞坟墓，汇报朝廷回书，哭泣而去。公孙瓒怒，悬赏捉拿田畴，质问："你不把朝廷批示送给我，为何？"田畴说："汉室衰微，人怀异心，唯有刘公不失忠节。朝廷的批示，对将军您也没什么好话，恐怕您也不爱听，所以不呈报给您。如今将军杀了无罪之君，又仇视守节之臣，我恐怕燕赵之士，都宁愿蹈东海而死，也不愿意跟从将军了。"公孙瓒于是将他释放。

田畴北归无终县，率宗族及其他跟从他的数百人，扫地盟誓说："君仇不报，我不可以立于世。"于是进入徐无山中，找到山深路险之中的平敞盆地，筑庐而居，躬耕以养父母。百姓们跟着去投奔他，数年之间，至五千余家。田畴对父老们说："如今百姓众多，已经成为一个城邑了，却没有统一治理，谁也管不了谁，恐怕不是长治久安之道。我有愚计，愿与诸君一起施行，可否？"都说："可！"田畴于是与父老们约法，互相杀伤、偷盗、争讼的，依情节轻重治罪，最重的是死刑，一共十几条。又制定婚丧嫁娶的礼仪，开设学校办教育，颁行于众，大家都乐于遵循，道不拾遗。北边翕然服从田畴的威信，乌桓、鲜卑都遣使馈赠，田畴一律抚慰接纳，与他们和平共处。

【柏杨曰】

田畴制定的法条中，诉讼告状竟然也成为一种罪行。田畴反对诉讼告状的观念，不是突然冒出来的，而是腐败的官场产物。任何事情，不公平则一定有反弹，国家设立法庭，就是要消除这种不公平。不消除这种不公平，却只禁止反弹；不消除痛苦，却只塞住嘴巴不许哭叫；不要法律解除人民所受的迫害，却只不准人民诉讼，结果必然产生下列后果：一是奴性被培养得更深，国民品质低落。二是血腥抗暴，用斗争代替诉讼。

【华杉讲透】

对争讼的厌恶，是儒家思想的传统。百姓之间出现纠纷，最好让他们自己解决，一来统治阶层对百姓相互之间的纷争不感兴趣，天生觉得是因为他们不能讲"礼"，没有礼让，双方都有罪；二来觉得他们给自己添麻烦。《论语》里记载：

子曰："片言可以折狱者，其由也与？"

子曰："听讼，吾犹人也。必也使无讼乎！"

片言，又叫单辞，就是只有单方面的言辞。古代审案的程序，原告说了，被告还要说，这叫"两造"。周礼有具体规定，先取两券，把原告被告的陈述分别写在上面，开庭之后，再用一个书契，将判决写在上面，这就是前券后契，两券两契，少了一个，就不合程序，可以说判决本身就不合法，不能生效。

审案毕，原告被告各拿到一片竹片或者木片，上面有自己的陈述，也有法官的判决。

子路怎么判案呢，他不守程序，"片言可以折狱者，其由也与"？原告说完，他只拿到一片，被告的陈述他根本都不听，他就判决了。孔子说："能这么干的，恐怕只有子路吧？"

孔子这是夸子路呢，还是批评子路呢？不清楚，但历代解读都是夸。我比较奇怪的是连张居正都夸！张居正说：

"人之争讼者，各怀求胜之心，情伪多端，变诈百出……盖仲由忠信明决，惟其有忠信之心，故人不忍欺；惟其有明决之才，故人不能欺，此其所以言出而人信服之，不待其辞之毕也。"

张居正也知道，那争讼之人，情伪多端，变诈百出。但是一见到子路，他们都讲实话了。因为子路忠信，人们都不忍心骗他，而且知道他明察秋毫，也骗不了他。他只听一面之词，就已经明白是怎么回事，马上就能做出判决。

大概大家都觉得子路了不起，剖决如流，才干非凡，还一身正气，有强大的道德软实力。不过我们现在知道，他这是没有基本的程序正义，他的老师天天教他要恢复周礼，他连最重要的司法程序都不遵守。

孔子怎么审案呢？他做过大司寇，最高法官啊。他审案是不是比子路还厉害？

子曰："听讼，吾犹人也。必也使无讼乎！"

审案啊，我可没子路那么大的本事，我和一般人差不多！我的本事，我的追求，在于使天下无讼！

怎么样才能使天下无讼呢？应该是施行教化，道之以德，齐之以礼，使民知耻向化，兴于礼让，然后让天下无讼吧！

但是，这只能是个理想，后世官僚做不到呢，就干脆不受理诉讼，甚至直接将来告状的人治罪处罚，来做到天下无讼。

提供一个讲理的地方，提供司法服务，是一个政府最起码的职责。但是，《论语》对司法都这个态度，中国的传统统治里面，官府就都不愿意管了，只要你不谋反，不杀人放火，不偷盗抢劫，其他那些鸡毛蒜皮的矛盾，你们最好自己消化，自生自灭。结果那些鸡毛蒜皮的小矛盾，往往最终就发展到用杀人放火来解决。

19 十二月二十三日，地震。

20 司空赵温被免职。十二月二十七日，任命卫尉张喜为司空。

卷第六十一　汉纪五十三

（公元194年—195年，共2年）

主要历史事件

曹操一路攻打陶谦，并击破刘备　066
张邈背叛曹操，迎立吕布为兖州牧　067
曹操与吕布争夺兖州，战败单骑逃跑　071
陶谦去世，刘备领徐州　072
郭汜与李傕互相猜忌，最终决裂　076
吕布兵败曹操，投奔刘备　079
献帝一路逃亡，得以东归洛阳　081
袁绍谋士沮授力劝迎献帝，袁绍不听　083
孙策击破刘繇，威镇江东　085
公孙瓒屡战屡败，筑高楼疏远众人　091

主要学习点

自信的自我和自我的自信　068
人要想成功，有时运气比努力更重要　071
居仁行义，支持者自然会自己来　072
我命由天不由我才是英雄气概　084
既不嫉妒他人，也不要夸耀自己的功劳　087
和人打交道，要注意识别"顶级坏人"　089
人性的弱点，在于追求一劳永逸　092

孝献皇帝丙

兴平元年（甲戌，公元194年）

1 春，正月十三日，赦天下。

2 正月十六日，皇帝加元服。（举行加冠礼，本年十四岁。）

3 二月初一，有司奏请立皇后。皇帝下诏说："我死去的娘亲墓地都还没选好，我怎么有心思去做遴选后宫之事！"二月初五，三公奏请改葬王夫人，追上尊号为灵怀皇后。（当初，王夫人生下刘协后，就被何皇后毒死，在洛阳郊外草草落葬。）

4 陶谦向田楷告急求救，田楷与平原国相刘备前往救援。刘备此时已经有兵数千人，陶谦又拨给他丹阳兵四千，刘备于是离开田楷，归附陶谦，陶谦表刘备为豫州刺史，屯军小沛。曹操军粮耗尽，自己退兵了。

【胡三省注】
　　沛县属于沛国,但是沛国治所在相县,所以时人称沛县县城为小沛。刘备此时被称为刘豫州,领豫州刺史而屯驻小沛。豫州治所在谯县,豫州刺史是郭贡。朝廷的命令没人执行,陶谦"表"一下,自己私自任命刘备为豫州刺史。

5 马腾私下有求于李傕,但是李傕不给面子,马腾怒,欲举兵相攻。皇帝派使者调解,马腾不听。韩遂也率众来帮马腾、李傕讲和,结果竟然与马腾联合。谏议大夫种邵、侍中马宇、左中郎将刘范,谋使马腾攻打长安,自己做内应,以诛杀李傕等人。
　　二月壬申日(二月无此日),马腾、韩遂屯兵长平观。种邵等密谋泄露,出奔槐里。李傕派樊稠、郭汜及哥哥的儿子李利出击,马腾、韩遂败走,回凉州。樊稠等接着攻打槐里,种邵等都被杀死。
　　三月十三日,朝廷下诏赦免马腾等人。(李傕无力制服马腾,又担心他卷土重来。)
　　夏,四月,任命马腾为安狄将军,韩遂为安降将军。

6 曹操派司马荀彧、寿张县令程昱守鄄城,自己率军再次攻打陶谦,一路攻城略地,到达琅邪、东海,所过之处,都做彻底破坏。曹操回师,又击破刘备于郯县以东。陶谦恐惧,想撤退到丹阳。(陶谦是丹阳人。)这时,陈留太守张邈反叛曹操,迎接吕布。曹操于是回军。
　　当初,张邈年少时,喜好行侠仗义,袁绍、曹操都和他是好友。后来袁绍为讨董卓的盟主,面有骄傲之色,张邈正义斥责袁绍,袁绍怒,要求曹操诛杀张邈,曹操不听,说:"张邈是咱们亲近的朋友,无论他对错,总该宽容。如今天下未定,就开始自相残杀吗!"曹操之前进攻陶谦,抱定必死之心,临行对家人说:"我如果回不来了,你们就去依靠张邈。"后来回来见到张邈,相对流涕。

陈留人高柔对乡人说:"曹将军虽然占据兖州,但他有图谋天下之大志,不可能安坐而守。而张邈自恃有陈留的地盘资源,也将乘机而动。我想与诸君一起远离避祸,如何?"众人都认为曹操、张邈相亲,而高柔又年少,不重视他的话。高柔的堂兄高干从河北召唤他,高柔于是举族前往投奔。

去年,吕布离开袁绍,投奔张杨时,路途中经过张邈处,临别时,两人握手立誓。袁绍听说后,大恨。张邈也担心曹操终将会听袁绍的,杀死自己,心中不能自安。前九江太守、陈留人边让曾经讥议曹操,曹操听到后,将边让及其妻子儿女全部诛杀。边让一向有才名,由此兖州士大夫都觉得恐惧。陈宫性格刚直壮烈,也担心自己的人身安全,于是与从事中郎许汜、王楷以及张邈的弟弟张超一起,密谋背叛曹操。陈宫对张邈说:"如今天下分崩,雄杰并起,君以千里之众,当四战之地,抚剑顾盼,亦足以为人中豪杰,而反而受制于人,不觉得羞耻吗?如今曹操东征,内部空虚,吕布壮士,善战前无古人,如果权且迎接吕布,共同统治兖州,观天下形势,以待时事之变,这也是纵横天下之时!"张邈听从。

当时曹操派陈宫将兵留屯东郡,陈宫就用这些兵秘密迎接吕布为兖州牧。吕布抵达,张邈就派他的党羽刘翊告诉荀彧说:"吕将军来协助曹使君攻打陶谦,应该赶紧供应军粮。"众人疑惑,荀彧知道张邈要作乱,勒兵戒备,急召在濮阳的东郡太守夏侯惇。夏侯惇带兵赶来,吕布就占了濮阳。当时曹操全军出动攻打陶谦,留守兵少,而将领和高级官吏很多都与张邈、陈宫通谋,夏侯惇抵达当晚,诛杀了谋叛者数十人,众心才安定下来。

豫州刺史郭贡率军数万来到城下(这位郭贡是朝廷任命的豫州刺史,刘备那个只是陶谦任命的),有人说他与吕布同谋,众人都很害怕。郭贡要求见荀彧,荀彧准备前往,夏侯惇等人说:"您是全州人的依靠,去太危险了,不可!"荀彧说:"郭贡与张邈等人之前并没有交情,如今进兵如此迅速,是计议未定,趁他还没拿定主意之时,前往游说,就算不能为我们所用,至少也可让他保持中立。如果我们先让他起疑心,反而激怒他成为我们的敌人。"郭贡见荀彧毫无惧意,认为鄄城已有准备,不易攻下,于是引兵而去。

当时,兖州各郡县都响应吕布,唯有鄄城、范县、东阿不动。吕布军中有投降过来的人说:"陈宫准备自己带兵攻取东阿,又派氾嶷攻取范县。"吏民都很恐惧。程昱本是东阿人,荀彧对程昱说:"如今举州皆叛,唯有这三座城池,如果陈宫以重兵攻打,没有坚定的意志,一定会动摇。您是民望所归,应该前去抚慰!"程昱于是启程回东阿,经过范县,对县令靳允说:"听说吕布扣押了您的母亲、弟弟、妻子、儿女,作为一个孝子,诚然不能不焦心。如今天下大乱,英雄并起,必将有命世之人,能平息天下之乱,这就是智者所需要仔细选择的。得主者昌,失主者亡。陈宫叛迎吕布,而百城皆应,看起来似乎会有所作为。但是,您自己看一看,吕布他是什么人?吕布粗暴少亲,刚愎无礼,不过是匹夫之雄而已。陈宫等人,也不过是与他暂时相和,并不是真心要拥戴他为君。所以,他们眼下虽然人多,终将一事无成。曹操的智略,当世罕见,是上天所授。您一定要固守范县,我去守住东阿,则我们可以立下当年田单之功。何必违忠从恶而母子俱亡呢?希望您仔细考虑!"

靳允流涕说:"不敢有二心!"当时氾嶷已经在范县,靳允于是去见氾嶷,伏兵将他刺杀,然后回城,勒兵自守。

【徐众评论】

靳允与曹操并无君臣关系,母亲则是至亲,从大义上来讲,他应该弃官而去。春秋时卫公子开方在齐国做官,数年不归,管仲认为他不怀念自己的父母,怎么可能爱君王呢!所以求忠臣必于孝子之门,靳允首先应该考虑的,是如何拯救自己的至亲家人!徐庶的母亲被曹操绑架,刘备就送徐庶回北方投奔曹操,即令志在天下之人,也要体恤身为人子之情。曹操也应该允许靳允离去。

【华杉讲透】

曹操觉得如果自己死了,妻子儿女都可以托付给张邈,而张邈却背叛了他。这并不矛盾，如果曹操真的死了，我相信张邈也绝对会照顾他的家人终身。有的朋友就是这样，你如果吃不上饭，他一碗饭可以分给你一半。但是，如果你比他强，就成了他的仇人。这是人性。<u>人有两种情绪很难控制：一是嫉妒，二是不服。</u>张邈可以和曹操是生死之交，但如果说曹操是张邈的命世之人的话，那不是的。曹操认为张邈应该死心塌地跟随于他，然而张邈绝对不同意。并且，曹操又没那个自信认为自己是命世之人，要找来一个吕布和他"共牧兖州"，一起统治，这就是幼稚可笑了。再看看张邈的简历——"张邈少时，好游侠"，这游侠之人，没有什么格局，就是任性。

<u>曹操的问题，在于自信的自我和自我的自信，英雄人物容易犯这个毛病，自己知天命，知道自己将要成大器，一定会给兄弟们带来荣华富贵，就以为兄弟们都这么想。</u>却不知道，不是每个兄弟都有这个判断，有的兄弟，他一不认为你一定能成大事，二不认为自己不能独自成大事。结果呢，你为他付出最多的人，就成了第一个背叛你的人。

7 程昱又派别将带骑兵断绝仓亭津黄河渡口，陈宫到了渡口，无法渡河。程昱到了东阿，东阿县令、颍川人枣祗已经率厉吏民据城坚守，于是，得以保全三座县城，等待曹操回来。曹操回师，拉着程昱的手说："如果不是你，我几乎无家可归了。"表程昱为东平国相，屯驻在范县。

吕布攻鄄城，不能攻下，还军屯驻濮阳。曹操说："吕布一日之间，得到整整一个州的地盘，他不据守东平，截断亢父及泰山之间的道路，占据险要，然后来邀击我军，却屯驻在濮阳！我就知道他成不了事了。"于是进攻濮阳。

8 五月，朝廷任命扬武将军郭汜为后将军，安集将军樊稠为右将军，都和三公一个级别，开府设官属，合称为"六府"，都有提名选拔官吏的权力。李傕等各自都要用自己的人，如果一个没能任用，就暴跳如雷，主管官员无可奈何，只能依次任用他们的人，先用李傕的，然后郭汜，再后樊稠。至于三公举荐的人，一个也用不上了。

9 河西四郡（武威、张掖、酒泉、敦煌）认为离凉州治所太远，中间又有寇盗阻绝黄河交通，上书要求单独设立一州。六月初一，下诏成立雍州，任命陈留人邯郸商（邯郸为复姓）为雍州刺史，组建州府，治理人民。

10 六月初二，京师地震。初三，再震。

11 六月三十日，日食。

12 秋，七月初七，太尉朱儁免职。

13 七月十三日，任命太常杨彪为太尉，录尚书事。

14 七月十九日，任命镇南将军杨定为安西将军，允许他开府置僚属，待遇如同三公。

【华杉讲透】

李傕先开府，仪同三公，然后郭汜、樊稠也要平起平坐，三公成了六公。这下子，杨定也要仪同三公，有七公了。国家名器乱了，不仅皇上没有权威，连一个压得住场的权臣都没有，就是一盘散沙。

15 从四月到七月，一直没有降雨，谷米一斛卖到五十万钱！长安城中人相食。皇帝令御史侯汶拿出太仓（皇家粮库）的米豆为穷人煮粥赈济，仍然饿死如故。皇帝怀疑有人作弊，派人送来米、豆各五升，就在御前煮粥，得两盆。于是将侯汶杖打五十大板，饥民这才得到赈济。

16 八月，冯翊羌族寇掠属县，郭汜、樊稠等带兵将他们击破。

17 吕布有军营在濮阳以西,被曹操夜袭击破。曹操回师,走到半途,吕布赶到,亲自上阵搏战,从早上到黄昏,血战数十回合,战况激烈。曹操招募敢死队冲锋陷阵,司马、陈留人典韦率领自愿应募的士兵挺进前线,吕布军弓弩乱发,箭如雨下,典韦看都不看一眼,对部下说:"敌人距我们十步时,告诉我。"部下说:"已经十步了。"典韦又说:"五步再告诉我!"大家恐惧,喊道:"敌人已经到跟前了!"典韦持戟,大呼而起,所到之处,敌兵无不应声而倒,吕布兵这才开始退却。这时,天也开始黑了,曹操才得以脱离战场,回营之后,拜典韦为都尉,令其将亲兵数百人,守卫大帐左右。

濮阳大姓田氏为曹操内应,曹操得以入城,入城之后,烧掉东门,以示绝不退出。到了与吕布作战的时候,曹操军败,吕布手下一个骑将抓住了曹操,却不认识,问道:"曹操何在?"曹操说:"乘黄马的那个就是。"那骑将于是释放曹操去追那个骑黄马的。曹操突火而出,回到大营,亲自劳军,令军中准备进攻器具,即刻出战,再次进攻濮阳。他与吕布反复交战一百余日。蝗虫起,百姓大饥,吕布粮食也吃尽,于是各自引兵而去。九月,曹操还军鄄城,吕布到乘氏,被当地人李进击破,于是向东屯驻山阳。

【华杉讲透】

人生都是命运,成功都是运气,努力是主要的,运气是更重要的。曹操兵败之后,即刻亲自劳军,马上投入进攻,这是他的努力,也是他的领导力,不要让士卒们在兵败之后士气受到影响,要以进攻为这一天战斗的结束。曹操一生血战这么多场都没死,若被敌人抓住,多拉一刀就死了,却碰见一个缺心眼的敌将。这就是他的运气。

冬,十月,曹操到了东阿。袁绍派人游说曹操,要他把家眷放在邺城。曹操刚刚丢了兖州,军中粮食也吃尽了,想同意。程昱说:"我一向认为将军您面临大事,从来没有畏惧的时候,这次怎么这么欠考虑呢!袁绍有吞并天下之心,但他的智慧不够,将军您衡量一下自己,能居于他的下位吗？将军以龙虎之威，能做韩信、彭越那样的人吗？如今兖州虽然残破，至少还有三座城池，能战之士，不下万人，以将军之神武，还有荀彧和我辅佐，霸王之业必可成功，希望将军您重新考虑！"曹操于是打消了念头。

18 十二月，司徒淳于嘉被罢免，任命卫尉赵温为司徒，录尚书事。

19 马腾攻打李傕的时候，刘焉的两个儿子刘范、刘诞都死了（二子为马腾内应），议郎、河南人庞羲，一向与刘焉友善，于是带着刘焉的孙子们入蜀。正赶上原州府所在地的绵竹城被雷电击中引起火灾，刘焉于是将益州治所迁往成都。但紧接着刘焉就背上生疮，去世了。益州高级官员赵韪等认为刘焉的儿子刘璋性格温仁，就一起推举刘璋为益州刺史。朝廷下诏，拜颍川人扈瑁为益州刺史。刘璋的部将沈弥、娄发、甘宁反叛，攻击刘璋，不能取胜，逃入荆州。朝廷于是下诏任命刘璋为益州牧。刘璋任命赵韪为征东中郎将，率军攻打刘表，屯驻在朐䏰。

20 徐州牧陶谦病重，对别驾、东海人糜竺说："非刘备不能安此州也。"陶谦去世，糜竺率领州人去奉迎刘备。刘备不敢当，说："袁术近在寿春，您可以把徐州交给他啊。"典农校尉、下邳人陈登说："袁术骄豪，不是治乱之主，如今我们想交给您步骑兵合共十万人，上可以匡主济民，下可以割地守境，如果您不听我们的意见，我们也不敢听您的建议。"北海国相孔融对刘备说："袁术岂是忧国忘家之人！他不过是冢中枯骨，何足介意！今日之事，是百姓选择贤能，天予不取，悔不可追！"刘备于是领徐州。

【华杉讲透】

如孙坚、曹操、刘备等，一开始并没有夺天下之心，虽然理论上都有那个可能，但是他们的起点太低，那目标跟中彩票一样，太遥不可及了。而袁术、袁绍，因为自以为有那个资本和实力，一开始就想取代汉室。袁绍要拥立刘虞为帝，跟当初王莽立更始帝的想法差不多，立一个招牌，以他的名义夺取天下，然后再取而代之。刘虞从大义上没有这个想法，从智力上也不会上这个当。袁术呢，他后来干脆自己称帝了，是天下英雄中第一个称帝的。

刘备得徐州，不是他打下来的，是人家送来的。这说明什么呢？首先，你想得到什么，不是非要自己去取，而是可以让它自己"来"！你去取，还取不到；你没有去取，它自己来了。但是，如果你的目的就是要它"来"，它又不会"来"了。这背后的道理，就是一个"诚"字，是一个人的心和他的修养。你内心一片赤诚，诚于中而形于外，你的修养就表现出来。诚意和修养，是一点也作不得假的，别人看你，如见肝肺然，里里外外都看得一清二楚。因为别人判断你，并不看你怎么对待他，而是从你的所有行为来综合判断。因为当你对待他的时候，你可能是刻意的，有目的的，在调研中属于应该排除的无效信息。你是什么人，是骗不了人的，原因就在这里。你以为跟你八竿子都打不着的人，他却一直很仔细关注、观察你，有一天，他就来了，而且已经做好一切准备。

曹操和刘备得到的支持，都是这样"来"的。

第二个道理，前面的话听起来，似乎就是俗话说的"做事先做人"，或者说某某"会做人"。"做人"这个词，我不太赞同，因为是什么人，就是什么人，不是"做"出来的。这在儒家思想里，有两个词：一个叫"居仁行义"，一个叫"求仁得仁"。居仁行义，先把仁比喻为一间屋子，仁者，天下之广居，是一间大屋子，就是我的家，我住在里面，里里外外都是仁，那我的所有行为，自然都是符合"义"的，没有一件不义的事，因为"不义"这个东西，我家里没有。如果不小心做了一件不义之事，就心中不安，难受，要赶紧调整过来，这叫"生知安行"，生而知之，安而行之，不义自己先不安。至于自己的结果是什么，我要的只是"仁"而已，如果成功了，那当然很好；如果没成功，"求仁得仁，何所怨"，也无怨无悔。

居仁行义，求仁得仁的人，不需要"做人"，因为他本来就是那样的人。"做人"是什么情况呢，就是他没有"居仁"，不住在"仁"这间屋子里面，至少不全在，那他就需要注意，需要去"做"，让自己的行为符合"仁"，符合"义"。这叫"学之利行"，学而知之，利而行之，通过学习懂得了，仁义才是最大的利益，于是行仁义；或者"困知勉行"，困而知之，勉而行之，吃了亏，懂得了，于是勉力去做，去行仁义。

孔子说，不管你是生知安行、困知勉行、学知利行，只要去行了，结果都是一样的。

刘备和曹操，刘备比较接近居仁行义，生知安行；曹操比较接近学知利行吧！刘备是真正的仁厚长者，曹操干了那么多屠城的事，刘备是一件也不会干的。刘备就是诚意正心地去做，等着天上掉馅饼。天上没掉馅饼，就接着做，掉下来，就接着。徐州掉下来了，后来，益州也掉下来了。

等待，本身就是一个重要的战略行动。

21 当初，太傅马日䃅与赵岐一起出使寿春，赵岐坚守气节，不屈不挠，袁术也忌惮他。马日䃅呢，却有时求袁术办事，袁术就轻视侵侮他，要马日䃅把符节借来看看，然后就夺走不归还了，拿出军中十几人的名单，要马日䃅任命他们官职。马日䃅要求离去，袁术又把他扣留不放，还逼他给自己做军师。马日䃅丢了符节，痛悔成病，吐血而死。

22 当初，孙坚娶钱唐人吴氏，生下四个儿子：孙策、孙权、孙翊、孙匡，以及一个女儿。孙坚从军在外，家属留在寿春。孙策年十几岁，已经结交知名人士。舒县人周瑜与孙策同岁，也是英姿飒爽，听到孙策的名声，从舒县来拜访。二人推心置腹，结为好友，周瑜劝孙策移居舒县，孙策同意。周瑜于是将道旁一座大宅给孙策，并到孙策家拜见孙策母亲（升堂拜母，以示结为兄弟之好），两家共通有无。孙坚战死之时，孙策年十七岁，将父亲归葬曲阿县，于是渡过长江，居住在江都，结纳豪俊，有复仇之志。

丹阳太守、会稽人周昕与袁术有矛盾，袁术表孙策的舅舅吴景领丹阳太守，攻打周昕，夺了他的丹阳郡，任命孙策的堂兄孙贲为丹阳都尉。孙策将母亲和弟弟们托付给广陵人张纮，自己到寿春见袁术，涕泣说："亡父当年从长沙入讨董卓，与您会于南阳，同盟结好，不幸遇难，勋业不终。我感怀先人旧恩，想自荐听候差遣，请您审察我的诚心！"袁术对他很惊奇赞赏，但是并不肯把他父亲当年旧部还给他，对他说："我已经任用你的舅舅为丹阳太守，堂兄为丹阳都尉，丹阳是天下盛产精兵之处，你可以前往招兵。"孙策于是与汝南人吕范及族人孙河一起把母亲接到曲阿，依靠舅舅，开始招兵，得数百人，结果刚刚开始，就被泾县地方武装势力祖郎袭击，孙策几乎丧命，于是又去见袁术。袁术这才将孙坚旧部一千余人还给孙策，表拜孙策为怀义校尉。

孙策部下的一位骑兵犯罪，逃入袁术大营，藏在马厩。孙策派人抓捕，就地斩首，然后才去找袁术谢罪。袁术说："士兵喜好叛变，我们都一样痛恨，谢什么罪！"于是军中都畏惮孙策。

袁术当初许诺孙策为九江太守，后来又改用丹阳人陈纪。之后，袁术要攻打徐州，向庐江太守陆康要米三万斛，陆康不给。袁术大怒，派孙策攻打陆康，说："之前错用陈纪，总是悔恨，用他不是我的本意，如今你若拿下陆康，庐江就是你的。"孙策攻打陆康，果然拿下城池。但袁术又任用自己的老部下刘勋为庐江太守。孙策更加失望。

侍御史刘繇，是刘岱的弟弟，一向有盛名，朝廷下诏任命他为扬州刺史，扬州的治所就是寿春，已经被袁术占据。刘繇想南渡长江，吴景、孙贲迎接他，把治所放在曲阿。等到孙策攻打庐江，刘繇听说后，认为吴景、孙贲本来也是袁术任命的，担心自己被袁、孙兼并，于是制造矛盾，追逐吴景、孙贲。吴景、孙贲退守历阳。刘繇派遣将领樊能、于糜屯驻横江，张英屯驻当利口以据御。袁术于是任命自己的旧部惠衢为扬州刺史，任命吴景为督军中郎将，与孙贲一起将兵攻打张英等。

兴平二年（乙亥，公元195年）

1 春，正月十一日，赦天下。

2 曹操在定陶打败吕布。

3 朝廷下诏，拜袁绍为右将军。

4 董卓刚死的时候，三辅地区还有人民数十万户，李傕等放兵劫掠，加上饥荒，又发生人相食的惨剧，两年之间，民相食略尽（人吃人，相互吃光了）。李傕、郭汜、樊稠等相互矜功争权，多次要打起来，贾诩每每以要顾大局、识大体来责备他们，他们虽然内部不能相互友善，对外还算团结。

樊稠击马腾、韩遂，李利作战不怎么得力，樊稠斥责他说："别人都恨不得砍了你父亲的头！你竟敢如此！我不能斩你吗？"（李利是李傕哥哥的儿子。）后来马腾、韩遂败走，樊稠追击到陈仓，韩遂对樊稠说："你我之争，并无私仇，都是王室之事。我们都是凉州人，希望好好说几句话，和平告别。"于是都令骑兵退却，两人向前，马头相接，手臂相加，说了好一阵子话才告别。回师之后，李利把他所看到的情况告诉李傕，说："韩、樊交错马头，说了半天话，不知道他们说什么，但看起来十分亲密。"李傕也因为樊稠勇猛，又得到众人拥戴，对他非常忌惮。樊稠要将兵向东出关，找李傕要求增兵，李傕请樊稠会议，派人就在座位上将他斩杀。于是诸将相互猜疑，相互都有了二心。

李傕多次设酒宴请郭汜，或者留郭汜住在家里。郭汜的妻子担心郭汜勾搭上李傕家的婢女，想办法离间他们。正赶上李傕馈赠食物，郭汜的妻子用豆豉假充毒药，挑出来给郭汜看，说："一个枝丫上不能栖息两只雄鸡，我真不明白，将军您怎么这么信任李傕！"又一天，李傕再一次宴请郭汜，郭汜喝得大醉，怀疑其中有毒，于是喝下粪汁催吐。两人正式决裂，各自带兵，相互攻打。

皇帝派侍中、尚书去给李傕、郭汜说和，两人都不听。郭汜密谋劫持皇帝到他的军营，夜里有逃兵跑去告诉李傕。三月二十五日，李傕派哥哥的儿子李暹将数千兵包围皇宫，以三辆车迎接皇帝。太尉杨彪说："自古帝王没有住到臣子家里去的，诸将军举事，奈何如此！"李暹说："将军已经决定了。"于是群臣徒步跟从乘舆而出。士兵们即刻冲入皇宫中，抢夺宫女和御用物品。皇帝再派公卿去找李傕、郭汜说和。郭汜扣留杨彪及司空张喜、尚书王隆、光禄勋刘渊、卫尉士孙瑞、太仆韩融、廷尉宣璠、大鸿胪荣郃、大司农朱儁、将作大匠梁邵、屯骑校尉姜宣等在他的军营中为人质。朱儁愤懑，发病而死。

【华杉讲透】

兄弟和不和，关键在老婆，郭汜的老婆因为吃醋而挑唆，甚至做手脚诬陷，这就造成了兄弟反目，国家倾覆。这是醋坛子打翻，淹没了国家。种错庄稼误一季，娶错老婆误一生，家事国事要分开，不可乱吹枕边风。

每天都面临生死存亡，方方面面都要关注到，李傕不应该留郭汜在家里住宿，他应该想到，弟妹在家里等着呢！如果一到李府喝酒就不回家，准出事儿！

5 夏，四月二十三日（柏杨注：原文"甲子"，根据《后汉书·献帝纪》改），立贵人琅邪伏氏为皇后，任命皇后的父亲、侍中伏完为执金吾。

6 郭汜设宴款待公卿们，商议攻打李傕。杨彪说："群臣相斗，您二位一个劫持天子，一人扣留公卿，可行吗？"郭汜怒，要当场手刃杨彪。杨彪说："身为卿大夫，不能事奉君王，我难道还贪生怕死吗？"中郎将杨密竭力劝谏，郭汜才停止。

李傕召集羌族、匈奴数千人，先将御用绸缎给他们，又许诺给他们宫女、妇人，想让他们攻打郭汜。郭汜与李傕党羽中的中郎将赵苞等密谋攻击李傕。四月二十五日，郭汜将兵夜攻李傕营门，箭都射到皇帝帷帐中，李傕左耳也被流箭贯穿。张苞等放火烧屋，火不燃。杨奉在营外抵御郭汜，郭汜退兵，张苞等率领所部士兵投奔郭汜。

这一天，李傕将皇帝乘舆移到北坞，派校尉把守坞门，内外隔绝，侍臣们都面有饥色。皇帝要米五斗，牛骨五具以赐左右。李傕说："早晚两顿送饭，要米做什么！"于是给他一些臭牛骨。皇帝大怒，要诘责他。侍中杨琦进谏说："李傕知道自己犯了悖逆大罪，想把车驾转移到池阳县黄白城，陛下暂且忍耐。"皇帝这才停止。

司徒赵温给李傕写信说："您之前屠陷王城，杀戮大臣，如今跟郭汜不过是睚眦之隙，却弄成千钧之仇，朝廷让你们和解，你们却不听诏命，又想把皇帝转移到黄白城，老夫实在不解！《易经》上说，一次已经是过错，再次就是落水，三次还不改，就有没顶之灾，凶兆啊！不如早日和解！"李傕大怒，要杀赵温。他的弟弟李应劝谏，过了几天，李傕才消气。

李傕相信巫觋厌胜之术，经常以牛羊猪各一祭祀董卓于天子所居的禁门外，每次跟皇帝说话，都称皇帝为"明陛下"，或"明帝"，向皇上数落郭汜的不是，皇帝也顺着他的意思应答。李傕喜，自以为得天子欢心。

闰五月初九，皇帝派谒者仆射皇甫郦给李傕、郭汜讲和。皇甫郦先到郭汜营中，郭汜从命。又到李傕营中，李傕却不肯，说："郭汜不过是一个盗马贼，岂能与我平起平坐！必须将他诛杀！您看我的方略士众，能不能把他办了？郭汜劫持公卿，其所作所为如此，您难道还要帮助他吗？"皇甫郦说："之前董卓之强，您也看到了。吕布受他厚恩，却反而杀死了他，须臾之间，身首异处，这就是他有勇无谋的缘故。如今将军身为上将，得到国家宠荣，郭汜挟持公卿，但将军您是挟持皇帝，谁轻谁重？张济已经与郭汜通谋。杨奉、白波是贼帅而已，他们都知道是将军您不对，将军就算是宠信他们，他们也不会为您所用。"李傕呵斥皇甫郦出去。皇甫郦出来，到了禁门，汇报说："李傕不肯奉诏，而且言语不顺服。"皇帝害怕被李傕听见，急令皇甫郦出去。李傕派虎贲王昌去杀皇甫郦。王昌知道皇甫郦忠直，放他逃跑，回去汇报说："追不上了。"

闰五月十一日，任命车骑将军李傕为大司马，位在三公之上。

7 吕布部将薛兰、李封屯驻巨野，曹操攻击，吕布救援，被曹操击退，曹操于是斩杀薛兰、李封。

曹操驻军在乘氏县，认为陶谦已死，准备先攻取徐州，回来再平定吕布。荀彧说："当初高祖保有关中，光武帝以河内为根据地，都是深根固本以制天下，进足以胜敌，退足以坚守，所以，虽然过程中有困难和失败，而终究成就大业。将军本来是以兖州起事，平定山东黄巾之难，百姓无不归心悦服，况且黄河与济水之间，正是天下要地，如今虽然残坏，仍然容易自保，这也就是将军的关中、河内，不可以不先定。现在我们已经击破李封、薛兰，如果分兵东击陈宫，陈宫必定不敢西顾，我们利用这个时间收割已经成熟的庄稼，节衣缩食，储蓄粮草，可以一举而击破吕布。击破吕布之后，向南与扬州刘繇联合，共讨袁术，可以控制淮河、泗水一带。如果舍弃吕布，东击徐州，留守的兵多了，则进攻的兵不足；留守的兵少了，则老百姓都要负责守城，砍柴的人都没有，吕布乘虚而入，民心更加危殆，恐怕到时候除了鄄城、范县、濮阳还能保住，其他都非将军所有了，将军的兖州就没了，如果又不能拿下徐州，将军去哪儿呢？况且陶谦虽死，徐州也未必就能拿下。他们吸取往年战败的教训，将恐惧而团结，互为表里，况且现在他们庄稼都已经完成秋收了，一定坚壁清野以待将军，到时候，攻城不能攻下，抢掠又没有东西，不出十天，将军十万之众，未战而先受其困。之前征讨徐州，屠杀残酷，他们的子弟念及父兄之耻，必定人人意志坚定，没有投降之心，就算能打败他们，也无法统治他们。凡事总有弃此而取彼的时候，或者取大舍小，或者取安舍危。或者权衡当前的形势，不需要担心根本不牢固也行，如今这三条都不利，将军再仔细考虑考虑！"

曹操于是打消了攻打徐州的念头。

吕布从东缗出发，与陈宫率一万余人来战，曹操的兵都出去收麦子去了，留守部队不过一千人，而营寨并不牢固。营寨西侧有大堤，南面林木幽深，曹操将兵埋伏在堤里，堤外列阵一半的兵力。吕布挺进，出轻兵挑战，双方刚一交手，曹操伏兵全部登堤，步骑兵一起冲击，大破吕布，一直追杀到他军营才撤回。吕布当夜撤退，曹操于是攻下定陶，再分兵平定诸县。吕布向东投奔刘备，张邈随吕布同往，派他的弟弟张超带着家属退保雍丘。

吕布初见刘备，非常恭敬，对刘备说："我们都是边疆人，当初我见关东起兵，欲诛董卓。我杀了董卓，向东而来，而关东诸将没有一个收留我的，都要杀我！"吕布邀请刘备进帐，坐在他妻子床上，让妻子上前叩拜，又设酒宴招待，呼刘备为"弟"。刘备见吕布语无伦次，表面附和他，内心不悦。

8 李傕和郭汜相互攻打，接连数月，死者以万计。六月，李傕部将杨奉密谋杀死李傕，阴谋泄露，杨奉于是将兵叛变，李傕的势力稍稍衰微了。庚午日（六月无此日），镇东将军张济从陕县来，想说和李傕、郭汜，把皇帝迁居弘农。皇帝也思念旧都洛阳，派使者宣谕。往返十次，郭汜、李傕终于同意讲和，准备交换儿子为人质。李傕的妻子疼爱儿子，不愿交出，于是和议始终定不下来。而羌人、匈奴人多次来皇帝所居的北坞大门外喊叫："天子在里面吗？李将军答应给我们的宫女呢？在哪里？"皇帝很不安，派侍中刘艾对宣义将军贾诩说："你之前奉职公忠，所以升官荣宠，如今满路都是羌人、胡人，应该想想办法！"贾诩于是设宴款待羌人和匈奴人的酋长，许之以封赏，羌人、匈奴人这才撤走，李傕于是更加单弱了。这时候再提出和解，李傕听从，和郭汜改为互换女儿为人质。

秋，七月甲子日（七月无此日），皇帝车驾出宣平门，正要过桥，郭汜手下士兵数百人拦在桥上问："车里是天子吗？"车驾无法前进。李傕手下士兵数百人，都手持大戟站在车前，双方准备交战，侍中刘艾大呼："这是天子！"又派侍中杨琦高举车前帷帐，皇帝在车里说："诸君怎敢迫近至尊？"郭汜的兵这才退下。车驾过了桥，士兵们都高呼万岁。当晚到了霸陵，跟从的人都饿了，张济按官职大小分别致送饮食。李傕率军屯驻池阳。

丙寅日（七月无此日），任命张济为骠骑将军，开府如同三公，郭汜为车骑将军，杨定为后将军，杨奉为兴义将军，皆封列侯。又任命牛辅旧部董承为安集将军。

郭汜想要皇帝去高陵，公卿们及张济都认为应该去弘农，开大会商议，不能决定。皇帝派使者对郭汜说："弘农靠近郊庙，你不要多疑！"郭汜不听。皇帝于是绝食一天。郭汜听到后说："可以先到一个附近的县城。"八月初六，车驾到新丰。八月丙子日（八月无此日），郭汜又密谋胁迫皇帝还都郿县。侍中种辑得到消息，秘密通知杨定、董承、杨奉到新丰集结。郭汜知道阴谋泄露，于是抛弃军队，逃入终南山。

9 曹操围攻雍丘，张邈到袁术处求救，走到半途，被部下所杀。

10 冬，十月，任命曹操为兖州牧。

11 十月初一，郭汜的党羽夏育、高硕等密谋挟持皇帝西行，侍中刘艾见火起不止，请皇帝出去，投奔另一军营。杨定、董承将兵迎接天子到杨奉军营，夏育等勒兵阻止，杨定、杨奉力战，击败夏育，皇帝才得以逃出。十月初五，皇帝行幸华阴。

宁辑将军段煨准备好皇帝及公卿百官所需的服装、器具以及粮食物资，想把皇上迎进他的军营。但是段煨和杨定有矛盾，和杨定一党的种辑、左灵说段煨要造反，太尉杨彪、司徒赵温、侍中刘艾、尚书梁绍都说："段煨不反，臣等敢以死相保！"董承、杨定胁迫弘农督邮，逼他说郭汜来了，就在段煨营中，皇帝心中起疑，于是路边露宿。

十月初十，杨奉、董承、杨定准备攻打段煨，让种辑、左灵找皇帝下诏书。皇帝说："段煨并没有显露出有什么罪状，杨奉等人要攻打他，难道要我下诏吗！"种辑坚持要求，磨到半夜，皇帝还是不听。杨奉等则已经开始攻打段煨军营，十余日不能攻下。段煨供给皇帝御膳以及百官食物，毫无二心。皇帝下诏，派侍中、尚书晓谕杨定等，令他们与段煨和解，杨定等奉诏还营。

李傕、郭汜后悔放皇帝东行，听说杨定攻打段煨，相互召唤一起去救援，想借机劫持皇帝向西。杨定听说李傕、郭汜兵到，想还师蓝田，被郭汜阻击，单骑亡走荆州。张济与杨奉、董承不和，于是再度与李傕、郭汜联合。

十二月，皇帝抵达弘农，张济、李傕、郭汜一起追赶乘舆，大战于弘农东涧，董承、杨奉军败，百官士卒死伤不可胜数，抛弃御用物品，符策、典籍等丢失殆尽。射声校尉沮儁受伤堕马，李傕问左右："还能救活吗？"沮儁大骂道："你等凶逆，逼劫天子，使公卿被害，宫人流离，乱臣贼子，还没有到你们这么坏的！"李傕于是将他杀死。

十一月初五，皇帝在曹阳路宿，董承、杨奉等假装与李傕等和解联合，而秘密派间谍出使河东，招请之前的白波变民集团首领李乐、韩暹、胡才，以及南匈奴左贤王去卑，一起率领他们的部众数千人来，与董承、杨奉联军攻打李傕等，大破之，斩首数千级。

于是董承等认为击破了李傕，可以继续东行。十一月二十三日（柏杨注：原文"庚申"，时间不合，据《后汉书》改），车驾出发东行，董承、李乐保卫乘舆，胡才、杨奉、韩暹、匈奴右贤王作为后卫。李傕等又追击来战，杨奉等大败，死者比东涧一战还多。光禄勋邓渊、廷尉宣璠、少府田芬、大司农张义都被杀死。司徒赵温、太常王绛、卫尉周忠、司隶校尉管郃被李傕俘获，李傕要杀他们，贾诩说："他们都是国家大臣，你为什么要害他们！"李傕于是停止。

李乐说："事态紧急，陛下快上马！"皇帝说："我不能抛弃百官自己逃走，他们有什么错呢！"军队断断续续，连绵四十里，终于抵达陕县，各自结营自守。

当时残破之余，虎贲、羽林不满百人，李傕、郭汜的士兵绕营呼叫，吏士们都惊惶失色，有分散逃跑之意。李乐忧惧，想让皇帝乘船东下，经过砥柱（河中间的石头山，中流砥柱这个词就是这么来的），再从孟津渡口登岸。杨彪认为河道险难，不应该让皇帝去冒险。于是决定直接渡河，派李乐夜里先渡，秘密准备船只，再举火为号。皇上与公卿步行出营，皇后的哥哥伏德一手扶着皇后，一手夹着绢布十匹。董承派符节令孙徽在人群中砍杀，杀死了旁边的侍者，血都溅在皇后衣服上。河岸高十余丈，下不去，于是用绢布结成布辇，派人在前面背负皇帝，其他人跟着匍匐而下，也有从上面直接跳下去的，帽子冠带都摔坏了。到了河边，士卒们都争抢着要上船，董承、李乐用戈砍击，手指头掉在船里，多到可以一把一把地捞起来。皇帝如此才得以登船，同船而渡的，有皇后及杨彪以下数十人。其他宫女及吏民未能渡河的，都被追兵掠夺，衣服被扒光，头发也被截掉，冻死者不可胜计。卫尉士孙瑞为李傕所杀。

李傕看到黄河北岸有火光，派侦察骑兵察看，骑兵到了岸边，正看见皇帝渡河，呼问："你们把天子带走吗？"董承等担心他射箭，用被子做遮挡。皇帝渡过黄河，到了大阳县，进入李乐营地。河内太守张杨派数千人背着米来进贡。十二月乙亥日（本月无此日），皇帝坐着牛车，抵达安邑。河东太守王邑献上丝帛和绸缎，皇帝全部赏给大臣及随行官员。封王邑为列侯，拜胡才为征东将军，张杨为安国将军，都持符节开府。营中诸将都争相要求拜职，皇帝全部答应，刻印也来不及，就用铁锥画一个。

皇帝住在篱笆围着的屋子里，门户洞开，没有遮挡，天子与群臣会议，士兵们就伏在篱笆上围观，互相拥挤喧笑。

皇帝又派太仆韩融到弘农与李傕、郭汜等联合，李傕于是释放他所扣留的公卿百官，也归还了不少宫女和皇家器物衣服。但是粮食很快就吃光了，宫女们都只能吃蔬菜野果。

十二月十九日，张杨从野王县来朝，建议带皇帝回洛阳，诸将不听，张杨于是回到野王县。

当时，长安城空四十余日，强者四散而去，弱者相互杀人为食，两三年间，关中不见人烟。

沮授对袁绍说："将军一家，几代都是国家重臣，忠义相传。如今朝廷流离失所，宗庙残破毁坏，我看诸州郡虽然表面上自称义兵，实际上相互图谋，没有忧国忧民，体恤百姓的真心。如今冀州初定，兵强士附，如果我们西迎大驾，定都于邺城，挟天子以令诸侯，畜士马以讨伐不听命的叛贼，谁还能抵御我们呢？"

颍川人郭图、淳于琼说："汉室衰微，已经很长时间了，如今要想复兴，恐怕也太难了吧！况且英雄并起，各据州郡，连徒聚众，动辄数以万计，正所谓秦失其鹿，先得者为王，如果我们迎接天子过来，那一举一动都要向他请示，听他的吧，我们的权力就小了；不听他的吧，又自找违命之罪，这不是什么好计策！"

沮授说："如今迎接朝廷，从大义来说，是义所应当；从形势来看，是正当其时。如果不早做决定，必有比我们先下手的。"

袁绍不听。

【华杉讲透】

这一段有三处值得补充，一是"手指于舟中可掬"，士兵们争抢着要上船，手攀在船上，船上的人就砍断他们的手指，手指掉进船里，多到都可以一把一把地抓。这有个典故，出自《左传》，晋国荀林父战败撤退，中军和下军抢船，也是先上船的人砍后面人的手指，舟中之指可掬也。

二是长安城的惨状，"强者四散，赢者相食"，有能力的人都跑掉了，没能力的人只能留下来，互相伤害，以至于格斗，赢的人将输的人煮食。

三是沮授给袁绍的建议，说迎接皇帝，"于义为得，于时为宜"，中国价值观，仁义礼智信，袁绍都没有。如果说义利之辨，他是既不义，也看不到利。挟天子以令诸侯的战略机遇，就让给曹操了。

"名不正，则言不顺，言不顺，则事不成"，这是《论语》里孔子古老的教诲，所以，搞政治，争天下，都要先正名，曹操迎献帝之后，维持了汉室名义二十余年，到曹丕才禅让。袁绍一是真不懂，书肯定读过，但是没有真正理解，没有知行合一；二是太狂妄，自视太高，他都不想惹这个麻烦，认为凭自己的力量就能征服天下。

从这里我们学到什么呢？是不是说要学到智慧，要能看到诸如像"挟天子以令诸侯"这样的利益呢？我觉得也不是，如果后来献帝衣带诏的事情弄成了，曹操的脑袋也给伏完取走了，那是不是又证明淳于琼对了？

我学到的，是利益难以分辨，而义与不义，是与非，则是良知自然会知，自己心知肚明。皇帝流离失所，赶紧去把他接到我们这里来照顾，这就是义。而最后有没有利，是看每个人的命运。俗话说："谋事在人，成事在天。"我觉得，改一下："守义在己，成事在天。"不管什么形势，我只凭着自己的良知，凭着大是大非，去勇往直前。利益的盘算，往往是机关算尽，反误了卿卿性命。我命由天不由我，但是我怎么做，这个由我。

最近电影《哪吒之魔童降世》的台词，"我命由我不由天"，很有感染力。但这个要反过来看，如果我命由我，我能有多大点力量呢？如果我命由天，天命在我，听天所命，那就是命世之人。"我命由我不由天"，是无知的口号；我命由天不由我，才是英雄气概。

12 当初，丹阳人朱治曾经是孙坚部下校尉，见袁术政德不立，劝孙策归取江东。当时吴景攻打樊能、张英等，一年多还不能取胜。孙策对袁术说："孙家在江东，对人民旧恩还在，我愿助舅父讨伐横江，横江攻拔之后，回江东招募，可得三万兵，以辅佐您平定天下。"袁术知道孙策对自己有意见（之前两次许诺地盘，九江、庐江，都没有兑现），但是，认为刘繇占据曲阿，王朗在会稽，孙策未必能成功，于是同意他的计划，表孙策为折冲校尉，率领步兵一千余人，骑兵数十人出发。孙策一路招兵，到了历阳，已经有五六千人。当时周瑜的伯父周尚为丹阳太守，周瑜带兵迎接孙策，并带来粮草物资，孙策大喜，说："吾得卿，谐也！"（一个"谐"字，尽得风流。一是英雄惜英雄，能臣投英主，情好事谐；二是雪中送炭，正当其时，完成从0到1的关键一步，宏图就此大展，天时、地利、人和，三谐。）于是孙策进攻横江、当利，全部攻取，樊能、张英败走。

孙策渡江转战，所向披靡，无人敢挡他的兵锋。百姓听说孙郎来了，都失魂落魄，地方长官纷纷抛弃城郭，逃入深山。等到孙策军到，军纪严明，军士不敢掳掠，鸡犬菜蔬，一无所犯，于是民心大悦，竞相以牛肉和美酒劳军。孙策为人，英姿飒爽，笑语亲切，很能听人意见，又善于用人，所以吏民见者无不尽心，乐意为他效劳。

孙策进攻刘繇设在牛渚的军营，尽得营中粮谷、武器。当时彭城国相薛礼，下邳国相、丹阳人笮融，共同拥戴刘繇为盟主，薛礼据守秣陵城，笮融屯驻在县城南，孙策将他们都击破，又击破刘繇别将于梅陵，接着攻打湖孰、江乘，全部攻取，进击刘繇于曲阿。

刘繇同郡人太史慈从东莱来探望刘繇，正赶上孙策兵到。有人建议刘繇，可以任命太史慈为大将。刘繇说："我如果用太史慈做大将，许劭不会笑话我吧！"（许劭，前面介绍过以月旦评臧否人物的名士。）只让太史慈做一个侦察兵。太史慈与一个骑兵一起出行侦察，仓促间与孙策遭遇于神亭，而孙策随从有十三个骑将，都是孙坚旧将，辽西将军韩当、零陵人黄盖等。太史慈冲上去就打，正与孙策相对，孙策刺中太史慈坐骑，一伸手夺了太史慈脖子上挂的手戟，太史慈也抢了孙策头盔。这时双方骑兵部队都赶到，于是各自解散而去。

刘繇与孙策战，兵败，退走丹徒。孙策进入曲阿城，劳军，赏赐将士，发布宽大命令，告谕诸县："凡是刘繇、笮融旧部来降的，一概不问罪。乐意来从军的，一人参军，全家免税。不愿从军的，也不强求。"十天之间，四面云集，招兵二万余人，马一千余匹，威震江东。

十二月二十日，袁术表孙策为殄寇将军。孙策部将吕范对孙策说："如今将军事业日大，士众日盛，而纲纪还有所不整，我愿意暂领都督之职，协助将军整顿军纪。"孙策说："您是士大夫，手下已经有很多士兵，又在战场上立功，怎么屈尊去做那小官，管那些小事呢？"吕范说："不对！我离开家乡，投奔将军，不是为了妻子儿女的富贵，而是以济天下为己任。这就好像同舟共济，那船一个地方不牢靠，就全盘皆输。我这也是为了自己，不只是为了将军您。"孙策笑笑，没有答话。吕范出来，脱下单衣，穿上骑兵的裤装，手持皮鞭再到将军府报到，自称领都督，孙策于是授给他都督符传，委之以纠察军纪之任。从此军中肃穆，威禁大行。

孙策任命张纮为正议校尉，彭城人张昭为长史（相当于幕僚长），经常让他们一人跟从自己出征，一人留守大营。后来，广陵人秦松、陈端等也参与谋划。孙策待张昭以师友之礼，文武之事，一概委任给张昭。张昭经常收到北方士大夫的书信，都美言夸赞，归功于张昭。孙策听到后，说："当初管仲相齐，齐桓公一口一个'仲父'，一口一个'仲父'，而最终齐桓公成为春秋五霸之首。如今张昭贤明，我能用他，他的功名不也归我吗！"

【华杉讲透】

孙策所论管仲的典故，是讲当初有司请示选派官员，齐桓公说："跟仲父说。"有司再请示，齐桓公又重复一遍："跟仲父说。"旁边人说："一则告仲父，二则告仲父，当国君岂不是太容易！"齐桓公说："我没得到仲父的时候，当国君很难，得了仲父，怎么会不容易？"北方士大夫都认为江东是张昭说了算，张昭治理得好，孙策却没有一点点"不爽"，这就是他的胸襟气度。

嫉贤妒能是人性的常见病，看见别人比自己有本事，他心里就不舒服，甚至生出莫名的仇恨，你根本不认识他，也从来没打过交道，但是，他就能在千里之外，以你为最大的仇敌，病因只有一个——他嫉妒你，嫉妒之后，就把你所拥有的，都假想成了从他手里夺去的，因为他认为那是他该有的。

不仅同行之间会嫉贤妒能，同僚之间会嫉贤妒能，朋友之间会嫉贤妒能，亲兄弟之间也会嫉贤妒能，兄弟比我强，我也受不了！曾国藩讲兄弟之道，就专门说，跟别人谈话的时候，不要说一些话，让别人觉得是我对，我兄弟不对，是我好，我兄弟不好。这都是知行合一的切身体会和很难的修行，修身齐家治国平天下的修行。

同僚、朋友、兄弟之间的嫉妒，都好理解。特别要注意的是，老板嫉妒下属才能的，也不在少数！你可别以为你给他立了大功，做了大贡献，他就一定会很高兴，喜欢你，赏赐你，相反，有的老板会嫉妒你，会炒掉你。因为他觉得自己是最英明睿智的，不能容忍别人比他更英明，更睿智。后面袁绍杀田丰，就是这样的毛病。

四书中《大学》有一段：

《秦誓》曰："若有一介臣，断断兮，无他技，其心休休焉，其如有容。人之有技，若己有之；人之彦圣，其心好之；不啻若自其口出，是能容之，以保我子孙黎民，尚亦有利哉。人之有技，媢疾以恶之；人之彦圣而违之，俾不达是不能容，以不能保我子孙黎民，亦曰殆哉。"

《秦誓》，是秦穆公告诫群臣的语录。秦穆公说：

"如果有这样一位大臣，真诚纯一，他不逞一己之能，而是平易正直，宽宏大量，能容受天下之善，别人有才能，他真心喜爱，就如同他自己有一样；别人德才兼备，他心悦诚服，不只是在口头上表示，而是打心眼里赞赏。这等的人，着实能容受天下之贤才，没有虚假，若用他做大臣，将使君子在位，展布施用，把天下的事，件件都做得好，必能保我子孙，使长享富贵，保我百姓，使长享太平！

"相反，若是个不良之臣，总要逞自己的本事。别人有本领，他就嫉妒、厌恶；别人德才兼备，他便想方设法压制、排挤，无论如何容忍不得，就怕别人强过他！用这种人，不仅不能保护我的子孙和百姓，乱亡之祸，可能就由他而起！"

这是讲为人臣者不要嫉贤妒能。人臣最大的功劳是什么呢？是荐贤，向主君推荐贤才，荐贤者受上赏。人臣最大的罪恶呢，就是嫉贤妒能，别人干活儿，他使绊子。

《论语》里孔子问弟子们每个人的志向，颜渊说："愿无伐善，无施劳。"伐，是矜夸；施，是夸大。我希望不要张扬我做了什么好事，也不要夸大我有多少功劳和辛苦。

这是另一个角度，<u>我不嫉贤妒能，但是呢，我也不要夸耀自己的功劳去惹别人不舒服。自己不嫉妒，理解别人的嫉妒，提前预防嫉妒。</u>

<u>不嫉妒，就是圣人。</u>

袁术任命堂弟袁胤为丹阳太守。周尚、周瑜都回到寿春。刘繇从丹徒准备逃往会稽，许劭说："会稽的富贵，是孙策所贪图的，他还会跟着打过来，况且远在海边一角，不能去。不如去豫章，豫章北边与豫州接壤，西边挨着荆州，如果能收服、安顿他们的官吏人民，派出使节向皇上贡献，与曹操相通，虽然有袁绍隔在中间，但他是豺狼之辈，不能长久。您接受王命，曹操、刘表一定会帮你。"

刘繇听从。

13 当初，陶谦任命笮融为下邳国相，派他督办广陵、下邳、彭城粮食运输。笮融到任，即刻将三郡粮食物资全部收入己有，大起佛寺，让人诵读佛经，招致旁郡好佛者至五千余户。每年释迦牟尼生日，举行浴佛会，就在路边张设布席，供应饮食，连绵数十里，费用以亿亿计。后来，曹操击破陶谦，徐州不安，笮融于是率男女一万人南下广陵。广陵太守赵昱待之以宾礼，笮融贪图广陵物资财货，乘酒酣之际突袭杀死赵昱，放兵大掠，既而渡过长江，投靠薛礼。薛礼之前是被陶谦所逼，屯驻秣陵。笮融到了秣陵，又杀了薛礼。

刘繇派豫章太守朱皓攻打袁术所用的太守诸葛玄，诸葛玄退保西城。后来刘繇溯江西上，驻扎在彭泽，令笮融协助朱皓攻打诸葛玄。许劭对刘繇说："笮融出军，一向不顾名义。朱皓的性格，则一向推诚以信人，要派人告诉朱皓，提防笮融。"笮融到了豫章，果然使诈杀了朱皓，接管了郡政。刘繇讨伐笮融，笮融败走，逃进山中，被山民所杀。

朝廷下诏，任命前太傅掾华歆为豫章太守。

丹阳都尉朱治驱逐吴郡太守许贡，占了吴郡。许贡向南逃走，投靠山贼严白虎。

【华杉讲透】

笮融是一种原型人物，我称之为"顶级坏人"，顶级在哪里呢？一般的坏人，他是损人利己，用尽阴谋诡计。而顶级坏人呢，他看不到自己干坏事的后果，不用什么计谋，而是完全无所顾忌，最不可能干的坏事，他也会干，一路坏到毁灭自己为止。遇到这样的人，是非常危险的，因为通常我们都以常理去判断他人，而笮融型顶级坏人则不懂得遵循任何常理，他的逻辑和正常人完全不同。

看不到后果，或者轻视后果，这种思维实际上非常普遍，每天街上乱穿马路，乱开车的，都是这种性格。所谓君子戒慎恐惧，小人无所忌惮，他不知道害怕。最离奇的，在高速公路上逆行的，这就属于顶级坏人，随时准备跟任何人同归于尽。在人生道路上，也颇有这些乱穿马路，乱开车的。所以，我们和人打交道，也要注意识别这种不守社会交通规则的人。

14 张超在雍丘，曹操围攻甚急，张超说："只有等臧洪来救我！"众人说："袁绍、曹操关系亲睦，臧洪又是袁绍表举任用的，必定不会破坏他和袁绍的关系，给自己招祸。"张超说："臧洪是天下义士，不会忘本。只是怕被强力所制，一时来不了罢了。"臧洪当时任东郡太守，光着脚号泣，向袁绍请兵去救张超。袁绍不给。臧洪请求就率自己手下士兵去救，袁绍也不许。雍丘于是被攻陷，张超自杀，曹操灭了他三族。

臧洪由此怨恨袁绍，断绝往来。袁绍举兵围攻东郡，一年多还不能攻下。袁绍命臧洪同乡陈琳写信给他，臧洪回信说："我本是一个渺小人物，没有大志，仕途之中，蒙主公照顾，恩深分厚，能在冀州立足，我岂愿意出现今日兵刃相接的局面吗？但当初受任之时，我以为是一起举大事，尊王室。没想到本州被入侵，自己的将领陷入危急之中，我请兵去救，竟然被拒绝；我就带自己的兵去，又被拘留，以至于让我的老上司被屠杀三族。我连这一点区区微节，都不能伸展，还能全交友之道，忠孝之名吗？所以我忍悲挥戈，收泪告绝。再见了，老友！你去谋取你的利禄，我自效命于君亲。你投身于袁绍，我传名于长安（此时皇帝已东迁，臧洪不知道），你认为我将身死而名灭，我也笑你虽然活着，却默默无闻呢！"

袁绍见了臧洪的信，知道他没有降意，增兵急攻。城中粮谷已尽，而外面并无援兵，臧洪知道结局无可避免，招呼吏士人民，说："袁氏无道，图谋不轨，况且拒绝救援我的上司，我出于大义，不得不死，这些事跟诸位并没有关系，白白遭此大祸。你们可以带着妻子儿女先出城。"大家都垂泪说："明府与袁氏并无怨隙，如今为张超的缘故，自致残困，我们如何忍心舍明府而去！"

开始时，大家还能挖老鼠来吃，又煮食所有皮革，到后来，所有食物都没了，主簿拿出内厨最后三升米，要煮成稠粥。臧洪叹息说："我怎能独享！"于是煮成稀粥，所有的士众一起分食，又把他的爱妾杀了，煮给将士们吃。（呜呼！女人地位如此！）将士们都流涕，没有人能抬头仰视。男女七八千人，相枕而死，没有一个离叛的。

城陷之后，臧洪被生擒。袁绍大会诸将，召见臧洪，说："臧洪，为何负我！到今天，服不服？"臧洪瞋目说："袁氏事奉汉室，四世五公，可谓深受汉恩。如今王室衰弱，没有扶翼之意，反而妄图因缘际会，有非分之想，杀忠良以立奸威。我亲眼见你呼张邈为兄，那张超也就是你的弟弟（张邈是张超哥哥）。本应该勠力同心，为国除害，奈何坐观他被屠灭！臧洪只恨自己力量不够，不能举刀为天下报仇！还说什么服不服！"袁绍本来喜爱臧洪，想让他屈服，原谅他，听了臧洪言辞决绝，知道他终究不能为己所用，于是杀了他。

臧洪同乡陈容，年少时就钦慕臧洪，当时在座，起身对袁绍说："将军举大事，欲为天下除暴，而先诛忠义，岂合天意！臧洪发举，也是为了本郡将领，为什么要杀他！"袁绍羞愧，派人把陈容牵出去，说："你不是臧洪同类，何必如此。"陈容看着袁绍说："仁义并无一定模式，践行就是君子，违背就是小人，今天宁与臧洪同日而死，不与将军同日而生！"于是也被杀死。在座者无不叹息，私下相互说："如何一日杀二烈士！"

15 公孙瓒杀了刘虞之后，占有幽州之地，志气益盛，恃其才力，不体恤百姓。谁对他好，他全不记得；谁得罪了他，睚眦必报。名望超过他的衣冠善士，必定设法陷害，有才能的人，一定压抑在穷困之地。有人问他原因，公孙瓒说："这些人自以为本来就应该富贵，不会感激人。"所以他所宠爱的，都是贩夫走卒之辈，与他们称兄道弟，结成儿女亲家，而这些人所在之处，侵暴百姓，弄得天怒人怨。

刘虞帐下从事、渔阳人鲜于辅等人，率州兵欲报仇，认为燕国人阎柔一向有恩信，推举他为乌桓司马。阎柔招诱匈奴及汉人数万人，与公孙瓒所任命的渔阳太守邹丹战于潞北，斩邹丹等四千余人。乌桓峭王也率本部落及鲜卑骑兵七千余人，跟随阎柔南下，迎接刘虞儿子刘和，与袁绍部将麹义合兵十万，一起攻打公孙瓒，在鲍丘将公孙瓒军击破，斩首二万余级。于是代郡、广阳、上谷、右北平各地杀死公孙瓒所任命的长官，重新与鲜于辅、刘和连兵，公孙瓒军屡战屡败。

之前就有童谣说："燕国南疆，赵国北界，中央不合，大如磨刀石，唯有此中，可以避乱世。"公孙瓒认为，这童谣唱的是易县，于是转移大本营到易县，挖掘壕沟十重，在里面修筑高大土丘，高五六丈，上面再建起高楼。中间一座最高的，高十丈，就是公孙瓒自己的居处，称为易京。易京安装铁门，左右都不能入内，男人七岁以上就不许进门，公孙瓒只与姬妾住在楼上，文件都用绳索吊上去。又让女人练习大嗓门，数百步之外都能听见，如此来传达他的命令。疏远宾客，没有亲信，谋臣猛将，也都渐渐离散了，自此之后，也很少攻战。有人问他缘故，公孙瓒说："当初我在塞外驱逐叛变的匈奴人，以为天下指日可定。到今天看来，兵革才刚刚开始，也不是我能决定的，不如休兵力耕，以拯救灾荒凶年。兵法云'百楼不攻'，如今我营高楼数十重，存粮三百万斛，吃完这些粮食，也就能等到天下大定了。"

【华杉讲透】

董卓的郿坞，公孙瓒的易京，就是东汉末年的两座墓碑。都是凶暴之人，又同样幼稚怕死，可见人性都是平衡的，一人残暴如饿虎，必有一面是柔弱如婴儿，总想回到子宫。董卓和公孙瓒，都是给自己再造一个子宫，想钻进去躲起来，等天下大定，再重新出生。

公孙瓒不明白一个道理，安全不是一劳永逸的，而是需要不断获取的。人性的弱点，就是追求一劳永逸。在评述董卓的郿坞时，我们谈到了"财务自由"的误区。公孙瓒身处乱世，而让他安心的也是"这辈子够吃了"，真是可悲可笑。

英雄不要安全，甚至要主动不安全，因为生于忧患，死于安乐。不安全，就是安全的常态。彻底安全了，就惰怠了。别说惰怠就会死亡，惰怠本身，就等于死亡，活着干什么呢？有饭吃？吃饭是为了活着，活着又不是为了吃饭。

16 南单于於扶罗死，其弟呼厨泉继位，居于平阳。

卷第六十二　汉纪五十四

（公元196年—198年，共3年）

主要历史事件

刘备不敌袁术，向吕布请降　098
曹操谋划迎接献帝，挟天子以令诸侯　100
袁绍不服在曹操之下而不受太尉之职，
曹操将大将军之位让给袁绍　103
郭嘉弃袁绍投奔曹操　104
祢衡心高气傲，被曹操借他人之手杀掉　107
曹操进击张绣，被张绣突袭，长子曹昂被杀　108
郭嘉的十胜十败论　109
袁术称帝，吕布转而协助曹操　111
曹操东征袁术，袁术弃军而走　114
曹操攻打吕布，吕布战败被杀　118

主要学习点

得不到的东西，就不要强求　100
立志是立身之本　107
每一次选择，都要深思熟虑　113
身怀才学，也要在该表现的地方表现　116

孝献皇帝丁

建安元年（丙子，公元196年）

1 春，正月初七，大赦天下，改元为建安。

2 董承、张杨想护送天子还都洛阳，杨奉、李乐不同意，于是诸将互相猜疑。二月，韩暹攻打董承，董承逃往野王，投奔张杨。韩暹屯驻在闻喜，胡才、杨奉进驻坞乡。胡才准备攻打韩暹，皇上派人劝谕制止了他。

3 汝南、颍川黄巾军何仪等拥众归附袁术，被曹操击破。

4 张杨派董承先行修缮洛阳宫殿。太仆赵岐替董承去说服刘表，让他派兵到洛阳，助修宫室，刘表派来士兵和物资运输北上，沿途络绎不绝。

夏，五月初二，皇帝派使臣到杨奉、李乐、韩暹军营，要求他们护送皇帝车驾去洛阳。杨奉等奉诏。

六月初一，皇帝车驾抵达闻喜。

5 袁术攻打刘备，以争徐州。刘备派司马张飞守下邳，自己率军在盱眙、淮阴一带抵御袁术，相持月余，互有胜负。

下邳国相曹豹，是陶谦旧部，与张飞发生冲突，被张飞所杀，下邳城中大乱。袁术写信给吕布，劝他攻打下邳，许诺供给军粮。吕布大喜，率军水陆并进。刘备中郎将许耽开门迎接。张飞败走，吕布俘虏了刘备妻子儿女及其他将吏的家属。刘备接到消息，率军回来，还没到下邳，部队溃散。刘备收拾残兵，东取广陵，与袁术交战，又败，退守海西，饥饿困顿，吏士们互相格杀煮食。从事、东海人麋竺以家财助军。刘备向吕布请降，吕布也正愤恨袁术承诺的军粮没有兑现，于是召刘备，重新任命刘备为豫州刺史，和他联合攻打袁术，让刘备屯驻在小沛。吕布自称徐州牧。

吕布部将、河内人郝萌夜袭吕布，吕布披头散发，袒衣露体，逃到都督高顺军营。高顺即刻率军攻入州府。郝萌败走，第二天天明，郝萌部将曹性击斩郝萌。

6 六月初六，杨奉、韩暹等护送皇帝东还，张杨带粮食迎接于道路。秋，七月初一，车驾到洛阳，住在前任常侍赵忠家。

七月十四日，大赦天下。

八月初八，皇帝抵达南宫杨安殿。张杨认为皇帝能够返回旧都是自己的功劳，所以把那座宫殿命名为杨安殿。张杨对诸将说："天子应是天下人共尊的，朝廷自有公卿大臣，我应该离开京师，为朝廷抵御外难。"于是还军野王，杨奉也出屯梁县，韩暹、董承留下宿卫。

八月初十，任命安国将军张杨为大司马，杨奉为车骑将军，韩暹为大将军，领司隶校尉，都被授以节钺。

此时，宫室烧尽，百官都披开荆棘，靠着墙壁居住，州郡各拥强兵，却没有人来进贡粮食物资。群僚饥饿困乏，尚书郎以下都自己出去挖野菜，或者饿死在墙壁间，或者为士兵所杀。

7 袁术因为谶言说"代汉者当涂高"，认为是应在自己身上，"涂"与他的名"术"和字"公路"相应，又认为袁氏祖先姓陈，而陈是舜的后裔，舜是土德，黄色；汉是火德，红色，而黄色替代赤色，正是德运的次序。（陈国大夫辕涛涂，是袁氏先祖。五行火生土，所以说以黄代赤。）于是有了僭逆之谋。又听说孙坚得了传国玉玺，就把孙坚妻子抓起来，夺了玉玺。听说皇帝败于晋阳，就想篡汉自己当皇帝，召从僚会议商量，没人敢说话。主簿阎象进谏说："当初周朝从后稷到文王，积德累功，三分天下有其二，仍然服事殷朝。明公您虽然累世显荣，但并没有当年周国那样的强盛；汉室虽然衰微，但并没有殷纣王当年的残暴！"袁术默然。

袁术征召隐士张范，张范不去，派他的弟弟张承代表他去致谢道歉。袁术对张承说："我以土地之广，士民之众，想效仿齐桓公、汉高祖，如何？"张承说："在德不在强。以德同天下之欲，即使以一介匹夫的起点，要兴霸王之功，那也不难。如果是自己想僭越，逆天而行，那就会被众人所抛弃，谁能让他兴盛呢？"袁术不悦。

孙策听到消息，给袁术写信说："成汤讨伐桀的时候，说：'夏朝罪恶太多！'武王伐纣时，说：'殷有重罚，不可不伐。'汤、武二人，虽有圣德，但假使桀、纣并无失道之过，也不能逼而取之。当今主上，并非有恶于天下，只是因为年龄幼小，为强臣所胁迫，与汤、武之时情况不同。况且以董卓之贪淫骄陵，毫无纲纪，以至于废黜皇帝，另立新君，但是，他也没有自己取而代之，而天下人还是对他同仇敌忾，更何况对比他还过分的人呢？我听说幼主明智聪敏，有早成之德，天下人虽然还没有得到他的恩泽，但已经归心于他。您五世相承，为汉朝宰辅，荣宠之盛，无人能比，正该效忠守节，以报王室，则周公、召公的美誉，就是众望所归。时人多被图谶之言所蛊惑，牵强附会地解释，只图让主公听了高兴，不顾事情能不能成功，这正是最需要谨慎的，怎能不深思熟虑！我这是忠言逆耳，发出异议，可能也遭您憎恨。只是希望能有益于您的思考,所以不敢不言。"袁术开始时,自以为有淮南之众,孙策一定拥护他,收到孙策书信,愁闷沮丧,遂生疾病。袁术不接受孙策的意见,孙策于是与他决裂。

【华杉讲透】

　　张承五个字"在德不在强",说尽了世间的道理。就是那句俗话,给你的,自然会给你;不给你的,你不能自己去拿。《论语》中叶公问政。孔子说:"近者悦,远者来。"近者悦,就是你的德,德泽所施之近处,人民都喜悦。那远方的人,自然闻风而来。一直扩展到全天下的百姓都想要你来统治,又恰好赶上当权者有滔天大罪,那就吊民伐罪,王天下。周文王把前面的都做到了,但是殷商并未罪大恶极,还没有恶贯满盈,所以他三分天下有其二,还是服事殷朝。他急什么呢?他已经有三分之二的天下,殷朝也夺不去,再等等。到了武王,纣王越来越众叛亲离,这才有武王伐纣,周朝取代了殷商。

　　袁术着急,着急的人,都是急着找死。他也不看看他自己占了天下几分之一,就自以为有"土地之广,士民之盛"。这是人性的弱点,贪心一起,智商为零,就会一厢情愿地认为自己一定能行。

8 曹操在许县(皇帝迁都之后改名为许昌),谋划迎接天子。众人认为:"山东还未平定,韩暹、杨奉自负有功,恣意暴虐,短时间内难以制服。"荀彧说:"当初晋文公迎还周襄王,而诸侯景从,汉高祖为义帝缟素发丧,而天下归心。自从天子蒙尘,将军首倡义兵,只是山东扰乱,一直未能远赴京师。如今銮驾东还,而洛阳荒芜,义士希望根本稳固,百姓感念怀旧之哀。如果能在此时,尊奉主上,以从人望,正是大顺!秉持至公,以服天下,这是大略;扶持政府,招揽人才,这是大德。四方之人,就算有反对的,也成不了气候。至于韩暹、杨奉,何足为虑!如果不及时决断,让其他豪杰抢了先,我们再想做什么就来不及了。"曹操于是派扬武中郎将曹洪将兵西迎天子。董承等据险抵御,曹洪无法前进。

议郎董昭，认为杨奉兵马最强而少党援，于是以曹操的名义，写信给杨奉说："我听闻将军的英名，仰慕将军的忠义，愿与将军推心置腹。将军从艰难之中，救出圣驾，还都洛阳，翼佐之功，盖世无比，这是多么了不起啊！方今群凶乱国，四海未宁，神器至重，关键在于辅政大臣，必须众贤毕集，以扫清王轨，这不是一个人所能完成的。心腹四肢，相互依赖，一物不备，就有残缺。将军当为内主，我为外援。如今，我有粮，将军有兵，有无相通，足以相济，死生契阔，愿与将军相共！"

杨奉得书喜悦，对诸将说："兖州诸军近在许县，有兵有粮，正是国家所当依靠的。"于是共同进表曹操为镇东将军，继承父亲的爵位为费亭侯。

韩暹自命有功，恣意专断，董承深以为患，于是秘密召曹操来。曹操于是将兵到洛阳。到了之后，上奏弹劾韩暹、张杨之罪。韩暹担心被诛，单骑逃奔杨奉。皇帝认为韩暹、张杨有保护车驾之功，下诏一切勿问。

八月十八日，任命曹操为司隶校尉、录尚书事。曹操于是诛杀尚书冯硕等三人，这是诛罚有罪；封卫将军董承等十三人为列侯，这是赏赐有功；追赠射声校尉沮儁为弘农太守，这是表彰死节。

曹操请董昭并排而坐，问道："如今我来此，当施何计？"董昭说："将军兴义兵以诛暴乱，入朝天子，辅翼王室，这是五霸之功。下面的诸位将领，每个人意见都不一样，未必服从。如今您留下来匡弼君上，事有不便，唯有移圣驾到许县。但是朝廷颠沛流离，刚刚回到旧都，远近之人，踮着脚张望，就盼着能安定下来。如今又要迁都，众心不安。但是，行非常之事，须有非常之功，将军衡量轻重，做一决断！"

曹操说："这本来也是我的想法。不过，杨奉近在梁县，听说他手下都是精兵，他会不会反对我？"

董昭说："杨奉没有支援，本心也想和将军结交。之前封您为镇东将军、费亭侯的事，就是杨奉所定。应该派使者送上厚礼答谢，让他安心，就说：'京师无粮，想把车驾暂时移居鲁阳。鲁阳靠近许县，粮食转运方便，可以没有困乏之累。'杨奉为人，有勇无谋，一定不会起疑心。在使节往来之间，事情已经办成了。他阻挡不了将军。"

曹操说："善！"即刻遣使去见杨奉。

八月二十七日，皇帝车驾出辕辕向东，迁都许县。

己巳日（八月无此日），皇帝到曹操军营，任命曹操为大将军，封武平侯。开始在许都建立宗庙社稷。

【华杉讲透】

荀彧所论，大顺、大略、大德三条，精彩至极，这就是在德不在强。安天下人心为大顺，挟天子以令诸侯为大略，建立政府，让天下人才有投奔处，这是大德。三条缺一不可。

曹操的天下，不是巧取豪夺，也不是自己掉下来的。那董昭以曹操名义写信给杨奉，安排好一切，不就是他自己来的吗？

9 孙策计划攻取会稽。吴郡人严白虎等各自拥众一万余人，处处屯聚。诸将想攻打严白虎等，孙策说："白虎等群盗，没有大志，很容易制服。"于是引兵渡过浙江（富春江）。会稽功曹虞翻对太守王朗说："孙策善用兵，不如避之。"王朗不从，发兵在固陵布防，抵御孙策。

孙策数次渡江作战，不能取胜。孙策叔父孙静说："王朗据守坚城，一时难以攻拔。南边数十里，有一座查渎城，拿下查渎，就绕到了敌人后方。这正是攻其无备，出其不意之计。"

孙策听从，夜里多燃火把为疑兵，分军直扑查渎，突袭高迁屯。王朗大惊，派前任丹阳太守周昕等率兵逆战，孙策击破周昕等，斩之。王朗遁走，虞翻追随保护王朗，从海路逃到东冶。孙策追击，再次大破王朗军。王朗于是投降。

孙策自领会稽太守，仍然命虞翻为功曹，待之以朋友之礼。孙策喜好打猎，虞翻进谏说："您喜欢轻服微行，随从官员来不及保卫戒严，吏卒们都深为苦恼。身为人君，不厚重，就没有威严，所以白龙鱼服，困于豫且；白蛇自放，刘季害之。希望您注意！"孙策说："您说得对！"但是并不能改正。

【华杉讲透】

"白龙鱼服，困于豫且。"典故出自《说苑》，吴王要去民间饮酒，伍子胥进谏说："当初白龙在水中化作一条鱼，被渔夫豫且射中眼睛。白龙向天帝投诉。天帝问：'他射你的时候，你是什么形状？'白龙说：'我化作鱼。'天帝说：'鱼本来就是要被人射的，豫且有什么罪呢？'白龙是天帝的贵畜，豫且是宋国的贱臣，白龙不化作鱼，豫且也不会射它。如今您放弃万乘之尊而与布衣之士饮酒，臣担心您也有白龙之患！"

白蛇自放，刘季害之。是刘邦斩白蛇的故事。

身为人君，就必须放弃普通人的快乐，你不能两头都占。孙策知道这个道理，但不是知行合一地真明白。等他知行合一的时候，已经断送了自己性命。

10 九月，司徒淳于嘉、太尉杨彪、司空张喜等都被罢免。

11 当初，车驾东迁时，杨奉从梁县出兵拦截，没有赶上。冬，十月，曹操征讨杨奉，杨奉南逃，投奔袁术。曹操于是攻拔杨奉梁县大营。

12 皇帝下诏给袁绍，斥责他"地广兵多，而专自树党，没听到你有勤王之师，只看到你（与公孙瓒）擅自相互征伐"。袁绍上书，做出深刻检讨。

十月戊辰日（十月无此日），任命袁绍为太尉，封邺侯。袁绍耻于班次在曹操之下，怒道："曹操都该死了几回，每次都是我救了他，如今难道挟天子来给我下命令吗？"上表推辞不接受。曹操害怕了，请求将大将军的位置让给袁绍。

十月二十五日，任命曹操为司空，行车骑将军事。

曹操任命荀彧为侍中，守尚书令。曹操要荀彧推荐策谋之士，荀彧推荐了自己的侄子，蜀郡太守荀攸，以及颍川人郭嘉。曹操征召荀攸为尚书，与他谈话，大悦，说："公达（荀攸字公达），非常人也。我能够与他计事，天下何足为忧！"任命荀攸为军师。

　　当初，郭嘉前去见袁绍，袁绍对他非常礼敬。郭嘉住了数十天，对袁绍谋臣辛评、郭图说："智者要懂得评估主公，才能保全自己，成就功名。袁公只是表面仿效周公的礼贤下士，但不是真正懂得如何用人。日理万机，却抓不住要领；喜好谋略，却不能决断。要想和他一起济天下之大难，定霸王之业，太难了！我将离去，另寻英主，你们走不走？"二人说："袁氏有恩德于天下，人们大多归附他，况且如今实力最强，走，走到哪里去？"郭嘉知道他们不能醒悟，不再说话，自己离去。曹操召见他，和他议论天下之事，大喜，说："让我成就大业的，必定就是此人！"郭嘉谈话出来，也喜悦说："这真是我的主公！"曹操表郭嘉为司空祭酒。

　　曹操任命山阳人满宠为许县县令。曹操的堂弟曹洪，有宾客在许县犯法，被满宠逮捕。曹洪写信给满宠，满宠不听。曹洪向曹操报告，曹操召见满宠，满宠知道是要他放人，立即先把犯人杀了。曹操喜悦说："为官任事，难道不应该如此吗？"

13 北海太守孔融，自负才大名高，志在救国救民。但是，他心意广阔，而能力平平，什么事也干不成，官署里都是他的高谈阔论，辞气清雅，说出来的话，都深可玩味和吟诵，但是落不了地，考察他的行为，都对不上他说的话。也能网罗人才，但是标准并不严格，开始时也能得人心，时间一长人们就都不依附他了。他用人喜欢标新立异，用的大多是一些轻浮小才。他尊事名儒郑玄，执子孙礼，将郑玄所居的乡改名为郑公乡。对其他清隽之士如左承祖、刘义逊等，都只是作为贵宾延揽在座而已，并不和他们讨论政事，说："这些人是民望所归，不可失去。"

　　黄巾军来寇，孔融战败，退守都昌。当时袁绍、曹操、公孙瓒首尾相连，孔融兵弱粮寡，孤立一隅，不和他们联系。左承祖劝孔融应该投靠一个强国，孔融不听，还把他杀了。刘义逊于是弃孔融而去。青州刺史袁谭攻打孔融，战事从春天持续到夏天，孔融士兵只剩数百人，流箭乱飞，孔融还靠着几案读书，谈笑自若。夜里城池陷落，孔融逃奔东山，妻子儿女都被袁谭俘虏。曹操与孔融有旧交，征召他为将作大匠（相当于建设部长）。

袁谭初到青州之时，他的疆土从黄河往西，到不了平原。袁谭北面驱逐田楷（公孙瓒所任命的青州刺史），东面击破孔融，威望和对百姓的恩惠，著于四方。其后信任群小，肆意妄为，骄奢淫逸，声望又衰微了。

【华杉讲透】

孔融，就是孔融让梨的孔融，从小就有才名，中国历史著名神童，在文学史上也有重要地位，建安七子之一。可惜身在乱世，治理州郡，带兵打仗，都远远不是他所能胜任的。读书太多，又不能真懂得书中的道理，反弄得心高气傲，锋芒毕露，最终成为悲剧。

孔融执子孙礼的郑玄，是真正的大人物，一代巨儒，代表了东汉儒学的最高成就。

14 中平以来（中平元年为公元184年，黄巾起事），天下离乱，百姓抛弃农耕，诸军并起，都缺乏粮秣，没有超过一年储备的，粮食没了就抢掠，吃饱了就把剩下的抛弃，如此流离，自己瓦解，无敌自破的，不可胜数。袁绍在河北，军人靠采食桑葚；袁术在江淮，士兵们就吃蚌蛤。民间则到处是人相食的惨剧，州县乡里萧条。羽林监枣祗建议屯田，曹操听从，任命枣祗为屯田都尉，任命骑都尉任峻为典农中郎将，招募百姓在许县屯田，得谷百万斛。于是下属州郡，都设置田官，所在之处，储存粮食，仓廪皆满。所以，曹操征伐四方，没有转运粮食之劳，于是能兼并群雄。军国富饶，由枣祗建策，而成事于任峻。

15 袁术担心吕布成为自己的祸害，于是为自己的儿子求娶吕布女儿，吕布同意。袁术派将领纪灵等率步骑兵三万攻打刘备，刘备求救于吕布。诸将对吕布说："将军常欲杀刘备，如今正好假手于袁术。"吕布说："不对，袁术如果击破刘备，就会北连泰山诸将（臧霸、孙观、吴敦、尹礼等），那我们就陷入袁术包围之中了。刘备，我是不得不救。"于是率步骑兵一千余人前往。纪灵等听说吕布来了，都停军等待。吕布屯军在沛城西南，派士卒去请纪灵等人。纪灵等人也请吕布过去，吕布于是前往纪灵军营，把刘备也请来，一起饮宴。吕布对纪灵说："刘备，是我老弟，为诸军所困，所以我来救他。我的性格，不喜欢让人战斗，喜欢给人解斗。"于是让军侯树立一支戟在营门，吕布弯弓搭箭，回头看着众人说："诸位看我射那戟上的小枝，如果射中，你们各自罢兵；如果射不中，随便你们决斗。"吕布射出一箭，正中戟枝。纪灵等惊骇，说："将军真是天威！"第二天再次欢宴，然后各自罢兵。

刘备此时已经有士兵一万余人，吕布非常厌恶，自己出兵攻打刘备。刘备败走，投奔曹操。曹操厚遇刘备，任命他为豫州牧。有人对曹操说："刘备有英雄之志，今不早图，后必为患。"曹操问郭嘉意见，郭嘉说："刘备确实是英雄，但是明公起义兵，为百姓除暴，推诚杖信以招俊杰，还担心人家不来。如今刘备有英雄之名，穷途末路，前来投奔，如果您把他杀了，那就有害贤之名。如此，天下智士都将生疑，转投他处，明公将与谁定天下呢？铲除一个人的祸患，而让天下人失望，这正是安危之机，不可不仔细考虑！"曹操笑道："你说到了本质！"于是给刘备增派兵士，供应粮草，让他向东到沛县，收集散卒，再图吕布。

当初，刘备在豫州，举荐陈郡人袁涣为茂才。袁涣被吕布留用。吕布让袁涣写信辱骂刘备，袁涣不肯，再三强迫，还是不屈服。吕布大怒，用兵器胁迫袁涣威胁道："写之则生，不写则死！"袁涣面不改色，笑着回答："我听说唯有德可以辱人，没听说骂能侮辱别人的。刘备如果是君子，你骂他，他也不以为耻；刘备如果是小人，他还不是一样写一封信给您骂回来，那受辱的是您而不是他。我当初事奉刘将军，就和今天事奉您一样。莫非哪天我离开您之后，又替别人写信来骂您吗？"吕布羞惭而止。

16 张济从关中引兵入荆州界，攻穰城，被流箭射中而死。荆州官属都向刘表道贺，刘表说："张济困穷而来，我却没有尽到主人之礼，没有出城迎接，没有安排住处，反而交锋作战，这并非我的本意，我可以接受你们的吊唁，但不接受祝贺。"派人接收张济的部众，部众听到他的话，都很欢喜，归心于他。张济同族堂侄、建忠将军张绣代领其众，屯驻在宛县。

当初，皇帝离开长安，宣威将军贾诩上还印绶，到华阴投靠段煨。贾诩一向知名，在段煨军中很有声望，段煨对他也非常礼敬。贾诩秘密准备离开，投奔张绣。有人对他说："段煨对你这么好，你怎么要走呢？"贾诩说："段煨性格多疑，对我有所顾忌，不能在这儿待得太久，时间长了他就会图谋我。我离开，他一定高兴，又指望我结交大的外援，一定会厚待我的妻子儿女。张绣没有谋士，也愿意得到我，如此我自身和家属都能保全了。"贾诩于是去投奔张绣，张绣对他执子孙礼，段煨也果然将他的家属照顾得很好。贾诩建议张绣依附刘表，张绣听从。贾诩前去见了刘表，刘表以客礼相待。贾诩说："刘表，在和平年代倒是三公之才，但看不到事变，性格多疑，不能决断，做不成事。"

刘表爱民养士，从容自保，境内无事，关西、兖州、豫州学士归附他的数以千计。刘表于是建起学校，讲明经术，命前雅乐郎、河南人杜夔制定雅乐，排练完成之后，刘表想在庭中观赏。杜夔说："将军并非天子，却在庭中公开演奏观赏雅乐，不太合适吧？"刘表于是停止。

平原人祢衡，少有才辩，但尚气高傲，孔融把他推荐给曹操。祢衡辱骂曹操，曹操怒，对孔融说："祢衡竖子！我杀他就像杀一只老鼠，一只麻雀，只是看此人还有点虚名，如果被我杀了，都说我不能容人。"于是把祢衡送给刘表，刘表待之以上宾。祢衡满口都称颂刘表，但是又喜欢讥贬刘表左右，于是左右进谗言说："祢衡称颂将军之仁德，所比周文王也不差，但是又说将军不能决断，终究成不了事。"这话正说中刘表短处，但其实并不是祢衡说的。刘表由此发怒，认为江夏太守黄祖性格急躁，就把祢衡送到他那里去。黄祖也很善待祢衡。后来，祢衡当众侮辱黄祖，被黄祖所杀。

【华杉讲透】

祢衡这种人，就是好逞血气之快。我们每个人，一定要注意自己的血气。《论语》中写道：

子曰："君子有三戒：少之时，血气未定，戒之在色；及其壮也，血气方刚，戒之在斗；及其老也，血气既衰，戒之在得。"

人随着年龄的增长，血气未定时容易贪色纵欲，血气方刚时容易好勇斗狠，血气衰老时容易贪财好货，那靠什么来节制自己呢？靠志气。人有两口气：生理上有血气，心理上有志气。是血气在驱使你，还是志气在驱使你，就是修养的区别。有志气，你的关注点就在志气上，其他的就排第二位了，所以立志是立身之本。

祢衡的弱点，是血气始终定不下来，控制不了自己。曹操容不下他，把他送给刘表，还算好心，因为刘表是仁厚长者；结果刘表也容不下，而刘表却没有找一个比自己脾气更好的人，而是把他送给脾气最差的黄祖。黄祖也是"血气型"，两个血气相碰，一个动气，另一个就要流血了。

建安二年（丁丑，公元197年）

1 春，正月，曹操征讨张绣，驻军在淯水，张绣举众投降。曹操把张济的遗孀（张绣的婶母）纳为小妾，张绣怀恨。曹操又送金钱给张绣手下骁将胡车儿，张绣听说后，更加疑惧，于是突袭曹操军，杀死曹操长子曹昂。曹操也被流箭射中，败走。校尉典韦与张绣力战，左右死伤殆尽，典韦身上受伤数十处，张绣的士兵一拥而上，典韦两个膀子一边挟一个，杀死两人，瞋目大骂而死。曹操收拾散兵，还驻舞阴县。张绣率骑兵来追，被曹操击退。张绣回师穰城，再次与刘表联合。

当时，曹操诸军大乱，唯独平虏校尉、泰山人于禁整众而还，路上遇见青州兵劫掠，于禁痛斥他们的罪行，攻击他们。青州兵逃走，向曹操报告。于禁回到大营，并不立即去见曹操，而是先筑立营垒。有人对于禁说："青州兵已经告你的状了，应该赶紧去找主公解释。"于禁说："如今贼军在后，随时可能追来，不先做战备，敌人突袭怎么办？况且主公聪明，他们的诬告怎么会得逞！"从容挖掘壕沟，安营扎寨，才谒见曹操，说明前后经过。曹操喜悦，对于禁说："淯水之难，我都狼狈不堪，唯有将军您在混乱中能整齐自己的部队，在路途中惩罚不守军纪的劫掠暴行，回师后从容安营扎寨，这说明您有不可动之节，就是古代名将，也不过如此！"于是记录于禁前后功劳，封益寿亭侯。

曹操引军回到许县。

【华杉讲透】

于禁不可动摇，《孙子兵法》云："不动如山。"《论语》说："非礼勿动。"曹操见到张济遗孀，先动了心，然后动了人，没有考虑张绣的感受，结果造成事变，死了长子和猛将典韦。在混战中，唯独于禁的部队齐整，这是他平时对部队训练的结果。败退路上还能执行军纪，管其他部队抢掠的"闲事"，说明他一不认为这是什么特殊时期，二不认为那不是自己的管辖范围，而是站在老板的立场，以组织的纪律为己任。回营之后光明正大，该干什么干什么，不急着去辩解，这又是他的坦荡和对曹操的信任。

能得到这样的部下，是主君的福气！

2 袁绍写信给曹操，言语骄慢。曹操对荀彧、郭嘉说："如今我想讨伐袁绍，但是力量不如他，怎么办？"二人回答说："刘邦实力不如项羽，这是主公知道的，高祖唯有以智慧来战胜项羽，项羽虽然强大，最终还是被高祖所擒。如今，袁绍有十败，主公有十胜，袁绍虽强，最终还是成不了事。袁绍礼仪繁复，主公随和自然，这是道胜。袁绍与主公作战，就是叛逆；主公则是奉天子以率天下，这是义胜。从桓帝、灵帝以来，政治之失，在于太宽，袁绍以宽济宽，所以更是一盘散沙；主公纠之以猛，上上下下都知道制度规矩，这是治胜。袁绍外表宽厚而内心猜忌，用人而疑人，任用的都是亲戚子弟；主公外表简易而内心机明，用人不疑，唯才是用，不问远近，这是度量之胜。袁绍多谋少决，一个计策接着一个计策，但就是不能决断，总是错过时机；主公得到计策，马上就执行，执行过程中，又应变无穷，这是谋略之胜。袁绍高谈阔论，揖让以收名誉，士人当中那些喜好空谈、装饰外表的人，都跑去归附他；主公以至诚之心待人，不搞虚美之事，士人中忠正远见而有真本事的人，都愿意为主公所用，这是德胜。袁绍见人饥寒，体恤挂念，满脸都是恻隐同情，但是，对看不见的事，他就考虑不到；主公对于眼前的小事，时常有所疏忽，但是对于大事以及全国各个角落，虽然看不见，但是考虑无不周全，对人施与的恩惠，都超过他们的盼望，这是仁胜。袁绍手下大臣，相互争权夺利，以谗言惑乱君心；主公善于统御下属，小人的谗言媚语没有立足之地，这是明胜。袁绍是非混淆，对错不分，主公对正确的进之以礼，错误的正之以法，这是文胜。袁绍喜欢大张声势，不懂得兵法的真正要领；主公能以少克众，将士们依靠主公打胜仗，而敌人深为畏惧，这是武胜。"

曹操笑道："都像你们说的，我如何敢当！"

郭嘉又说："袁绍正北击公孙瓒，可以趁他远征，东取吕布。如果袁绍攻打我们，吕布为他援军，那就是大祸害了。"荀彧也说："不先取吕布，就不能拿下河北。"

曹操说："说得对！但我还有一个疑虑，担心袁绍袭扰关中，向西与羌人、匈奴联合，向南引诱蜀郡和汉中，那他就占了天下六分之五，我以兖州、豫州六分之一的土地，如何能与他抗衡呢？"

荀彧说："关中的将帅，数以十计，各自独立，其中以韩遂、马腾最强，他们见山东各方争战，一定各自拥众自保，如今我们派出使臣，抚慰以恩德，与他们联合，就算做不到长治久安，维持到主公平定山东，问题不大。侍中、尚书仆射钟繇有智谋，把西边的事交给他去办，主公无忧矣！"曹操于是表钟繇以侍中代理司隶校尉，持节督关中诸军，授以全权。钟繇到了长安，写信给马腾、韩遂等，陈述祸福之道，马腾、韩遂于是都送来儿子为人质。

【华杉讲透】

荀彧、郭嘉为曹操所陈的曹、袁十胜十败，太深刻、太形象了，值得反复诵读，切己体察，看是有曹操的优点，还是有袁绍的缺点。

3 袁术称帝于寿春，自称仲家，任命九江太守为淮南尹，设置公卿百官，郊祀天地。沛国丞相陈珪，是陈球弟弟的儿子，和袁术是少年时代的朋友，袁术写信召陈珪，又劫持他的儿子为人质，期待他一定会来。陈珪回信说："曹将军正重整国家制度和刑法，将扫平叛逆。本以为足下当勠力同心，匡翼汉室，没想到你阴谋不轨，以身试祸，还想要我营私阿附，我就是死也不来！"袁术又想任命前兖州刺史金尚为太尉，金尚拒绝并逃走，被袁术抓住杀死。

4 三月，朝廷下诏，命将作大匠孔融持节拜袁绍为大将军，兼督冀州、青州、幽州、并州四州。

5 夏，五月，蝗灾。

6 袁术派韩胤为使者，将称帝的事通告吕布，并要求他履行婚约，送女儿来做儿媳妇。吕布派女儿跟韩胤回去。陈珪担心袁术和吕布联合，祸患无穷，于是前去对吕布说："曹公奉迎天子，辅赞国政，将军应该与他协同策谋，共存大计。如今与袁术联姻，必受不义之名，将有累卵之危矣！"吕布对袁术之前不接受自己也有怨恨（参考公元192年记载，吕布刚从长安逃出的时候，曾投奔袁术），女儿已经在路上，又去把她追回来，与袁术断绝婚约，并将韩胤戴上刑具，送到许都，斩首于街市。

陈珪想派儿子陈登去见曹操，吕布不肯。正巧朝廷下诏，任命吕布为左将军，曹操也给吕布送来亲笔书信，深加慰纳。吕布大喜，即刻派陈登奉章谢恩，并给曹操送去回信。陈登见到曹操，向他陈述吕布有勇无谋，轻于去就，应该早做处置。曹操说："吕布狼子野心，诚难久养，不是您还不能看清他的真伪。"即刻将陈珪俸禄增加到中二千石（汉制，封国丞相俸禄为二千石，中二千石就和九卿待遇一样了），拜陈登为广陵太守。临别，曹操拉着陈登的手说："东方之事，就托付给您了！"令他秘密集合部众以为内应。

当初，吕布要陈登请求朝廷正式任命自己为徐州牧，没有办成。陈登回来，吕布怒，拔戟砍向几案，说："你父子二人要我协同曹操，和袁术断绝婚姻，如今我想要的一无所获，而你父子二人都升官发财，你们是把我卖了吧！"陈登面不改色，从容回答："我对曹公说：'养吕将军就像养虎，不喂饱他，就要吃人！'曹公说：'你说得不对，应该是像养鹰，饿着他，他就为我所用。吃饱了，他就飞跑了。'这是他的话。"吕布接受了陈登的解释。

袁术派他的大将张勋、桥蕤等与韩暹、杨奉联合，率步骑兵数万，向下邳推进，兵分七路，进攻吕布。吕布当时只有士兵三千，马四百匹，恐惧不能抵挡，对陈珪说："袁术大军，就是你给我招来的，如今怎么办？"陈珪说："韩暹、杨奉与袁术，这是仓促联合，没有确定的战略，不能维持。让我儿子陈登去离间他们，他们就像一群公鸡，不可能栖在一个枝头。"吕布用陈珪的计策，给韩暹、杨奉写信说："二位将军亲自保护皇上，而我也曾手杀董卓，都为国家立下功劳，如今怎么加入袁术贼营呢？不如我们并力攻破袁术，为国除害！"并且许诺缴获袁术军资，全部都归韩、杨。韩、杨二人大喜，即刻回复按吕布计策行事。吕布进军，离张勋军营还有数百步，韩暹、杨奉两军士兵同时大呼，一起攻向张勋大营，张勋等散走，吕布追击，斩杀其将领十人，其他士兵或者被杀死，或者堕水淹死，张勋几乎全军覆没。吕布于是与韩暹、杨奉联军攻向寿春，水陆并进，抵达钟离县（距寿春二百里），所过之处，一路掳掠，还军渡过淮河，留下一封书信辱骂袁术。袁术自将步骑兵五千人，在淮河南岸列阵，吕布骑兵在北岸大肆耻笑袁术而还。

泰山贼帅臧霸在莒县袭击琅邪国相萧建，将萧建军击破。臧霸得了萧建的军资，许诺要分给吕布的没有兑现。吕布亲自去要，手下督将高顺进谏说："将军威名宣播，远近所畏，何求不得！还要自己去要账！万一对方不给，岂不是大失颜面吗？"吕布不听，到了莒县，臧霸不知道他来意，固守抵御，吕布一无所获，空手回来。

高顺为人清白有威严，沉默寡言，他所带的七百余兵，号令齐整，每战必克，号称"陷阵营"。吕布后来疏远高顺，认为魏续跟自己是亲戚，夺了高顺的兵给魏续。但是，一到攻战的时候，又让高顺为将。高顺也无怨无悔。吕布的性格，总是轻易就做决定，反复无常，高顺每每谏劝他说："将军举动，不肯详细思考，得失无常，动辄就犯错误，这错误怎能一犯再犯呢？"吕布知道他是忠言，但并不能听他的话。

【华杉讲透】

吕布，是一个典型人物，"轻于去就，诚难久养"这八个字，就是对这种人的鉴定。我们身边就有这样的人，动不动就换工作，有一点小问题他就要走，见到一点小利益他就要换地方，无法跟人建立长久的信任和合作关系，这就是"轻于去就"，很随意就可以投靠或离开。

他轻于去就，别人也就看得明白——诚难久养，就是俗话说的"养不家"，你怎么对他好，他也不跟你一条心，随时会抛弃你，甚至会背叛你，反戈一击，而且他的逻辑和算法还跟你不一样，你认为他不应该、不值得、不可能背叛你，他的算法结论却认为应该、值得、马上就干！所以，吕布这种人，对于用他的人来说，不能用，也不能放他走，只能杀。最后曹操就是这么处理的。

对于跟他的人来说呢？他因为从来不以真心待人，他就不知道真心为何物，也就不适应有人会真心待他。所以高顺对他忠心耿耿，也是一颗忠心喂了狗吃。吕布不信任高顺，信任魏续，而最后发动叛乱逮捕高顺的，正是魏续。吕布和高顺都被曹操斩首。

吕布是轻于去就，他做不了老板，又不肯为人所用，谁也养不了他。高顺是不知去就，跟错了人，还死心塌地。

去就，是人生成败的关键，跟对了人，就飞黄腾达；轻于去就，就毁掉整个人生。我们的幸福是从哪里来的？都是自己奋斗出来的吗？也不尽然，有时运气也很重要。运气，就是你所生活的国家和时代，是国运，然后是你遇到的人和事，因为遇到一些人和事，就改变了人生的轨迹，改变你成长的环境，你就变了一个人。一些几十年不见的老朋友，为什么差别那么大？不是他们的智力和努力的不同，是环境的不同，学习的不同。所以，人的命运来自两个地方：一是天上掉下来的，天命，那是主公、老板；二是从主公、老板那里来的，你如果当初因为找不到工作，跟马云创业了，你就一定是超级富豪。良禽择木而栖，就是这个道理。

我们不是说要扼住命运的咽喉吗？去就，就是命运的咽喉。每一次去就，一定要深思熟虑，不可轻于去就。

7 曹操派议郎王诵，以诏书拜孙策为骑都尉，继承父亲的爵位为乌程侯，领会稽太守，命他与吕布及吴郡太守陈瑀一起讨伐袁术。孙策希望得到将军称号以自重，王诵就以皇帝名义，任命孙策为明汉将军。

孙策整军出发，行到钱塘，陈瑀阴谋突袭孙策，秘密与祖郎、严白虎等联合，让他们做内应。孙策察觉，派手下将领吕范、徐逸在海西攻打陈瑀。陈瑀兵败，单骑逃奔袁绍。

8 当初，陈王刘宠有勇，善弩射，黄巾贼起，刘宠治兵自守，国人都畏惧他，不敢离叛。陈国国相、会稽人骆俊也一向有威信和恩德。那时候，各封国王侯都收不到租税，也领不到俸禄，反而经常被强盗抢夺，有的两天才能吃上一顿饭，甚至转死于沟壑，而唯独陈国富强，邻郡的人都跑去投奔，有十余万人。等到州郡兵起，刘宠率众屯驻于阳夏，自称辅汉大将军。袁术向陈国征求粮草，骆俊拒绝。袁术愤恨，派刺客使诈术杀掉骆俊及刘宠，陈国从此破败了。

9 秋，九月，司空曹操东征袁术，袁术听说曹操来，弃军而走，留下将领桥蕤等在蕲阳抵御曹操，曹操击破桥蕤等，皆斩首。袁术大军渡过淮河，天寒岁饥，士民冻馁，由此逐渐衰败。

曹操延聘陈国人何夔为掾，问他袁术这个人怎么样，何夔说："天所帮助的人恭顺，人所帮助的人信义，袁术既不恭顺，也无信义，而希望得到天人之助，怎么能行呢？"曹操说："为国者，失去贤才则亡，君不为袁术所用，这不就是他该灭亡吗？"曹操性格严酷，掾属公事没办好的，经常被杖打。何夔随身带着毒药，发誓宁死也不受辱，所以始终没有打过他。

沛国人许褚，勇力过人，聚集少年及宗族数千家，坚壁以御外寇，淮河、汝水、陈国、梁国一带，都畏惧忌惮他。曹操征讨淮、汝之时，许褚率众归附曹操，曹操说："这就是我的樊哙啊！"即日拜为都尉，引入宿卫，跟随许褚的侠客，全部用为虎贲勇士。

10 前任太尉杨彪与袁术是姻亲，曹操厌恶，诬陷杨彪图谋废立，逮捕下狱，弹劾以大逆之罪。将作大匠孔融听闻，来不及穿朝服，就跑去见曹操，说："杨公四世清白有德，海内人所共瞻。《周书》说，父子兄弟，罪不相及，何况把袁术的罪归到杨公身上呢！"曹操说："这是朝廷的意思。"孔融说："假如周成王要杀召公，周公能说他不知道吗！"曹操派许县县令满宠负责杨彪案，孔融与尚书荀彧都叮嘱满宠说："只能询问，不可拷打。"满宠毫不理会，照样拷打。过了几天，求见曹操，说："杨彪经过刑讯，没有什么口供。此人名扬海内，如果不明不白治罪，必定大失民望，我为明公您感到可惜！"曹操即日赦免杨彪，释放出狱。当初，荀彧、孔融听说满宠拷打杨彪，都很愤怒，等到杨彪因此而得出狱，更加善待满宠。杨彪见汉室衰微，政权都在曹氏，于是自称足部肌肉萎缩，十几年都不出门，由此得以免祸。

11 马日䃅的灵柩运到京师（马日䃅被袁术逼死，参见公元194年记载），朝廷商议特别增加葬仪荣誉，孔融说："马日䃅以上公之尊，持节出使，却曲媚奸臣，被人牵制，身为王室大臣，岂能以被胁迫为理由呢？圣上哀矜旧臣，不忍心追讨他的罪便是了，不宜加礼。"朝廷听从孔融意见。金尚的灵柩也运到京师，下诏让百官吊祭，拜其子金玮为郎中。

12 冬，十一月，曹操再次攻打张绣，攻陷湖阳，生擒刘表部将邓济，接着又攻克舞阴。

13 韩暹、杨奉在下邳，寇掠于徐州、扬州之间，军士饥饿，向吕布告辞，想去荆州，吕布不听。杨奉知道刘备与吕布有旧怨，私下与刘备联系，商议一起攻打吕布，刘备假装许诺。杨奉引军到沛县，刘备请杨奉入城，饮食还没到一半，就在座上将杨奉绑了，斩首。韩暹失去杨奉，势力孤单，带着十余骑兵归奔并州，被枎秋县令张宣所杀。胡才、李乐留在河东，胡才被仇家所杀，李乐病死。郭汜被他的部将伍习所杀。

14 颍川人杜袭、赵俨、繁钦避乱于荆州，刘表都待以宾客之礼。繁钦数次得到刘表的赞赏，杜袭告诫他说："我之所以和你一起来这里，是为了保全自身，以待天时，那刘表岂是能拨乱反正之主？能委身于他吗？你如果不能按捺住自己的才能，就不是我的朋友！我跟你绝交！"繁钦慨然说："我敬听您的教诲！"等到曹操迎天子于许都，赵俨对繁钦说："曹操一定能匡济华夏，我知道我的归处了！"于是回去拜见曹操，曹操任命赵俨为朗陵县长。

阳安都尉、江夏人李通妻子的伯父犯法，赵俨将他逮捕治罪，判处死刑。当时生杀大权，都在州牧郡守，李通的妻子号泣，请求李通干预。李通说："我正与曹公勠力救国，义不以私废公。"嘉许赵俨执法不阿，和他结交为亲近的朋友。

【华杉讲透】

繁钦"数见奇于表"，数次被刘表赞赏称奇，杜袭批评繁钦"见能不已"，不断地表现自己的才能。繁钦这毛病，就好比"身怀利器，杀心自起"，身怀才学，也是按捺不住要表现出来。但是，表现在不该表现的地方，表现给了不该给的人，就有代价。千般学问，万般智慧，不该拿出来的时候，憋回去，藏在肚里。这个难度很大，才华越高越难憋，但是必须憋！

建安三年（戊寅，公元198年）

1 春，正月，曹操回到许县，三月，准备再次攻打张绣。荀攸说："张绣与刘表互相依靠，互助互强。但是，张绣是外来部队，依靠刘表供应粮草，刘表不能长期支持，两人的关系一定会破裂，不如暂缓行动，等待变化，可以引诱他来。如果急攻，他们势必互相救援。"曹操不听，出军将张绣包围在穰城。

2 夏，四月，朝廷派谒者仆射裴茂，宣诏给关中诸将段煨等征讨李傕，夷灭其三族。封段煨为安南将军，闅乡侯。

3 当初，袁绍每次接到诏书，讨厌其中一些对自己不利的命令，就想把天子移到自己身边，派使者跟曹操说，许县地势低洼潮湿，洛阳残破，应该迁都到鄄城，更加安全稳固，曹操拒绝。田丰对袁绍说："迁都之计，既然曹操不听，我们应该早日袭击许县，奉迎天子，取得发布诏书的权力，号令海内，这是上计。否则，终将为人所擒，悔之晚矣。"袁绍不听。

正好袁绍手下一个逃兵投奔曹操，说田丰劝袁绍袭击许县，曹操于是解穰城之围还师。张绣率众追击。五月，刘表救援张绣，屯兵于安众，据守险要地形，截断曹操后路。曹操写信给荀彧说："我到了安众，一定击破张绣。"到了安众，曹操前后受敌，曹操于是乘夜另行开凿险道，假装逃遁，刘表、张绣全军来追，曹操纵奇兵步骑夹攻，大破之。后来，荀彧问曹操："之前您怎么知道一定能击破他们呢？"曹操说："敌人阻遏我归师，将我军置于死地，所以我知道必胜。"（《孙子兵法》说"归师勿遏"，因为要回到大本营的士兵，一心要回去，你挡在他前面，他战斗意志坚定，跟你拼命。兵法又说："置之死地而后生。"）

张绣追击曹操，贾诩制止他说："不可追，追必败。"张绣不听，进兵交战，大败而还。贾诩登上城墙，对张绣说："现在重新追击，一定取胜。"张绣说："之前不听您的，以至于此。如今已经战败，为什么要再追呢？"贾诩说："兵势已变，快追！"张绣一向信服贾诩，于是收集散兵再追，合战，果然取胜而还。张绣问贾诩："我以精兵追击退军，您说必败；以败兵追击胜兵，您说必胜。都给您说中了，为什么呢？"贾诩说："这个容易知道，将军虽然善于用兵，但还不是曹操对手。曹操军队刚开始撤退，一定亲自断后，所以知道您必败。曹操来攻打我们，并没有什么失策失败之处，力量也还未用尽，突然自己退兵，一定是他国内有变故。击破将军追兵之后，必定轻军速进，留诸将断后。第二次断后的将领，虽然勇猛，也不是将军对手，所以虽然是用败兵追击，也必定取胜。"张绣服气。

4 吕布再次与袁术联合，派手下中郎将高顺以及北地太守、雁门人张辽攻打刘备。曹操派将军夏侯惇救援，被高顺等击败。秋，九月，高顺等攻破沛城，俘虏刘备妻子儿女，刘备单身逃走。

曹操准备亲自攻打吕布，诸将都说："刘表、张绣在后，再远袭吕布，必有危机。"荀攸说："刘表、张绣新败，势必不敢乱动。吕布骁勇，又仗着袁术支持，如果纵横于淮河、泗水之间，豪杰们一定响应他。如今趁他刚刚叛离朝廷，众心还不稳固，正可一举击破。"曹操说："善！"

到了曹操大军出动的时候，屯驻泰山的将领臧霸、孙观、吴敦、尹礼、昌豨等都归附吕布。曹操在梁国遇上刘备，一起进兵到彭城。陈宫对吕布说："应该即刻迎击，我们以逸待劳，一定取胜。"吕布说："不如等他来，把他们挤迫到泗水河里去！"

冬，十月，曹操屠彭城。广陵太守陈登率郡兵为曹操先驱，进至下邳。吕布亲自上阵，屡次与曹操交战，每次都大败，退回坚守城池，不敢再出。

曹操写信给吕布，陈述祸福，吕布恐惧，想投降。陈宫说："曹操远来，支持不了多久。将军如果率步骑兵出屯于外，我率领剩余部队闭守于内。曹操如果攻打将军，我引兵击其后；曹操如果攻城，则将军救援于外。如此坚持十天半月，曹军粮食吃尽，那时候攻击他，就可取胜！"吕布同意，准备让陈宫与高顺守城，自己将骑兵截断曹操粮道。吕布的妻子对吕布说："陈宫、高顺素来不和，将军一走，陈、高二人必定不能同心守城，如果有什么差错，将军到哪里立足？何况曹操待陈宫，就像父亲对婴儿一样好，他还叛离曹操，到我们这儿来。如今将军待陈宫还不如曹操，却要将全城以及妻子儿女都托付给他，自己孤军远出，一旦有变，妾身还能做将军的妻子吗？"吕布于是停止了这一计划。

吕布秘密派许汜、王楷求救于袁术，袁术说："吕布之前不把女儿送来，理当自作自受，为什么又来找我？"许汜、王楷说："明上今天不救吕布，也是自取败亡。如果吕布被击破，明上也要破亡了。"（袁术僭号称帝，所以许、王称呼他为"明上"。）袁术于是动员部队，声援吕布。吕布担心袁术因为女儿的缘故不出兵，以锦缎将女儿绑在马上，夜里亲自送女儿出城，与曹操守兵遭遇，格斗一番，曹兵乱箭齐发，吕布无法通过，又折回城去。

河内太守张杨一向与吕布友善，想援救，但力量不足，于是出兵东市，遥相声援。十一月，张杨部将杨丑杀张杨，响应曹操；另一将领眭固又杀杨丑，率领其部众向北投奔袁绍。张杨性格仁和，没有威严，不讲法治，下面的人谋反被发觉，他也只是对着谋反的人流泪，并不问罪，所以遇难。

曹操挖掘壕沟，包围下邳，士卒疲惫，都想还师。荀攸、郭嘉说："吕布勇而无谋，如今屡战屡败，锐气已衰。三军以将为主，主衰则军无斗志。陈宫有智谋，但是行动迟缓，如今吕布的志气没有恢复，而陈宫的智谋未定，急攻他，则可成功！"于是引沂水、泗水灌城，过了一个多月，吕布越来越困迫，登城对曹操军士们喊叫："你们不要困我，我去找明公自首！"陈宫说："逆贼曹操是什么明公！你去投降他，就如以卵投石，还能保全吗？"

吕布部将侯成丢了他的名马，后来又找到了，诸将一起送礼祝贺，侯成分一部分酒肉先送来献给吕布。吕布怒道："我禁酒，你们却要喝酒，是要借酒图谋我吗？"侯成既气愤，又害怕，十二月二十四日，侯成与宋宪、魏续等将领一起逮捕陈宫、高顺，率其众投降曹操。吕布与麾下登上白门楼，曹兵围攻甚急，吕布令左右斩下他首级献给曹操，左右不忍心。吕布于是下城投降。

吕布见到曹操，说："从今天开始，天下已定。"曹操说："此话怎讲？"吕布说："明公之所患不过吕布一人，如今吕布已经降服，如果令吕布率骑兵，明公将步兵，天下不足为虑！"吕布又转头对刘备说："玄德，卿为座上客，我为降虏，绳子捆得太紧，你就不能替我说一句话吗？"曹操笑道："缚虎不能不紧。"于是下令给吕布松一松绑。刘备说："不可！明公不见吕布如何侍奉丁原、董卓吗？"曹操点头。吕布瞪着刘备说："大耳儿，最不可信！"（刘备耳朵大，目能自视其耳。）

曹操对陈宫说："公台平生自谓智谋有余，今天如何？"陈宫指着吕布说："此人不用我言，以至于此，如果他听我的，也不一定被你擒了。"曹操说："你的老母亲怎么办？"陈宫说："我听说，以孝治天下者不害人之亲，我的老母亲怎么样，在你不在我。"曹操说："妻子儿女呢？"陈宫说："我听说施仁政者不绝人祭祀，妻子儿女怎么样，也在你不在我。"曹操不再说话。陈宫要求出去就刑，于是转身出去，头也不回，曹操为之泣涕。陈宫、吕布、高顺一起被缢杀，首级送到许都街市示众。曹操召陈宫老母，为她养老送终，给陈宫的女儿找了婆家，对陈宫家属的照顾，都一如既往。

前尚书陈纪与他的儿子陈群，都在吕布军中，曹操都礼用他们。张辽率其部众投降，拜为中郎将。臧霸逃亡藏匿，被曹操悬赏抓获，曹操命臧霸召吴敦、尹礼、孙观等，都前来投降曹操。曹操于是分割琅邪郡、东海郡，设置城阳郡、利城郡、昌虑郡，全部任命臧霸等人为郡守或封国宰相。

当初，曹操在兖州，以徐翕、毛晖为将。后来兖州乱，徐翕、毛晖都叛变。兖州平定后，徐翕、毛晖亡命，投奔臧霸。曹操告诉刘备，让臧霸将二人首级送来，臧霸对刘备说："臧霸之所以能站立于天地之间，就是因为不做这样的事。我受主公生全之恩，不敢违命。但王霸之君，也可以跟他讲大义的道理，希望将军替我说话。"刘备转告曹操，曹操叹息对臧霸说："这是古人之事，而你能做到，也符合我的愿望。"于是任命徐翕、毛晖为郡守。

陈登以功劳加拜为伏波将军。

5 刘表与袁绍深相结盟，治中邓羲进谏劝阻，刘表说："我对内不缺进贡，对外不背叛盟主，这是天下最大的义，为什么就唯独你认为不妥呢？"邓羲于是称病辞职。

长沙太守张羡，性格倔强，刘表不礼遇他，郡人桓阶游说张羡以长沙、零陵、桂阳三郡反叛刘表，派使者归附曹操。张羡听从。

6 孙策派他手下正议校尉张纮向朝廷进贡地方特产，曹操想拉拢他，表孙策为讨逆将军，封吴侯；把自己弟弟的女儿嫁给孙策的弟弟孙匡，又为儿子曹彰娶了孙贲的女儿（孙策堂侄女）；延聘孙策的弟弟孙权、孙翊到朝廷为官。（实际是要他们来做人质。）任命张纮为侍御史。

袁术任命周瑜为居巢县长，任命临淮人鲁肃为东城县长。周瑜、鲁肃知道袁术必败，都弃官渡江跟随孙策，孙策任命周瑜为建威中郎将。鲁肃全家在曲阿定居。

曹操征召王朗，孙策送王朗回许县，曹操任命王朗为谏议大夫，参司空军事。

袁术秘密派出使者，带着印绶给丹阳郡地方宗族首领祖郎等，要他们策动山越土著，一起图谋孙策。

当初刘繇逃奔豫章，太史慈遁入芜湖山中，自称丹阳太守。孙策已经平定宣城以东地区，唯有泾县以西还有六个县没有征服，太史慈于是前往泾县，山越土著都归附他。于是孙策亲自率军讨伐祖郎于陵阳，将祖郎生擒。孙策对祖郎说："你曾经袭击我，砍中我的马鞍，如今我创军立事，不记旧仇，唯才是用，不仅是对你，对天下人都一样，你不要害怕。"祖郎叩头谢罪，当即解除械具，任命为门下贼曹。

孙策又征讨太史慈于勇里，将他生擒，解开绑缚，握着他的手说：

"还记得在神亭的时候吗？如果当时你把我擒了，会怎么样？"太史慈说："那可不好说！"孙策大笑，说："今天开创大事，要和你一起担当。听说你有烈义，是天下智士，只是之前没跟对人而已。我就是你的知己，不要担心会有什么不如意。"当即任命为门下督。

孙策大军班师，祖郎、太史慈都在前开道，士兵们都深感荣耀。

这时刘繇在豫章去世，留下士众一万余人，大家想推举豫章太守华歆为主公，华歆说："抓住机会就专擅命令，不是人臣所为。"众人守了他几个月，他都谢绝，把他们遣走。于是这一万多人没有主帅。孙策命太史慈前往招抚，对太史慈说："刘州牧当初责备我为袁术攻打庐江，我先父数千人的部队，都在袁术之手。我志在立大事，怎能不有求于袁术并屈意于他呢？其后袁术不遵守臣子的节操，我谏劝他，他也不听。大丈夫以义相交，出了这么大变故，我才不得不和他断绝关系。我当初依靠袁术，以及之后又和他绝交的事情经过，就是这样，只恨不能在刘州牧在世的时候，和他分辩清楚！如今他的儿子在豫章，你去探视他，并且把我的意思宣告给他的部曲，部曲中有愿意来投奔我的，就带他们来，不愿意来的，也安慰安慰他们。同时，观察一下华歆的能力如何。你需要带多少兵，由你自己决定。"

太史慈说："我有不赦之罪，而将军待我，就像齐桓公、晋文公一样不计旧恶，我当以死报德。如今并不是去交战，兵不宜多，有数十人就够了。"

孙策左右都说："太史慈此去，一定就不回来了。"孙策说："他不跟我，还能跟谁！"设宴为太史慈饯行，送到昌门，把着他的手腕说："何时能回来？"太史慈说："不过六十日。"

太史慈走了，人们纷纷议论说孙策不该派他去。孙策说："诸君不要再说了，我看得明明白白。太史慈虽然气勇胆烈，但不是纵横天下，要自己做主君的人，他的内心，秉持道义，看重承诺，一心一意相许于知己，死亡也不相负，诸君不必担忧！"太史慈果然如期而返，对孙策说："华歆品德优良，但是能力平庸，只能自守而已。又，丹阳人僮芝，自己专擅于庐陵；番阳地方首领另立宗部，自称：'我们已经在海昏县上缭另立郡府，不接受征召。'华歆也是干看着而已。"孙策抚掌大笑，于是有兼并之意。

7 袁绍连年攻打公孙瓒，不能攻克，写信劝说他，建议化解旧怨，相互联合，公孙瓒也不答复，而是增修守备，对长史、太原人关靖说："现在四方虎争，显然不可能有人能在我城下长年围攻，袁绍能奈我何呢！"袁绍于是再大举增兵，攻打公孙瓒。之前公孙瓒有别将为敌军所围，公孙瓒一概不救，说："今天救他一个，那以后谁被围都等着援救，不肯力战。"等到袁绍来攻，公孙瓒南部边界各营的将领，知道自己守不住，也不会有人来救，有的投降，有的溃散，袁绍大军竟然径直就到了公孙瓒易京大门。公孙瓒派儿子公孙续向黑山诸贼帅求救，又打算自己将突骑出西山，收编黑山部众，侵掠冀州，截断袁绍后路。关靖进谏说："如今将军的部众，无不怀瓦解之心，之所以还没瓦解，都是因为还挂记着他们的妻儿老小在城里，指望将军为他们做主。我们只要旷日坚守，或许袁绍自己就退兵了。如果舍城而出，后面没有够分量的人压阵，易京之危，立即就到！"公孙瓒这才打消念头。袁绍攻城越来越紧急，而公孙瓒越来越窘迫。

卷第六十三　汉纪五十五

（公元199年—200年，共2年）

主要历史事件

袁绍伏击公孙瓒，公孙瓒兵败身死　127
曹操唯才是用，遭到魏种背叛仍重用　128
袁术欲投奔袁绍，中途兵败病死　128
袁绍谋攻曹操，无视沮授的反对之声　129
张绣率众归降曹操　131
董承等密谋诛杀曹操，泄露后被杀　136
曹操击破刘备，刘备投奔袁绍　137
孙策中箭而死，孙权继立　139
曹操与袁绍对决，史称"官渡之战"　142
袁绍不听田丰而败，羞愧之下杀了他　145

主要学习点

兵法不是战法，而是不战之法　130
读史要切己体察，评论要代入自己　135
等待也是一种军事行动　142
做个听话的领导者　146

孝献皇帝戊

建安四年（己卯，公元199年）

1 春，黑山贼帅张燕与公孙续率兵十万，分三道救援公孙瓒，大军还未到，公孙瓒秘密派人送信给公孙续，让他带五千铁骑于北边地势低湿之处，起火为应，公孙瓒准备亲自出战。袁绍截获密信，如期举火，公孙瓒以为救兵到了，于是出城作战，袁绍伏击，公孙瓒大败，又回城自守。袁绍挖掘地道，穿到城中楼下，用木柱支撑，估计已经达到城楼一半，就放火烧毁木柱，楼则倾倒，如此渐渐抵达易京城中心。公孙瓒自知无望，于是将他的姊妹、妻子儿女全部缢杀，自己引火自焚。袁绍士兵冒火登上高台，斩公孙瓒。田楷战死。关靖叹息说："当初我如果不阻止将军出城作战，未必不可行。我听说，君子陷人于危，必同其难，我怎么独自偷生呢？"于是策马奔赴袁绍军而死。公孙续为屠各部落所杀。

渔阳人田豫对太守鲜于辅说："曹氏奉天子以令诸侯，终能定天下，应该早日跟从他。"鲜于辅于是率领他的部众以奉王命。朝廷下诏,任命鲜于辅为建忠将军,都督幽州六郡。

当初,乌桓王丘力居死后,儿子楼班年少,侄子蹋顿有武略,代立为王,总领上谷部落酋长难楼、辽东部落酋长苏仆延、右北平部落酋长乌延等。袁绍攻公孙瓒,蹋顿率乌桓兵相助。公孙瓒灭亡之后,袁绍承制赐蹋顿、难楼、苏仆延、乌延等单于印绶,又因为阎柔颇得乌桓人心,对他特别宠慰,让他安定北边。其后难楼、苏仆延奉楼班为单于,以蹋顿为王,但还是蹋顿负责决策。

2 眭固屯驻在射犬,夏,四月,曹操进军临河,派将军史涣、曹仁渡河攻击。曹仁,是曹操的堂弟。眭固自己带兵向北,向袁绍求救,在犬城与史涣、曹仁遭遇,曹仁击斩眭固。曹操于是渡河,包围射犬,射犬投降,曹操还军敖仓。

当初,曹操在兖州举魏种为孝廉。兖州叛,曹操说:"唯有魏种不会背叛我。"后来听说魏种逃走,曹操说:"我看魏种能跑多远!除非他南走南越,北逃匈奴,否则我饶不了他。"攻下射犬之后,生擒魏种,曹操说:"唯才是用!"给他松绑,仍旧任用,命他为河内太守,将黄河以北托付给他。

3 任命卫将军董承为车骑将军。

4 袁术既称帝,荒淫奢侈,媵妾数百人,无不身穿绫罗绸缎,顿顿美食佳肴,而下属饥困,毫不体恤,很快就坐吃山空,不能自立,于是烧毁宫室,投奔屯驻潜山的部将陈简、雷薄。陈简等拒绝接纳,袁术大为穷困,士卒散走,忧愤不知所为,遣使将帝号送给堂兄袁绍,说:"汉室福禄已尽,袁氏受命当王,符瑞都显示得很明确。如今您拥有四州,户口百万,我将大命归献于您,请您振兴大业!"

袁谭从青州前往迎接袁术,想从下邳北部通过。曹操派刘备及将军、清河人朱灵邀击,袁术过不去,又折回寿春。六月,袁术到了江亭，坐在连草席都没有的光秃秃的坐榻上，悲叹说："袁术到了这个地步了吗？"愤慨成疾，呕血而死。

袁术的堂弟袁胤畏惧曹操，不敢住在寿春，率领部曲，带着袁术灵柩及妻子儿女，到皖城投奔庐江太守刘勋。故广陵太守徐璆得到传国玺，献给朝廷。

5 袁绍既攻克公孙瓒，愈加骄傲，给朝廷的贡献越来越稀少。主簿耿苞秘密建议袁绍，应该顺天应人，称皇帝尊号。袁绍将耿苞的建议传达给将军府众人，僚属们都说耿苞妖妄，应该诛杀。袁绍不得已，杀耿苞以澄清自己立场。

袁绍集结精兵十万，马一万匹，准备攻打许都。沮授进谏说："近来征讨公孙瓒，师出历年，百姓疲敝，仓库没有存粮，不能再动兵了。应该休养士民，勤务农耕，先遣使向天子报捷献礼，如果曹操不允许我们的使节进京，就弹劾曹操阻隔我勤王之路，然后进军屯驻黎阳，逐渐经营河南地区，建造舟船，缮修军械，分遣精骑骚扰他的边境地区，让他不得安生，而我们以逸待劳，如此，许都可以坐而平定。"

郭图、审配说："以明公之神武，引河北之强众，以伐曹操，易如反掌，何必这么麻烦！"

沮授说："救乱诛暴，叫作义兵；恃众凭强，叫作骄兵。义者无敌，骄者先灭。曹操奉天子以令天下。如果我们举兵南向，就违背了大义。况且庙胜之策，不在于强弱。曹操法令严明，士卒精练，不是公孙瓒那种坐以待毙的人。如果我们放弃万全之策，而兴无名之师，我为主公感到恐惧！"

郭图、审配说："武王伐纣，算不上是不义，况且我们加兵于曹操，怎么说是无名呢？以主公今日之强，将士们都想奋勇建功，不及时以定大业，正所谓'天与不取，反受其咎'，这正是当年越国之所以称霸，吴国之所以灭亡的原因。沮监军的计策，长处是持重保把稳，但不是能把握时机的真知洞见。"

袁绍采纳了郭图的意见。

郭图等于是乘机构陷沮授，说："沮授为监军，监统内外，威震三军，如果他的势力越来越大，如何能控制！黄石公说'臣与主同者亡'，如果臣子掌握了主上权力，那国家就要灭亡。况且统兵在外的人，不宜再参与内务。"

袁绍于是将沮授统领的部队分为三部分，让沮授、郭图、淳于琼各统一军。骑都尉、清河人崔琰进谏说："天子在许都，民望所归，不可进攻！"袁绍不听。

许都诸将听说袁绍将要攻来，都很惧怕，曹操说："我知道袁绍的为人，志大而智小，色厉而胆薄，怀疑猜忌，不能建立威信，兵虽然多，但是分划不明确，难以有效指挥；将领骄纵，政令不能统一。他的土地虽广，粮食虽多，那都是给咱们准备的。"

孔融对荀彧说："袁绍地广兵强，有田丰、许攸这样的智士为他谋划；有审配、逢纪这样的忠臣为他办事；有颜良、文丑这样的勇将统领士兵。我们很难办吧！"

荀彧说："袁绍兵虽然多，但是法令不整齐；田丰性格刚强，容易犯上；许攸贪婪，不能克制自己；审配只想专权，并无谋略；逢纪果决，但只想用自己的计策，容不得别人表现。这些人，势不能相容，不能团结，一定会生内变。至于颜良、文丑，不过是匹夫之勇，可以一战而擒。"

【华杉讲透】

沮授所言，至为精当。首先是不可战的判断，兵法首先不是战法，而是不战之法，知道什么时候不能战。袁绍此时的状态，正是"数胜必亡"的教科书式标准状态。袁绍数战数胜，数胜，则袁绍骄傲；数战，则百姓疲敝，资源枯竭。以骄傲的主帅，率领疲敝的百姓，以枯竭的资源，再打一仗，就灭亡了。而沮授的战略，是务农息民，重新积蓄力量，同时，"佚而劳之"，不断地骚扰、调动、折腾曹军，让他不得安生，疲于奔命，不知道我们的大军什么时候会打过来，但每次都是小股骑兵来去如飞。最后，突然大军出动，一战而定。如果袁绍能听懂沮授的计策，以当时的实力对比，曹操就危险了。

千里马常有，伯乐不常有；好战略常有，识货的主公不常有，就是这情况。谁说得对，他就不听，谁的计策能把他引向火坑，他就深信不疑。这是普遍现象。

那袁绍为什么会听郭图、审配的呢？因为他们的话好听，袁绍爱听，第一句话就听进去了："以明公之神武，引河北之强众，以伐曹操，易如反掌。"袁绍心想：可不就是这样吗！

至于曹操、荀彧对袁绍及其部下的评论，句句切中要害，都是当今的企业组织里也常有的毛病，读者宜反复诵读，切己体察，一个个对号入座。

秋，八月，曹操进军黎阳，派臧霸等将精兵入青州，保卫东部边境，留于禁屯守黄河之上。九月，曹操还师许县，分兵守官渡。

袁绍派人召张绣，并写信给贾诩，希望结为盟好。张绣准备答应，贾诩就在座上，当众对袁绍使者说："你回去谢谢袁本初的好意吧！他兄弟都不能相容，还能容天下国士吗？"张绣惊惧说："何至于此！"私下问贾诩："这么搞，我们跟谁呢？"贾诩说："不如跟曹公。"张绣说："袁强曹弱，之前又与曹操结仇，怎么跟他？"贾诩说："这正是可以跟他的原因。曹公奉天子以令天下，这是应该归附他的第一点；袁绍强盛，我们人少，归附他，他也不重视我们，曹公弱小，得到我们，一定高兴，这是应该归曹的第二点；有霸王之志者，必将放下私怨，以彰明自己的德行于四海，这是应该归曹的第三点。希望将军不要再犹疑！"

冬，十一月，张绣率众归降曹操，曹操拉着张绣的手，与他欢宴，为自己的儿子曹均娶张绣的女儿为妻，拜张绣为扬武将军，表贾诩为执金吾，封都亭侯。

关中诸将认为袁、曹正在争斗，皆中立观望。凉州牧韦端派从事、天水人杨阜到许都，杨阜回来，关西诸将问："袁、曹谁胜谁败？"杨阜说："袁公宽而不断，好谋少决，不果断，就没有威信；不能决策，就事事被动，现在虽然强，终究不能成大业。曹公有雄才远略，临机决断，无所犹疑，法令统一，兵士精锐，关系很远的人他也能用，而被任用的人，都能各尽其力，一定能成大事！"

曹操派治书侍御史、河东人卫觊镇抚关中，当时从四面八方来的流民很多，关中诸将就招募他们为部曲。卫觊写信给荀彧说："关中膏腴之地，之前遭遇荒乱，人民流亡荆州的有十几万家，如今听说本土安宁，都想回来。但是回来的人没有办法生产立业，诸将就竞相把他们招为部曲，郡县政府贫弱，不能跟他们争，军阀就越来越强，一旦变动，必有后忧。盐，是国之大宝，天下乱了之后，买卖都自由放散了，应该恢复旧制，派使者监督，由官府专卖，挣来的钱就买牛买犁，流民回来，就提供给他们，勤耕积粟，以丰殖关中，远方的流民听说了，一定日夜兼程，竞相回来。又派司隶校尉留治关中以为之主。这样，诸将势力越来越弱，而官府和人民越来越强，这是强本弱敌之利。"荀彧将卫觊的计划向曹操汇报，曹操听从。派谒者仆射监盐官，司隶校尉治弘农，关中就此服从朝廷。

袁绍派人求助于刘表，刘表同意，但并不出兵相助，也不助曹操。从事中郎、南阳人韩嵩，别驾、零陵人刘先对刘表说："如今两雄相持，天下之重在于将军。如果将军自己想争天下，则乘其弊而起；如果没有这个想法，就应该选择一方站队。岂有拥甲十万，坐观成败，求援而不能助，见贤而不肯归！如此两方的怨恨都集中于将军，恐怕也不能中立！曹操善于用兵，贤俊都归附于他，他一定会打败袁绍，然后移兵江、汉，恐怕将军也无法抵御。为今之计，莫若举荆州以归附曹操，曹操一定感激将军。长享福祚，垂之后世，这才是万全之策！"蒯越也劝他，刘表狐疑不断，于是派韩嵩去许县观察局势，说："如今天下未知所定，而曹操拥天子建都于许县，你去替我看看他有没有什么缺失。"韩嵩说："圣达节，次守节。我就算是一个守节者。君臣名分一定，就以死相守，如今我是您的臣子，当年听您的命令，赴汤蹈火，在所不辞。在我看来，曹公一定能得志于天下。将军能上顺天子，下归曹公，派我出使，那没问题。如果您还在犹豫，我到了京师之后，如果天子委任我一个官职，而并没有给我回复您的辞命，那我就成了天子之臣，将军之故吏了。在君为君，我就遵守天子之命，义不得为将军尽忠了。希望将军仔细思量，不要辜负我的意思。"刘表以为韩嵩惧怕出使，强迫他去。韩嵩到了许都，朝廷下诏，拜为侍中、零陵太守。韩嵩回来，盛赞朝廷、曹公之德，劝刘表送儿子去做人质。刘表大怒，认为他怀有二心，大会僚属，陈列兵士，准备将他斩首，数落他说："韩嵩你敢怀有二心吗？"众人皆恐惧，催韩嵩谢罪。韩嵩面不改色，从容对刘表说："是将军辜负了韩嵩，不是韩嵩辜负将军。"把之前的话又说了一遍。刘表妻子蔡氏进谏说："韩嵩，是楚国有名望的名士，况且他说话耿直，诛杀他没有理由。"刘表仍然暴怒，拷打打死了韩嵩的从行人员，也知道韩嵩没有别的意思，于是不杀他，囚禁起来。

【华杉讲透】

韩嵩所说"圣达节，次守节"，出自《左传》："圣达节，次守节，下失节。"圣人生知安行，一举一动都自然而然，通达节义；次一等的呢，能执守之；再下一等，就失节了。韩嵩跟刘表已经说得非常明白了。但是，一个人选择一种哲学，因为他本身就是那样的人，而不是那样的人，就听不懂那样的话。韩嵩也谦虚了，他显然不是守节者，而是达节者。

贾诩劝张绣归降曹操，怕是有私心了。他说得都对，但是张绣情况不一样，他杀了曹操的儿子，这是有血债了。当初曹操父亲被杀，他都会屠城报复，杀了他的儿子，他能原谅吗？有的仇能解，有的仇解不了。如今正是天下相争之时，曹操什么都能放下，天下大定之后，就算曹操能放下，其他人放不下，他也不会拦着。

6 扬州贼帅郑宝，想裹挟人民向长江以南发展，认为淮南人刘晔是汉室宗族，又是当地名士，想劫持他为首领，刘晔很担忧。正好曹操的使者到扬州，调查处理某些事情，刘晔就把使者请到家中。郑宝来晋见使者，刘晔留他宴饮，就在宴席上将他刺杀，斩下首级，号令郑宝部众说："曹公有令，敢有动者，与郑宝同罪！"郑宝部众数千人都丧气慑服，推举刘晔为主君。刘晔将部众全部交给庐江太守刘勋，刘勋觉得奇怪，问他缘故，刘晔说："郑宝军中没有纪律，部众一向以抢劫为利，我之前并没有带兵的资历，要统御他们，一定会使他们心怀怨愤，难以持久，所以送给您罢了。"

刘勋接收了太多袁术部曲，粮草供应不上，派堂弟刘楷向上缭诸地方宗族首领求米，但各首领缴纳的数量都不足，刘楷建议刘勋袭击上缭。

孙策忌惮刘勋兵强，假意卑辞劝刘勋说："上缭宗族势力数次欺压鄙部，我想攻打他们，但是道路不便。上缭非常富实，希望您讨伐他，我出兵为外援。"并且送上珠宝、葛越（用葛草纤维织成的布，质地细薄）为礼物。刘勋大喜，内外臣僚宾客也都道贺，只有刘晔不赞成。刘勋问他缘故，刘晔说："上缭虽小，城坚池深，攻难守易，不是十天半月所能攻得下来的。如果军队疲惫于外，而国内空虚，孙策乘虚击我，则后方不能独守，那将军进屈于敌，退无所归。如果要出兵，大祸马上就到！"刘勋不听，于是讨伐上缭。

刘勋军队到了海昏，上缭宗帅收到情报，都空壁而逃，刘勋一无所获。当时孙策正带兵西击黄祖，行军到了石城，听说刘勋在海昏，即刻分遣堂兄孙贲、孙辅率领八千人屯驻彭泽，自己与江夏太守周瑜将二万人突袭皖城，将皖城攻克，俘虏袁术、刘勋的妻子儿女及部曲三千人，表汝南人李术为庐江太守，给兵三千人镇守皖城，将俘虏的民众迁徙到吴郡。

刘勋回师到了彭泽，孙贲、孙辅拦击，将刘勋击破，刘勋退守流沂，求救于黄祖，黄祖派他的儿子黄射率水军五千人援救刘勋。孙策再次发动攻击，大破刘勋。刘勋向北投奔曹操，黄射也逃走。

孙策收得刘勋兵两千余人，船一千艘，于是进击黄祖。十二月初八，孙策进军到沙羡，刘表派侄子刘虎以及南阳人韩晞，率领长矛兵五千人来救黄祖。十二月十一日，双方合战，孙策大破刘表军，斩韩晞。黄祖脱身逃走，孙策俘虏黄祖妻子儿女，缴获船六千艘，士卒被杀死淹死的有数万人。

孙策兵势鼎盛，将要攻打豫章，屯军于椒丘，对功曹虞翻说："华歆有名气，但不是我的对手，如果他不能开门让城，战事一起，不能不有所杀伤。你去一趟，向他说明我的意思。"虞翻于是去见华歆，说："我听说您与我家乡会稽郡的郡守王朗一样，在中原享有盛名，海内一致尊崇，我虽然在偏远的东方，也常怀景仰之情。"华歆说："我不如王朗。"虞翻接着说："那么，豫章郡的粮食物资，武器装备，以及士民的勇敢，与会稽郡相比又如何呢？"华歆说："大不如会稽。"虞翻说："您说自己不如王朗，那是谦虚之言。不过，豫章的军事实力不如会稽，倒是实情。讨逆将军孙策，智略超世，用兵如神，之前击走刘勋，是你亲眼看到的；南定会稽，也是您亲耳听闻的。如今你守着这孤城，看看自己的资源和实力，已经知道不足为恃，不早下决断，悔之无及！如今孙将军大军已到椒丘，我马上就要回去报告消息，如果明天中午之前，您迎接孙将军的檄书还没有送到，咱俩就要永别了。"华歆说："我久在江南，常常想回到北方故乡，孙将军来，我就让城而走。"于是连夜写作檄书，第二天一早，遣使送到孙策军前。孙策即刻进军，华歆穿着平民服装出城迎接，孙策对华歆说："府君年德名望，远近所归，孙策年轻幼稚，应修弟子之礼。"于是孙策按照弟子的礼节拜见华歆，将华歆尊为上宾。

【孙盛曰】

华歆既无伯夷、商山四皓那样的高风亮节，又失去了身为王臣的节操，迷惑于邪儒虞翻之说，结交肆虐江湖之暴徒孙策，官位被夺，节操堕地，还有比这更大的罪吗？

【华杉讲透】

孙盛，是东晋史学家。司马光选录他这段话给华歆定论，也是太苛刻了。读史要切己体察，评论要代入自己，不能站着说话不腰疼。如果你是华歆，你怎么做呢？

华歆保全了一城百姓生命财产安全，他做出的是最好的选择。

7 孙策将豫章郡分割出一部分，成立庐陵郡，任命孙贲为豫章太守，孙辅为庐陵太守。正好盘踞庐陵的变民首领僮芝生病，孙辅于是进取庐陵，留周瑜镇守巴丘。

孙策攻克皖城之后，对袁术的妻小十分照顾。等到进入豫章，又为刘繇治丧，善待他的家属。士大夫们由此称道孙策。

会稽功曹魏腾曾经忤逆孙策，孙策将要杀他，众人忧虑恐惧，不知道该怎么办。孙策的母亲吴夫人靠在井边说："你刚刚征服江南，人心还未安定，正应该优贤礼士，舍过录功。魏功曹在公事上并无过错，你今天杀他，明天大家就都背叛你，我不忍心看到大祸来临，现在就投井先死！"孙策大惊，于是释放魏腾。

当初，吴郡太守、会稽人盛宪举荐高岱为孝廉，许贡来接收吴郡任郡守，高岱领着盛宪避难于郡地方部队将领许昭家里。乌程邹佗、钱铜，以及嘉兴王晟，各自聚众一万余或数千人，不服孙策。孙策派兵讨伐，都将他们击破。又进攻严白虎，严白虎兵败，逃到余杭，投奔许昭。程普请击许昭，孙策说："许昭有义于旧君，有诚于故友，这是大丈夫之志！"于是放过他。

8 曹操再次屯驻官渡，曹操身边的侍卫士徐他等人试图刺杀曹操，进入曹操军帐，看见校尉许褚在里面，脸色大变。许褚察觉，杀死徐他等人。

9 当初，车骑将军董承自称收到皇帝藏在衣带中的密诏，与刘备密谋诛杀曹操。曹操有一次从容对刘备说："如今天下英雄，就你我二人而已，袁绍之徒，不足为论。"当时两人正在吃饭，刘备以为阴谋泄露，大惊，吓得筷子都掉在地上，恰好天上打雷，刘备说："圣人说：'迅雷风烈，必变脸色。'看来是这么回事。"于是与董承及长水校尉种辑，将军吴子兰、王服等同谋。当时曹操派刘备与朱灵邀击袁术，程昱、郭嘉、董昭等都进谏说："刘备不能放出去！"曹操后悔，派人追，已经追不上了。袁术南逃，朱灵等回师。刘备于是杀死徐州刺史车胄，留关羽守下邳，行使太守职权，自己还驻小沛。东海贼帅昌豨以及各郡县多背叛曹操，归附刘备，刘备有部众数万人，于是遣使与袁绍联合。曹操派司空长史、沛国人刘岱，中郎将、扶风人王忠攻打刘备，不能取胜。刘备对刘岱说："像你这样的将领，来一百个也没用。就是曹公自己来，胜负也未可知！"

建安五年（庚辰，公元200年）

1 春，正月，董承阴谋泄露，曹操杀董承及王服、种缉，都夷灭三族。

曹操准备亲自征讨刘备，诸将都说："与明公争天下的，是袁绍。如今袁绍刚来，却弃而不顾，东征刘备，如果袁绍击我后方，怎么办？"曹操说："刘备是人中之杰，今天不打，必为后患。"郭嘉说："袁绍生性多疑，行动迟缓，他一定是慢慢地来。刘备新起，众心未附，迅速突袭，他必败无疑。"曹操于是引军东征。冀州别驾田丰对袁绍说："曹操与刘备交战，一时难定胜负，明公全军攻击其后，可以一战而定。"袁绍推辞说儿子正在生病，不能走。田丰举杖击地说："嗟乎！千载难逢的机会，却以一个婴儿生病的缘故放弃，可惜啊！大势已去！"

曹操击破刘备，俘虏了他的妻子儿女，进而攻陷下邳，生擒关羽，又击破昌豨。刘备奔青州，通过袁谭，归附袁绍。袁绍听说刘备来了，出邺城二百里，亲自迎接。刘备停驻一个多月，所散失的士卒稍稍集结过来。

曹操还军官渡，袁绍于是商议攻打许都，田丰说："曹操既破刘备，则许县不再空虚，况且曹操善用兵，变化多端，军队虽然人少，也不可轻视，今天我们不如和他持久对峙。将军据山河之固，拥四州之众，外结英雄，内修农战，然后简选精锐，分为奇兵，乘虚反复出击，骚然河南，救右则击其左，救左则击其右，让敌人疲于奔命，人民不得安业，则我未劳而彼先困，不出三年，可坐而克之。如果放弃这庙胜之策，而决胜于一战，如果不能如愿，悔之晚矣！"

袁绍不听。田丰强谏，顶撞袁绍，袁绍认为他扰乱军心，给他锁上械具，关进监狱。于是移檄州郡，数落曹操罪状。二月，袁绍进军黎阳。

沮授临行，会其宗族，将资财都散给他们，说："此去一战，成功则威无不加，失败则不保一身，哀哉！"弟弟沮宗说："曹操实力不如我们，您惧怕什么呢？"沮授说："以曹操之明略，又挟天子以令诸侯，我们虽然消灭了公孙瓒，但士兵们实际上已经非常疲敝，而主公骄傲，将领们放肆，军队的破败，就在这一战。扬雄说：'六国愚蠢，不断削弱周天子，都是有利于秦国。'就是今天这种情况吧！"

振威将军程昱以七百兵守鄄城，曹操想给他增兵两千，程昱不要，说："袁绍拥十万之众，自以为所向无敌，见我兵少，一定不重视我，不会来攻。如果给我增兵，那他从这儿过，就不能不攻，攻则必克，那主公和我都受损失，希望主公不要犹豫。"袁绍听说程昱兵少，果然不来攻。曹操对贾诩说："程昱之胆，超过孟贲、夏育（古代勇士）！"

袁绍派部将颜良攻打东郡太守刘延于白马。沮授说："颜良性格狭隘，虽然骁勇，不可独当一面。"袁绍不听。夏，四月，曹操北救刘延。荀攸说："如今我们兵少，打不过他们，一定要分散他们的兵势才行。（《孙子兵法》："倍则分之。"如果我们的兵力是敌人两倍，调动敌人，让他分兵，分割他，形成我方更大优势再打。而官渡之战曹操兵力少于袁绍，所以更需要调动分割敌人，类似毛泽东的运动战，通过运动穿插，调动敌人分散，然后集中优势兵力打歼灭战。）主公到了延津，如果假装将要渡河攻打袁绍后方，袁绍一定分兵向西，这时我们轻兵奔袭白马，掩其不备，则颜良可擒。"曹操听从。袁绍听说曹军在渡河，即刻分兵向西，准备邀击。曹操于是引军昼夜兼行，急行军到白马，还差十几里就到了，颜良才接到消息，大惊，率军前来迎击。曹操派张辽、关羽先出战。关羽望见颜良麾盖，策马直冲，刺颜良于万众之中，斩其首而还，袁绍军无人能抵挡他。于是解了白马之围，曹操将全城百姓顺着黄河向西迁徙。

袁绍渡河追击，沮授进谏说："胜负变化，不能不仔细考虑。如今我们最好是留在延津，分兵攻打官渡，如果获胜，回来迎接大军也不晚。如果全军进击，假如有难，大家全无退路。"袁绍不听。临渡河时，沮授叹息说："上盈其志，下务其功，悠悠黄河，我还能渡吗？"（上面的人狂妄自大，下面的人一心贪功，这是常见的情况。）于是称病辞职。袁绍不许，而且心生恨意，将沮授军权解除，部众交给郭图。

袁绍大军到了延津南，曹操勒兵驻营在南阪下，派人登上高垒瞭望，说："有五六百骑兵。"过一会儿，又报告："骑兵稍多，步兵不可胜数。"曹操说："不用再汇报了。"下令骑兵解下马鞍，放开马匹。当时，从白马西迁的辎重车辆正在路上。诸将认为敌骑太多，不如退保还营。荀攸说："这正是引诱敌人的饵兵，怎么能撤走？"曹操看着荀攸微笑。袁绍骑将文丑与刘备带着五六千骑兵前后抵达，诸将又催促说："可以上马了！"曹操说："还不到时候。"过了一阵，骑兵更多，有的开始分别扑向曹军辎重车队。曹操说："可以了！"于是全体上马，当时骑兵不满六百，纵兵攻击，大破之，斩文丑。文丑与颜良，都是袁绍名将，两次战斗，就都被斩杀，袁军士气大为受挫。（袁军兵多而败，因为缺乏统一指挥。曹操看见敌兵开始去抢辎重才发动攻击，就是知道他们是一盘散沙。）

当初，曹操喜爱关羽的为人，但是察觉他的心思，没有久留之意，派张辽去找他谈心，关羽叹息说："我非常明白，曹公厚待我，但是我受刘将军恩，不能背叛他。我终究不能留在这里，只是要报答了曹公的恩情再走罢了。"张辽把关羽的话告诉曹操，曹操敬重他的义气。等到关羽斩了颜良，曹操知道他一定会走，于是重重地赏赐他。关羽将所得到的赏赐全部封存，留下一封信告辞，奔向袁军，回归刘备。左右要去追赶，曹操说："他也是各为其主，不要追了。"

曹操还军官渡，阎柔遣使拜见曹操，曹操任命阎柔为乌桓校尉。鲜于辅亲自到官渡谒见曹操，曹操任命他为右度辽将军，仍回幽州镇守。

2 广陵太守陈登把郡府设在射阳县，孙策西击黄祖，陈登引诱严白虎余党，准备在后方作乱。孙策回师攻打陈登，行军到了丹徒，需要停下等待运粮。当初,孙策杀了吴郡太守许贡,许贡的奴仆宾客潜伏在民间,要为许贡报仇。孙策喜好打猎,数次出营驱驰,所乘的马精骏,随从卫士都追不上,突然遭遇许贡的门客三人,一箭射中孙策面颊,后面的骑兵随即跟上来,杀死了刺客。孙策重伤,召张昭等人说:"中原正在战乱,以吴、越之众,三江(吴松江、钱塘江、浦阳江)之固,足以观成败,你们善待我的弟弟!"呼孙权来,把印绶佩戴在他身上,说:"举江东之众,决机于两阵之间,与天下争衡,你不如我;举贤任能,各尽其心以保江东,我不如你。"

四月初四,孙策去世,时年二十六岁。

孙权悲号,不能视事,张昭说:"孝廉!这是哭的时候吗!"于是给孙权穿上官服,扶他上马,出去巡视军队。张昭率领僚属,上表朝廷,又移书给属下城池及内外将领,令他们各自奉职。周瑜从巴丘将兵赴丧,于是就留在吴郡,任中护军,与张昭共掌众事。当时孙权虽然拥有会稽、吴郡、丹阳、豫章、庐江、庐陵,但是偏远险要的地区,还没有全部服从。从中原避乱而来,寓居江东的士人们,都以自己的安危考虑去就,和孙权并无稳固的君臣关系,但张昭、周瑜等坚信孙权能成大事,尽心尽力地辅佐他。

3 秋,七月,立皇子刘冯为南阳王。七月十二日,刘冯薨逝。

4 汝南黄巾刘辟等背叛曹操,响应袁绍,袁绍派刘备将兵援助刘辟,各郡县也大多响应。袁绍派使者拜阳安都尉李通为征南将军,刘表也秘密招募他,李通全都拒绝。有人劝李通跟袁绍,李通按剑呵斥说:"曹公明哲,必定天下,袁绍虽然强盛,终将为曹公所擒,我至死也不会有二心!"即刻斩杀袁绍使节,将袁绍送来的印绶送去给曹操。

李通急于征收各户捐税绸缎,朗陵县长赵俨见李通说:"如今诸郡并叛,唯独阳安怀附,这么急着要他们缴纳绸缎,恐怕激起小人乘机作乱,这样妥当吗?"李通说:"曹公与袁绍相持甚急,左右郡县都背叛,如果我们的绸缎不及时调送,有些人恐怕会说我们也在观望,坐观成败。"赵俨说："如果你担心的是这个，那也应该权衡一下轻重，你稍微缓一缓，我帮你解决这个问题。"于是写信给荀彧说："如今阳安郡百姓穷困，周边的城池都叛变了，阳安的人心也不稳定，这正是一方安危的关键时刻。况且这一郡民众，在艰险之时，一心不贰，执守忠节，以为国家应该会抚慰他们，结果却催收绸缎更加紧急，这怎么能劝人向善呢？"荀彧即刻向曹操报告，将已经征收上去的绸缎全部发还给百姓，上下欢喜，人心安定下来。李通攻击群贼瞿恭等，将他们击破，于是平定淮河、汝水一带。

当时，曹操制定新的法令，颁布给各州郡执行，比过去的法令要严峻得多，尤其是要求每户缴纳的绸缎，征收正急。长广太守何夔对曹操说："先王制定九服，远近赋税等级不同。（王畿以外的九等地区。《周礼·夏官·职方氏》："乃辨九服之邦国，方千里曰王畿，其外方五百里曰侯服，又其外方五百里曰甸服，又其外方五百里曰男服，又其外方五百里曰采服，又其外方五百里曰卫服，又其外方五百里曰蛮服，又其外方五百里曰夷服，又其外方五百里曰镇服，又其外方五百里曰藩服。"）又制定三典以应对治乱不同的情况。（治理新建立的国家用轻典，治理正常国家用中典，治理乱世用重典。）我认为阳安郡应该以远方新国家之典，对民间小事，让当地长官临时随宜，上不违背正法，下能顺应民心，三年之后，人民安居乐业，再全面执行国家法令。"曹操听从。

刘备攻略于汝水、颍水之间，自许县以南，官吏人民，都不安定，曹操很担忧。曹仁说："南方各郡县，知道朝廷大军目前有紧急军情，无法援救他们，而刘备以强兵压境，所以暂时背叛。但刘备带的是袁绍的兵，并不能为他所用，我们现在攻打他，可以击破。"曹操于是派曹仁将兵攻打刘备，果然击破，刘备遁走，曹仁收复了所有背叛的郡县，还师。

刘备回到袁绍军中，谋划离开袁绍，于是游说袁绍向南联合刘表。袁绍派刘备带本部兵回到汝南，与贼帅龚都等联合，有众数千人。曹操派部将蔡杨前往攻击，被刘备斩杀。

袁绍驻军在阳武，沮授对袁绍说："北兵虽然人多，但是劲勇不如南兵，南兵粮食少，物资储备不如北兵，所以，南兵利在速战速决，而北兵利在缓师以待。我们应该跟他们打持久战，耗他们时间。"袁绍不听。

八月，袁绍拔营向前，依着沙堆筑营，东西连绵数十里。曹操也分兵列营，和他相对。

【华杉讲透】

胜利往往不是"夺取"的，而是它自己"来"的，这就需要"等待"。等待，本身就是军事行动。自己"修道保法"，立于不败之地，等待对方露出败象。《孙子兵法》说，所谓战胜，就是战胜"已败之敌"，等他自己败，不战而屈人之兵，就是靠等待。沮授要袁绍等待，但是袁绍不愿意等。

5 九月初一，日食。

6 曹操出兵与袁绍战，不胜，退回坚壁自守。袁绍堆起土山，山上搭起高楼，从上面往曹操营中射箭，曹军士兵在营中都要用盾牌盖住头通行。曹操制造霹雳车（抛石机），抛石击毁袁军土山上高楼。袁绍又挖地道攻击曹操，曹军则挖长长的壕沟抵御。曹操兵少，粮食也将吃尽，士卒疲乏，百姓困于征赋，很多都叛变归降袁绍。曹操非常担忧，给荀彧写信，想撤退回许都，引袁绍深入。荀彧回复说："袁绍倾巢出动，全师屯聚于官渡，要与主公决战。主公以至弱挡至强，如果不能把他制服，形势就会逆转，这正是决胜天下的时机。况且袁绍，只是布衣之雄而已，能聚人，却不能用人。以主公的神武明哲，又名正言顺，谁能阻挡？如今粮食虽少，还没到楚汉相争时在荥阳、成皋对峙的那种程度，当时刘邦、项羽谁也不肯先退，就是因为谁一退，他的气势就被压倒了。主公以袁绍十分之一的兵力，画地而守，就扼住袁绍的咽喉，使他不能前进一步，已经半年了。情势已经到了极限，一定会有变化，这正是出奇制胜之时，机不可失！"曹操听从，于是继续坚壁对峙。

曹操看见运粮的士兵，安抚他们说："再过十五天，我击破袁绍，就不用你们辛苦了！"

袁绍的运粮车数千辆到官渡，荀攸对曹操说："袁绍的运输车辆马上就到，辎重部队将领韩猛锐勇轻敌，袭击他，可以击破。"曹操问："派谁去？"荀攸说："徐晃可以。"于是曹操派偏将军、河东人徐晃与史涣前往邀击韩猛，韩猛败走，曹军烧毁袁军辎重。

冬，十月，袁绍再派车运粮，命淳于琼将兵万余人护送，宿营在袁绍大营以北四十里。沮授对袁绍说："可以派蒋奇再领一军在外围戒备，防止曹操劫粮。"袁绍不听。

许攸说："曹操兵少而全军来与我战，许都的防守必定空虚，如果分遣轻军，星夜掩袭，则许都可拔。拿下许都，则奉迎天子以讨曹操，曹操就被我们擒了。就算许都没有攻下，也可以让曹操首尾奔命，照样可以击破他。"袁绍不听，说："我要先拿下曹操。"正赶上许攸家人犯法，被审配逮捕入狱，许攸怒，于是逃奔曹操。

曹操听说许攸来，光着脚就跑出去迎接，拊掌笑道："子卿远来，我大事成了！"许攸入座，问道："袁氏军力强盛，你有什么办法？现在还有多少粮？"曹操说："还能顶一年。"许攸说："没这回事，再说一次！"曹操说："还能顶半年。"许攸说："你不想击破袁绍吗？为什么不跟我说实话？"曹操说："刚才是跟你开玩笑，其实就剩一个月的粮了，怎么办？"许攸说："您孤军独守，外无救援，而粮食已尽，这正是危急之时。袁绍辎重车万余乘，在故市、乌巢，屯军没有严密的戒备，可以轻兵突袭，出其不意，烧掉他的粮食，不出三天，袁绍自己就败了。"曹操大喜，于是留曹洪、荀攸守营，自将步骑兵五千人，都用袁军旗帜，绑上马口，夜里从小道衔枚急进，每人抱一捆干柴，路上碰见人问，就说："袁公担心曹操抄掠后军，所以派我们去增加守备。"听到的人都信以为真，一切如常。曹操到了乌巢，包围屯营，大放火，营中惊乱。这时正好天亮了，淳于琼等看见曹操兵少，出营列阵，曹操即刻攻击，淳于琼退回营中，曹操继续猛攻。

袁绍听说曹操攻打淳于琼，对儿子袁谭说："就算曹操击破淳于琼，我拿下他的大营，他也无家可归了。"于是派部将高览、张郃等攻打曹操大营。张郃说："曹公精兵前往，一定会击破淳于琼，淳于琼战败，则大势已去，我们应该先去救淳于琼。"郭图则坚持要攻打曹操大营。张郃说："曹营坚固，攻不下来，如果淳于琼被擒，我们都要成俘虏了。"袁绍最后只派小股轻骑去救淳于琼，而以重兵攻曹操大营，不能攻下。

袁军骑兵到了乌巢，曹操左右对他说："敌人有骑兵来，请分兵抵御。"曹操怒道："敌人到了我身后，再来汇报！"士卒皆殊死作战，于是大破乌巢军，斩淳于琼等，将袁军粮草辎重全部烧毁。俘虏一千余人，全部割下鼻子，牛马割下嘴唇和舌头，放他们回去，袁军将士看见了，都惊怖不已。郭图看见自己的计策失败，十分羞惭，但反而向袁绍说张郃坏话："张郃见我军失败，幸灾乐祸。"张郃既愤怒又恐惧，于是与高览焚烧攻城装备，一起到曹营投降。曹洪惊疑，不敢接受，荀攸说："张郃的计策不被接受，怒而来投，你不要犹疑！"于是受降。

袁绍军队惊扰，大溃。袁绍及袁谭等戴着幅巾（以全幅丝绢裹头的头巾，汉末，王公贵族都以幅巾为雅，袁绍虽然在军营中为将帅，还是不忘讲究生活。曹操则以天下凶荒，一切从简），乘马与八百骑兵渡河。曹操追之不及，缴获了他的全部辎重、图书、珍宝。对投降的袁军士兵，曹操全部坑杀，前后杀了七万多人。

沮授没跟上袁绍渡河，被曹军俘虏，大声喊叫："沮授决不投降，是被俘虏了！"曹操跟他之前就认识，迎上去说："我们所处地区不同，所以隔绝了，想不到今天把你抓住。"沮授说："袁绍失策，自取其败，我的才智不能施展，应该被擒。"曹操说："袁绍无谋，不用您的计策，如今天下未定，我正想与您共事。"沮授说："我的叔父和弟弟，都在袁绍手中，如果蒙您看重，赶紧把我杀了，就是我的福气。"曹操叹息说："我如果早得到您，天下不足为虑！"于是赦免沮授，厚待他。后来，沮授想北逃，回归袁绍，曹操于是杀了他。

曹操缴获袁绍的全部文件，得到很多朝廷官员和军中将领与袁绍的往来书信，曹操下令全部烧毁，说："当初以袁绍之强，我都不能自保，何况大家呢！"

冀州城邑，大多投降曹操，袁绍逃到黎阳北岸，进入手下将领蒋义渠军营，握着他的手说："我今天把脑袋交给你了！"蒋义渠即刻让出主将军帐，交出军权给袁绍。被打散的部队听说袁绍在黎阳，逐渐集结过来。

有人对田丰说："您要被重用了！"田丰说："袁公表面宽厚，实际上忌恨心很强，他不明白我的忠心，而我又数次顶撞他。他如果战胜，还可能一高兴，放了我。如今他战败，羞于见人，忌恨心即将发作，我不指望还能活命了。"

袁绍的军士们都捶胸流泪说："如果田丰在此，一定不至于失败。"袁绍对逢纪说："冀州诸人听说我兵败，应该都会同情我，唯独田丰，之前曾经谏止我，他的态度一定跟其他人不一样，我也很惭愧如何面对他。"逢纪说："田丰听说将军退兵，拊掌大笑，欢喜被他说中了。"袁绍对僚属们说："我不用田丰之言，果然被他耻笑。"于是杀了田丰。

当初，曹操听说田丰没有随军出征，喜悦道："袁绍必败！"等到袁绍兵败奔遁，又说："如果他当初用了田丰的计策，谁胜谁败还不一定啊！"

审配的两个儿子被曹操俘虏，袁绍手下将领孟岱对袁绍说："审配在位专权，家族势力庞大，手下兵众又强，况且他的两个儿子在曹操那边，他一定会造反！"郭图、辛评也这么说。袁绍于是任命孟岱为监军，替换审配，驻守邺城。护军逢纪一向与审配不和，袁绍问他意见，逢纪说："审配天性刚烈，一向仰慕古人的气节，一定不会因为两个儿子在曹营，就做出不义之事，希望明公不要怀疑他。"袁绍说："你不是和他有矛盾吗？"逢纪说："矛盾，那是私人恩怨；现在您问我的，是国家大事。"袁绍说："善！"于是不废审配，审配从此与逢纪亲近。冀州城邑背叛袁绍的，袁绍又稍稍整兵攻击，重新平定。

袁绍为人宽雅，有气度，喜怒不形于色，但是刚愎自用，总是觉得自己高明，不善于听从别人的意见，所以失败。

【胡三省曰】

逢纪救审配，他说是国事，那他不救田丰，也是国事吗？

【华杉讲透】

袁绍对田丰，正确的处理方式是什么呢？之前刘邦有先例。刘邦要伐匈奴冒顿单于，派了几拨人去探察虚实，个个回来都说可伐，只有娄敬劝谏，说必败。刘邦大怒，也是说娄敬"乱我军心"，把他关押起来，说等我得胜回来再收拾你！结果被冒顿包围，差点就回不来了。靠陈平行贿冒顿的阏氏，才讲和回来。刘邦回来，第一件事，就是将娄敬从监狱里放出来，当面道歉，封为建信侯，食邑两千户。

《孙子兵法》说："善战者，无智名，无勇功。"因为真正智慧超绝的人，总是能防患于未然，不战而屈人之兵，他没有什么轰轰烈烈的事情。刘邦却能去赏赐这样的功劳，而且是虚拟的，没有成为事实的功劳，这就是他超凡之处。

司马光说袁绍的性格，"矜愎自高，短于从善"，刚愎自用，自以为高明，这是领导者最大的性格缺陷，因为领导就是用人，而不是自用。如果自用自高，就会嫉贤妒能，谁能帮他，他就恨谁，因为你一帮了他，说中了他没看出来的，就显出你比他高明了，他就受不了。袁绍自己就嫉贤妒能，他手下的没本事的人也嫉贤妒能，贤能之人在他阵营中都混不下去，这就形成一种逆淘汰的环境，贤能的人被杀的被杀，逃走的逃走，他就没人了。

《孟子》说："大舜有大焉，善与人同，舍己从人，乐取于人以为善。自耕稼、陶、渔以至为帝，无非取于人者。取诸人以为善，是与人为善者也。故君子莫大乎与人为善。"

大舜从种庄稼、制陶器、打鱼，到成为天子；做农民，做陶工，做渔夫，做天子，没有一件事不是跟别人学的。取人之善，为之于己，这就是"与人为善"。与人为善，不是对人好。与，是善与人同的与，看见别人有好的思想，好的做法，我马上向他看齐，和他一样。

注意孟子的几个词：

善与人同，善于跟别人相同，不追求"与众不同"，而是"有样学样"，这是真正的没有私心，不追求自己的表现和虚荣，只追求真理和实效。

舍己从人，放弃自己的想法，听别人的。

乐取于人为善，乐意直接拿别人的思想来用，不表现自己的思想。

君子莫大乎与人为善，就是乐取于人为善。君子，就是领导者，对于领导者来说，没有比这更重要的品质了。简单地说，就是要听话，做个听话的领导者，就像刘邦那样。

7 冬，十月十二日，大梁星座旁出现孛星。

8 庐江太守李术攻杀扬州刺史严象，庐江梅乾、雷绪、陈兰等各聚众数万在江淮之间，曹操表沛国人刘馥为扬州刺史。当时扬州治下只剩九江郡（庐江、丹阳、会稽、吴郡、豫章都为孙权所有），刘馥单马进入合肥空城，建立州府，招抚梅乾、雷绪等，这些人都相继向他贡献。数年之内，恩化大行，流民回来的以万计。于是广屯田，兴水利，官民都有积蓄，再聚集诸生，修建学校，又高筑城垒，多积木石，以修战守之备。

9 曹操听说孙策死，准备乘丧发兵。侍御史张纮进谏说："乘人之丧，既非古义，如果不能攻克，反而化友为仇，不如抚慰厚待他。"曹操即刻表孙权为讨虏将军，领会稽太守。

曹操想让张纮辅佐孙权，归附朝廷，于是任命张纮为会稽东部都尉。张纮到了吴郡，太夫人认为孙权年少，委托张纮与张昭共同辅佐他，张纮尽心尽力，查遗补缺，凡是自己能知道的，都不遗余力地做到。太夫人问扬武都尉、会稽人董袭："江东可保不？"董袭说："江东有山川之固，而孙将军恩德在民，孙将军继承先父、先兄的基业，大小群臣用命，张昭总揽众事，我等为爪牙，这正是地利人和之时，太夫人万无所忧！"孙权派张纮前往会稽就职，有人认为张纮是曹操任命的官员，恐怕志趣不止于此，孙权却并不介意。

鲁肃将要北归，周瑜拦住他，向孙权推荐鲁肃说："鲁肃之才，正能佐助当今之时，你应该多延聘这样的人才，以成功业。"孙权即刻接见鲁肃，和他交谈，非常喜悦。其他客人走后，留下鲁肃继续合榻对饮，说："如今汉室倾危，我希望能成就齐桓公、晋文公那样的功业，您如何辅佐我呢？"鲁肃说："当初高祖要尊事义帝，却不能如愿，因为项羽从中为害。当今的曹操，就是项羽，将军怎么做得了齐桓、晋文呢？我判断，汉室不可复兴，曹操也不能清除，为将军计，唯有保江东以观天下之变。如今乘北方多事，剿除黄祖，进伐刘表，据有整个长江流域，这是王业。"孙权说："如今我尽力于一方，只是希望能辅佐汉室罢了，你说的事，不是我所能做的。"张昭诋毁鲁肃年少粗疏，孙权却对他益发贵重，赏赐给他财物积储，让他恢复了过去的富裕程度。（鲁肃所论，正是孙权的心思，孙权表面拒绝，实际内心击节赞叹，所以更加亲厚鲁肃。）

孙权审查诸小将兵少力薄的，都加以合并。别部司马、汝南人吕蒙，军容鲜整，士卒精练，孙权大悦，给他增兵，宠爱任用他。

功曹骆统劝孙权尊贤接士，多多求教政事得失，饮宴赏赐的时候，个别接见，问候生活起居有没有什么困难，加以关心，鼓励他说话，观察他的志向趣味。孙权都采纳照办。骆统，是骆俊之子。

庐陵太守孙辅（孙权堂兄），恐怕孙权不能保有江东，派密使送信给曹操，请曹操带兵来接收。密使将信送给孙权。孙权斩杀孙辅全部左右近臣，将他的部队分割，将孙辅软禁在吴郡东部。

曹操表征华歆为议郎、参司空军事。庐江太守李术不肯服从孙权（李术本是孙策任命的），还收容很多从孙权处叛逃的人，孙权向曹操报告说："扬州刺史严象，是朝廷所任命的，为李术所斩，李术肆行无道，宜速诛灭。我去讨伐他，他一定诡言向您求救。您居于国家辅弼之位，海内瞻仰，请您告诉负责具体事务的官员，一定不要听他的。"于是举兵攻打李术于皖城。李术求救于曹操，曹操不救。于是孙权屠城，将李术斩首，将他的部曲二万余人全部南迁。

10 刘表攻打张羡,连年不下。曹操正与袁绍交战,也不能去救援。张羡病死,长沙人立其子张怿。刘表攻打张怿以及零陵、桂阳,全部击破。于是刘表地方数千里,带甲十余万,不再继续向朝廷进贡,自己郊祀天地,宫室、服装、车马、用具,都僭越天子规制。

11 张鲁认为刘璋暗弱,不再承顺,袭击别部司马张修,杀死张修,兼并了他的部众。刘璋怒,杀张鲁的母亲及弟弟,张鲁于是据有汉中,与刘璋为敌。刘璋遣中郎将庞羲攻打张鲁,不能攻克。刘璋任命庞羲为巴郡太守,屯驻阆中以抵御张鲁。庞羲招汉昌賨人为兵,有人向刘璋构陷庞羲,刘璋起了疑心。赵韪数次向刘璋进谏,刘璋不听,赵韪也怀恨于心。

当初,南阳及三辅地区流民进入益州的有数万家,刘焉全部收容,让他们当兵,称为东州兵。刘璋性格宽柔,没有威信和武略,东州人侵暴本地人,刘璋也无法禁止。赵韪一向得人心(赵韪跟从刘焉入蜀,刘璋又是赵韪拥立的,所以赵韪是益州大官),借着益州士民的怨气,兴兵作乱,引兵数万攻打刘璋,又厚厚地贿赂荆州刘表,与之联合。蜀郡、广汉、犍为等郡都响应赵韪。

卷第六十四　汉纪五十六

（公元201年—205年，共5年）

主要历史事件

曹操攻打刘备，刘备逃奔刘表　153

袁绍兵败后，羞愤病死　155

袁绍之子袁谭、袁尚兄弟相残，曹操按兵不动　158

刘表写信劝袁氏兄弟停止内乱，无人听从　160

袁尚被曹操包围，大败后逃奔中山　162

曹操攻占邺城，平定冀州　163

曹操祭拜袁绍，放声大哭　164

袁谭反曹操，失败被杀　167

曹操宽恕了写檄文痛骂自己的陈琳　168

荀悦撰写《申鉴》五篇，上奏献帝　170

主要学习点

《资治通鉴》是一部博弈通鉴　157

一个团队只能有一个声音　159

和领导的亲密关系仅可表现在只有两个人的时候　164

孝献皇帝己

建安六年（辛巳，公元201年）

1 春，三月初一，日食。

2 曹操移军到粮食较多的安民亭，认为袁绍才被击败，准备利用这个间隙攻打刘表。荀彧说："袁绍新败，其众离心，应该乘其困穷，一举平定。如果远征江汉，袁绍收集余众，乘虚而入，那您的大事就不成了。"曹操于是打消念头。夏，四月，曹操扬兵于黄河之上，击破袁绍仓亭驻军。秋，九月，曹操回到许县。

3 曹操亲自攻打刘备于汝南，刘备逃奔刘表，龚都等人都失散了。刘表听说刘备来，亲自出城迎接，以上宾之礼相待，增加他的兵马，让他屯驻在新野。刘备在荆州数年，曾经在刘表座上起身如厕，慨然流涕。刘表觉得奇怪，问他。刘备说："平常身不离鞍，腿上都没有赘肉。

如今不再骑马，赘肉都长起来了。日月如流，人都老了，还没有建立什么功业，所以悲伤。"

4 曹操派夏侯渊、张辽包围昌豨于东海。（昌豨之前背叛曹操，归附吕布，吕布死后，昌豨继续抵抗。）数月，曹军粮尽，商议撤退。张辽对夏侯渊说："数日以来，我每次巡视阵地，昌豨都远远地看着我，射过来的箭也很稀少，这一定是昌豨在犹豫，所以没有全力作战。我想试探他一下，跟他说话，或许可以诱降。"于是派人对昌豨说："曹公有命，派张辽传达。"昌豨果然下来和张辽说话。张辽谈起曹操的神武，正以德怀四方，先归附的人受大赏。昌豨于是承诺投降。张辽于是单身上三公山，进到昌豨家，拜见昌豨妻子。昌豨欢喜，跟着张辽去晋见曹操。曹操派昌豨仍回原地驻防。

5 赵韪包围刘璋于成都。东州人担心被诛灭，拼命死战，赵韪败退，东州兵追至江州，斩赵韪。庞羲恐惧，派部下程祁去找他的父亲、汉昌县令程畿，要求征调当地少数民族賨人部队。程畿说："郡府训练部队，不是为了犯上作乱，就算是有人进谗言，我们也唯有尽心尽诚而已，如果心怀异志，我不敢从命。"庞羲再派程祁去游说，程畿说："我受刘州牧之恩，应当为他尽节，你是庞郡守的人，自然为他效力。我们各事其主，不义之事，有死不为。"庞羲怒，派人对程畿说："不听太守的话，全家将遭大祸！"程畿说："乐羊吃下他儿子的肉（参考公元前403年），不是没有父子之恩，是大义使然。如今就是把程祁杀了煮成肉羹给我送来，我也会吃下去！"庞羲于是向刘璋谢罪。刘璋擢升程畿为江阳太守。

朝廷听说益州乱，任命五官中郎将牛亶为益州刺史，征召刘璋到京师任九卿，刘璋不去。

6 张鲁以鬼道教民，让生病的人自己坦白自己的错误，然后为他祈祷，虽然无益于治病，但是小人昏愚，竞相事奉他。对犯法的人，原谅三次，然后行刑。不设置官员，头目一律称为"祭酒"，汉人、夷人都乐意这样的治理，而其他外地来的流民，在他的地盘上，也不敢不守他的规矩。张鲁于是袭取巴郡，朝廷力不能征，于是就任命张鲁为镇民中郎将，领汉宁太守。张鲁也就向朝廷通使进贡。

有百姓在地里拾得一枚玉印，群下欲借此尊张鲁为汉宁王。功曹、巴西郡人阎圃进谏说："汉川之民，户口有十多万，财富土沃，四面险固，对上尊奉天子，则可成就齐桓、晋文的事业；次一等，也可效法窦融，不失富贵（东汉统一前，窦融控制河西，一直保持对朝廷表面上的臣服）。如今以朝廷的名义设置官属，形势上已经是独立全权，不需要称王，反而招来祸患。"张鲁听从。

建安七年（壬午，公元202年）

1 春，正月，曹操驻军在谯县，进而前进到浚仪，修建睢阳渠，遣使以太牢祭祀桥玄（桥玄在曹操发迹前就预言他是能定天下的人，所以曹操祭祀他，这正是所谓"识英雄于微时"），进军官渡。

2 袁绍自从兵败，羞愤发病，呕血，夏，五月，袁绍薨逝。

当初，袁绍有三个儿子：袁谭、袁熙、袁尚。袁绍的后妻刘氏喜爱袁尚，数次向袁绍称赞。袁绍也想让袁尚做继承人，但是没有明说，先将袁谭过继给哥哥为嗣子，外放为青州刺史。沮授进谏说："世人说，一只兔在街上跑，一万人都去追逐抓兔，因为人人都贪心，等到一个人抓到了，其他人的贪心都放下了，因为兔子归谁，已经定了。袁谭是长子，应该是继承人，如果把他放逐在外，大祸就从这一刻开始了。"袁绍说："我要让几个儿子一人领一个州，以观察他们的才能。"于是又任命二儿子袁熙为幽州刺史，外甥高干为并州刺史。

袁谭一向不喜欢逢纪、审配，辛评、郭图则都依附袁谭，而与逢纪、审配有矛盾。等到袁绍薨逝，众人认为袁谭为长子，要立他，而审配等人担心一旦袁谭掌权，辛评等人就要谋害他们，于是伪造袁绍遗命，立袁尚为继嗣。袁谭赶回来，不能继承，于是自称车骑将军，屯驻黎阳。袁尚只给他很少的士兵，并且派逢纪去跟着他。袁谭要求增兵，审配等又不给。袁谭怒，杀逢纪。秋，九月，曹操渡河攻打袁谭，袁谭告急于袁尚，袁尚留审配守邺城，亲自将兵援救袁谭，与曹操相拒。袁谭、袁尚连战连败，退而固守。

袁尚所任命的河东太守郭援，与高干、南匈奴单于一起攻打河东，派出使节，与关中诸将马腾等连兵，马腾等秘密许诺，郭援所过城邑，全部攻下。河东郡吏贾逵坚守绛县，郭援猛烈围攻，绛县陷落在即，城内士绅父老约定，不杀害贾逵，就投降。郭援许诺。郭援以武力威逼贾逵担任手下将领，贾逵不为所动。左右拉着贾逵要他叩头，贾逵呵斥说："岂有国家官员向贼人叩头之理！"郭援怒，要斩贾逵，有人伏在贾逵身上救他。绛县吏民听说要杀贾逵，都登城高呼："如果背约杀我贤君，我们宁愿一起死！"于是郭援将贾逵囚禁于壶关，关在一个土窖中，上面盖上车轮。贾逵对守卫说："这里没有英雄豪杰吗？难道让义士死在这窖里？"有一位叫祝公道的，正好听到这话，于是夜里潜往，偷偷将贾逵救出土窖，拆下他身上的械具，放他逃走。贾逵问他姓名，他也不回答。

曹操派司隶校尉钟繇在平阳包围了南单于，还未攻拔，袁军救兵赶到。钟繇派新丰令、冯翊人张既劝说马腾，马腾犹疑不决。傅干说："古人云：'顺德者昌，逆德者亡。'曹公奉天子诛暴乱，法明政治，上下用命，可以说是顺道。袁氏恃其强大，背弃王命，驱胡虏以陵中国，这可以说是逆德。如今将军既然尊奉朝廷，却又阴怀两端，想坐观成败，我担心成败既定之后，奉辞责罪，第一个要斩的就是将军您！"马腾恐惧。傅干接着说："智者转祸为福，如今曹公与袁氏相持，而高干、郭援合攻河东，曹公虽有万全之计，而无法保护河东。将军如果能挥师讨袁，与河东之兵内外夹击，一定取胜。将军一举斩断袁氏一臂，解一方之急，曹公一定重德将军，将军功名无比矣！"马腾于是派儿子马超将兵万余人与钟繇会合。

当初，诸将认为郭援兵多，想放弃平阳撤退。钟繇说："袁氏势力正强，郭援军来，关中又私下和他通谋，之所以还没有叛变，不过是忌惮我的威名。如果我弃之而去，示之以弱，则所在之民皆叛而为寇仇，就算我们想回去，还回得去吗？这就是未战而先自败。况且郭援刚愎好胜，一定轻视我军，大大咧咧渡过汾水来扎营。等他渡河渡了一半，我们举兵攻击，一定大胜。"郭援兵到，果然径直渡河，手下人阻止，郭援不听。渡了一半，钟繇攻击，大破郭援军。战斗结束，众人都说郭援死了，但是又找不到他的尸首。郭援，是钟繇的外甥。稍后，马超手下校尉、南安人庞德从弓箭袋中拿出一颗人头，正是郭援，钟繇见之而哭，庞德谢罪，钟繇说："郭援虽然是我的外甥，但他是国贼，你不需要谢罪！"南单于于是投降。

【华杉讲透】

《孙子兵法》云："上兵伐谋，其次伐交。"这一战，就是伐交之战，有外交，还有"内交"，争取马腾，这是外交；而洞察自己阵营里可能叛变而还没有叛变的人的心理，这是"内交"，如果撤退，内交就变成外交，变成敌人了。这是一个博弈论课题，先有博弈，后有战斗，所谓博弈，是把局中人、行动、信息、策略、收益、均衡和结果等进行推理演算，算计各种结果，进行比较，通过博弈策略重组敌我关系，让我们的朋友更多，敌人更少，以压倒敌人。中国没有形成博弈的科学理论，更没有将之发展成应用数学，但是，中国有世界上最早的博弈思想，《孙子兵法》就是博弈论，所谓"不战而屈人之兵"，就是靠博弈取得不流血的胜利，而不是靠战斗取胜。《资治通鉴》也可以说是一部"博弈通鉴"，因为他的"资治"，并不关注治国方略，不关注立法和政策，而是所谓"帝王将相史"，就是帝王将相和各方势力之间的博弈。

3 刘表派刘备北侵，抵达叶县。曹操派夏侯惇、于禁阻截。刘备烧毁军营撤退，夏侯惇等追击。裨将军、巨鹿人李典说："贼无故自退，恐怕有埋伏，南边道路狭窄，草高林深，不能追啊！"夏侯惇等不听，让李典留守，自己追击，果然中了埋伏，兵大败。李典前往救援，刘备才退去。

4 曹操下书给孙权，督责他送儿子来做人质。孙权召群僚会议，张昭、秦松等犹豫不决。孙权带着周瑜去找吴太夫人商议决策。周瑜说："当初楚国初封，不满百里之地，但继嗣贤能，广土开境，于是据有荆州、扬州，世代相传，九百余年。如今将军承父兄余资，兼六郡之众，兵精粮多，将士用命，铸山为铜，煮海为盐，境内富饶，人不思乱，有何逼迫而非要给他送去人质呢？人质一入，就不得不与曹氏相首尾，一相首尾，他有命召，我们就不得不去，如此，则受制于人。最多不过是得一个封侯，有仆从十余人，车数乘，马数匹，岂能与南面称孤相比！不如不派人质，静观其变，如果曹操能率义以正天下，将军再事奉他也不晚，如果他图谋暴乱，则自顾不暇，哪里还能害人！"吴太夫人说："周瑜说得对！周瑜和孙策同岁，小一个月而已，我把他当儿子看，希望你也把他当兄长对待。"于是决定不送人质。

建安八年（癸未，公元203年）

1 春，二月，曹操攻黎阳，与袁谭、袁尚战于城下，袁谭、袁尚败走，回到邺城。夏，四月，曹操追到邺城，先收割了田间的小麦。诸将准备乘胜攻城，郭嘉说："袁绍爱此二子，不知道该立谁为后嗣。如今他们权力相争，各有党羽，如果逼得急，他们就团结一致；如果我们缓一缓，他们就生争斗之心。不如向南先打荆州，以待其变，等他们内部乱了，再回师攻击，可以一战而定。"曹操说："善！"五月，曹操回到许县，留其将贾信屯驻黎阳。

袁谭对袁尚说："我铠甲不精，所以之前败给曹操。如今曹操撤退，军心思归，趁他们还未渡过黄河，出兵掩击，可以击溃他们，此策机不可失！"袁尚怀疑，既不给他增兵，也不给他盔甲。袁谭大怒，郭图、辛评借机对袁谭说:"是审配给先公出的主意,把您过继给您伯父。"袁谭于是引兵攻打袁尚,战于城门外,袁谭兵败,引兵回南皮。

别驾、北海人王修,率吏民从青州前往救援袁谭,袁谭要回师再攻打袁尚,王修说:"兄弟,就是左手和右手的关系,比如说有人砍断他的右手,说:'我必胜!'这能行吗?连自己的兄弟都不亲,天下人谁还会跟他亲呢?那些进谗言的人,离间骨肉,为自己图利,希望您塞上耳朵不要听!如果斩杀这些佞臣数人,兄弟和睦,以御四方,可以横行于天下。"袁谭不听。袁谭手下将领刘询在漯阴起兵反叛袁谭,诸城都响应。袁谭叹息说:"如今举州皆叛,是我无德吗?"王修说:"东莱太守管统,虽然远在海滨,此人绝不会反,一定会来。"后来过了十几天,管统果然抛弃妻子前来奔赴袁谭,妻子儿女都被叛军所杀。袁谭任命管统为乐安太守。

【华杉讲透】

王修的兄弟亲睦之论,就孝悌价值观和道德标准,没有说到位;论图谋大事呢,听他的就要坏事。

所谓孝悌,以孝为先,孝者,孔子说"善继人之志,为孝",那就是继承父亲的遗志;又说"三年无改父之道,为孝",父亲的政策和做法,至少三年不做改变。袁绍将袁谭过继给哥哥做嗣子,他不想传位给袁谭,这已经很明显了,只是碍于袁谭毕竟是他的长子,没有说出来。不管是谁出的主意,都是父亲的决策,袁谭如果是孝子,就不应该跟弟弟争。吴太伯以及伯夷叔齐的让国,就是这个道理,古人都有先例。袁谭可以退出政坛,或者远走他乡,都是选择。

如果不想守这孝悌,要权力,那就不要犹豫,先下手为强,像后世李世民的作为。王修的左右臂之说是错误的比方,只有一人领导,才能强大,哪有两人共治,能争天下的呢?

2 秋,八月,曹操攻打刘表,屯军于西平。

3 袁尚亲自带兵，攻打袁谭，大破之。袁谭逃奔平原县，据城固守，袁尚围攻紧急，袁谭派辛评的弟弟辛毗去向曹操求救。

刘表写信劝袁谭说："君子逃难，不去仇国；与人绝交，不出恶言。何况你忘记先父之仇，抛弃亲情，做出万世都可引以为戒的错事，让我这个盟友也感到羞耻呢？如果袁尚傲慢，有不尊重兄长的举动，你也当降志辱身，以大局为重，事定之后，让天下人来评定是非曲直，那不才是高义吗？"又写信给袁尚说："金木水火，以刚柔相济，才能配合运转，为人所用（金能胜木，但是斧子要装上木柄，才能砍柴。水能胜火，但是水在火上，没有火，就无法用水煮饭），你哥哥天性峻急，迷于是非。而你度量宽宏，绰然有余，就应该以大包小，以优容劣，先除去曹操，以报先父之恨，事定之后，再来议定兄弟之间的是非曲直，这样不好吗？如果不能迷途知返，那就是匈奴人也会讥笑你，何况我这个同盟，还能全力以赴为你所驱使吗？这就是韩卢、东郭自困于前，而被田里的农人擒获的缘故了。"（韩卢，是天下之俊犬；东郭逡是天下之狡兔。韩卢追东郭逡，翻过五座山，绕山追了三圈，犬、兔都筋疲力尽，被田里的农人看见，伸手就擒了。）

袁谭、袁尚都不听。

辛毗到西平见了曹操，说明袁谭的请求。群下都认为刘表强，应该先平定刘表，袁谭、袁尚不足为虑。荀攸说："天下方有事，而刘表坐保江、汉之间，他没有争天下的志向，这是很显然的了。袁氏据有四州之地，带甲数十万，袁绍又以宽厚得民心。如果他的两个儿子和睦以守成业，则天下之灾难，不能平息（意思是还有能力伤害曹操）。如今兄弟构恶，其势不能两全，如果一人把另一人吞并，力量集中，事情又难办了。乘乱而取之，则天下定矣！现在就是机不可失之时！"曹操听从。

又过了数日，曹操又想先平定荆州，让袁谭、袁尚相互消耗。辛毗看见曹操脸色，知道他变卦了，就去问郭嘉。郭嘉告诉曹操，曹操问辛毗："袁谭可以信任吗？一定能攻克袁尚吗？"辛毗回答说："明公不必问信还是诈，应当论形势。袁氏本来是兄弟相伐，并没有想到其他人会介入，只是自己要先内部统一，才能争夺天下。如今袁谭向明公求救，可见他已势穷。袁尚看见袁谭穷困，但是仍不能攻取，这是他也力竭了。兵革败于外，谋臣诛于内（指诛杀田丰、逢纪），兄弟翻脸，国分为二，连年战伐，盔甲穿在身上不能脱下，都长了虱子，再加上旱灾、蝗灾，饥馑并至，天灾应于上，人事困于下，民众无论智愚，都知道即将土崩瓦解，这正是天亡袁尚之时。如今明公前往攻打邺城，袁尚如果不回师救援，则邺城陷落；如果回救，则袁谭追击其后。以明公之威，应困穷之敌，击疲敝之寇，无异于迅风之振秋叶。上天把袁尚送给明公，明公不取，而伐荆州，荆州人民安居乐业，内部并无矛盾，无机可乘。仲虺说'取乱侮亡'（出自《尚书》，敌国有内乱则攻取，敌国有覆亡迹象即侵略），方今二袁不一致对外，而互相攻伐，这就是乱；居者无食，行者无粮，这就是亡，在这乱亡之时，人民朝不保夕，生命安全都没有保障，你不去救他们，却要等到以后！改年或者粮食丰收，他兄弟也自知错误而痛改前非，您就失去制胜的条件了。如今因应袁谭求救而赴援，这正是最有利的。况且四方之寇，莫大于河北，河北平定，则军力盛大，天下震动！"

曹操说："善！"于是同意救援袁谭。

冬，十月，曹操进军到黎阳。袁尚听说曹操渡河，于是解平原之围，回师邺城。袁尚部将吕旷、高翔背叛袁尚，投降曹操。袁谭偷偷刻了将军印，送给吕旷、高翔。曹操于是知道袁谭并非真心归降，但还是为自己的儿子曹整聘袁谭的女儿为妻，然后班师。

4 孙权西伐黄祖，击破黄祖水师，唯有城池未能攻克，而后方山越再次叛乱。孙权班师，经过豫章，派征虏中郎将吕范负责平定鄱阳、会稽，荡寇中郎将程普征讨乐安，建昌都尉太史慈负责海昏，任命别部司马黄盖、韩当、周泰、吕蒙等分别担任和山越接壤的前线各县县长，征讨山越，全部平定。建安、汉兴、南平百姓作乱，聚众各万余人，孙权派南部都尉、会稽人贺齐进讨，全部平定，重新设立县邑，从中挑选出精兵一万人，拜贺齐为平东校尉。

建安九年（甲申，公元204年）

1 春，正月，曹操渡过黄河，阻遏淇水，将河水引入白沟，作为运输粮草的河道。

二月，袁尚再次攻打袁谭于平原，留其将审配、苏由守邺城。曹操进军至洹水，苏由欲为内应，阴谋泄露，苏由出奔曹操。曹操进军到邺城，堆土山，挖地道，围城进攻。袁尚的武安县长尹楷屯驻毛城，保护通往上党的粮道。夏，四月，曹操留曹洪攻邺城，亲自将兵攻打尹楷，击破尹楷而还。又攻打袁尚部将沮鹄于邯郸，将邯郸攻陷。

易阳县令韩范、涉县县长梁岐都举县投降，徐晃对曹操说："二袁未破，还没有被攻陷的城池都竖着耳朵听消息，应该封赏这两位投降的县令，给他们做个示范。"曹操听从，韩范、梁岐都赐爵关内侯。黑山贼帅张燕遣使求助，曹操拜张燕为平北将军。

五月，曹操毁掉土山、地道，挖壕沟围城。（土山、地道是急攻，挖壕沟是准备慢慢来了。）壕沟周长四十里，刚开始挖得很浅，看起来很容易通过，审配在城墙上看见，笑了，没有出兵破坏。曹操突然在一夜之间，深挖至宽二丈，深二丈的河渠，引漳水注入，邺城与外界遂完全隔绝，城中饿死者过半。

秋，七月，袁尚将兵一万余人还师救邺城，还在半途，要传递消息给审配，于是先派主簿、巨鹿人李孚入城。李孚自己制作一根曹军的"问事杖"，系在马边，头戴武官头巾，带着三个骑兵，傍晚时分抵达邺城城下，自称都督，从包围圈北边开始，顺着围城立的标表，一路向东，沿城巡察，步步呵斥守围将士，随轻重施行处罚。于是通过大营，到了包围圈南面，正对着邺城南门章门。李孚又责骂守围士兵，抓起来捆绑，然后打开营门，飞驰到章门下，呼喊城上人放绳子下来，将他们拉上城去。审配等见到李孚，悲喜交集，高声呼喊万岁。曹军守围士兵将事情经过汇报给曹操，曹操笑道："他不仅能进去，他还要出来呢！"李孚知道外面包围更加严密，不可能再冒充曹军将领混出来了，于是请审配将城中老弱全部放出城去，以节省粮食。夜里，选出数千人，都举着白旗，从三个城门一起出城投降。李孚和他的三个骑兵也穿着平民服装，混在人群中，突围而去。

袁尚兵到，曹操诸将都认为，这是归师，不如避开他们。（《孙子兵法》，归师勿遏，因为他们要回家，归心似箭，战斗意志坚强，人人死战，势不可挡。）曹操说："如果袁尚从大路来，我们就避开他。如果他顺着西山来，那就要被我们擒了。"（《孙子兵法》："无邀正正之旗，勿击堂堂之阵。"如果袁尚从大路而来，旗帜整齐，阵容堂皇，那他是铁了心要救邺城，不顾胜败，没有退路，有必死之志。如果他顺着山根悄悄地来，那是靠着地形掩护，可进可退，随时准备撤退，没有战斗意志。所以战斗，本身是意志力的战斗，观察对方的战斗意志，就可以预测胜败。）

袁尚果然顺着西山来，东至阳平亭，离邺城十七里，在滏水边扎营，夜里，举起火把，通知城内守军，城中也举火相应。审配出兵城北，准备与袁尚内外夹击，突破包围。曹操逆击，审配败退回城，袁尚也败走，在漳水弯曲处扎营，曹操于是将他包围。包围圈还未合围完成，袁尚恐惧，遣使求降，曹操不听，围攻更加紧急。袁尚夜遁，退保祁山。曹操继续挺进，包围祁山。袁尚部将马延、张顗等临阵投降，袁军大溃，袁尚逃奔中山。

曹操缴获袁尚全部辎重，得到袁尚印绶、节钺及衣物，展示给城中守军，城中士气崩溃。审配对士卒们说："坚守死战！曹军已经疲敝，袁熙救兵将到，我们还担心没有主公吗！"曹操出巡包围圈，审配埋伏劲弩射击，几乎被他射中。

审配哥哥的儿子审荣为东门校尉，八月初二夜，审荣打开城门，放进曹军。审配在城中拒战，被曹军生擒。辛评家属被关在邺城监狱，辛毗飞驰而往，想解救他们，但全家都已被审配诛杀。士兵将审配捆绑到帐下，辛毗以马鞭打他的头，骂道："奴才！你今天死定了！"审配看着他说："狗辈！正是因为你们这些东西，才让冀州破碎！我恨不得杀了你！再说，今天我是死是活，你说了算吗？"过了一会儿，曹操引见，对审配说："前天我视察前线，你的箭可真多啊！"审配说："只恨太少！"曹操说："你忠于袁氏，也是不得不如此。"有意宽恕他。审配意气壮烈，始终没有一句软话，而辛毗等又在旁边号哭不已，要报仇。于是斩了审配。冀州人张子谦先降，一向和审配有矛盾，嘲笑审配说："审配，你比我如何？"审配厉声说："汝为降虏，审配为忠臣，我虽死，难道羡慕你的生吗？"临行刑，呵斥刽子手让他面向北方，说："我的主君在北方！"

曹操亲临袁绍墓祭祀，痛苦流涕，慰劳袁绍妻子，归还袁家的财宝，赐给绸缎布匹，由官府供应粮食和生活费用。

当初，袁绍与曹操共同起兵，袁绍问曹操说："如果大事不成，什么地方可以据守？"曹操反问："您看呢？"袁绍说："我南据黄河，北阻燕、代，兼夷狄之众，南向以争天下，能成功不？"曹操说："我任用天下之智力，以道驾驭，到什么地方都可以。"

九月，朝廷下诏，任命曹操领冀州牧，曹操于是辞去兖州牧职务。（胡三省注："诏书"都是曹操自己在下，他领冀州牧是真领，辞去兖州牧是假辞。）

当初，袁尚派从事、安平人牵招到上党督调军粮，还没回来，袁尚已经逃奔中山。牵招劝说并州刺史高干迎接袁尚，并力以观天下变化。高干不听。牵招于是东行，投降曹操。曹操仍任命他为冀州从事，又聘任崔琰为别驾，曹操问崔琰："从户籍来计算，可以征得三十万兵，冀州真是大州啊！"崔琰说："如今九州辐裂，二袁兄弟交兵，冀州人民在水深火热之中，暴尸于原野，王师来了，没听说存问风俗，拯救生灵于涂炭，而是计算能征多少兵，以征兵为优先，这岂是鄙州人民对明公的期望吗？"曹操正色道歉。

许攸自恃有功，骄纵傲慢（乌巢之计是许攸所出），曾经当众在座席上呼曹操小名："阿瞒，不是我，你能得冀州吗？"曹操笑道："你说得对！"但是内心十分不爽，后来竟诛杀许攸。

【华杉讲透】

许攸这种人，也是典型人物，就是孔子说的，"小人难养，近之则不逊，远之则怨"。近之则不逊，是很普遍的毛病，和领导关系亲近，就想向其他人炫耀，显示自己跟别人不一样，拍领导肩膀，喊领导小名，喊绰号，或者故意开领导玩笑——别的人都不敢开的玩笑。这样一来呢，领导表面也得应付着，但内心已经十分不自在。而其他人呢，你对领导的轻慢，就是对他们的侮辱，因为领导是他们心目中的神，也是他们命运的主宰，你对他们的神和主宰轻慢，就是侮辱了所有人，于是从上到下都恨不得你死。许攸自以为聪明，却不懂得这个道理——如果你和领导有亲密的私人关系，让这种亲密仅表现在只有你们两个人的时候，只要有第三人在，就只有君臣关系。

2 冬，十月，东井星座旁出现孛星。

3 高干以并州投降曹操。曹操仍任命高干为并州刺史。

4 曹操包围邺城的时候，袁谭背叛，出兵略取甘陵、安平、勃海、河间，又攻袁尚于中山，袁尚兵败，逃到故安，投奔袁熙。袁谭兼并了袁尚的全部部队，还师屯驻龙凑。曹操写信给袁谭，责备他违背盟约，与他断绝婚姻，将袁谭女儿送回，然后进军讨伐。十二月，曹操进军到其门，袁谭撤出平原，退守南皮，沿清河河岸布防。曹操进入平原，派军镇守邻近各县。

5 曹操表公孙度为武威将军，封永宁乡侯。公孙度说："我是辽东之王，封什么永宁乡侯！"把曹操送来的印绶放在兵器库里面。这一年，公孙度去世，儿子公孙康嗣位，曹操把永宁乡侯封给他的弟弟公孙恭。

曹操因为袁绍曾经任命牵招领乌桓突骑，派牵招到柳城，抚慰乌桓。牵招到了柳城，正赶上峭王动员五千骑兵准备去援助袁谭，同时，公孙康的使者韩忠也到了，授给峭王单于印绶。峭王大会各部酋长，韩忠也在座。峭王问牵招："当初袁公说受天子之命，封我为单于；如今曹公又说要奏明天子，封我为真单于；辽东也派使者来，还带着单于印绶。如此，你们到底谁是真的？"牵招答："当初袁公承制，有权以天子名义封爵任官，后来，他违背天子命令，被曹公取代，所以曹公说要奏明天子，重新授予您真单于。至于辽东一个低级郡府，怎么有资格拜爵任官呢？"韩忠说："我辽东在沧海之东，拥兵百余万，又有扶余、涉貊为助，当今之世，强者为王，曹操凭什么唯我独尊！"牵招呵斥说："曹公恭信明哲，拥戴天子，伐叛柔服，宁静四海，你辽东君臣，顽劣嚣张，仗恃险远，违背王命，还擅自拜爵任官，侮弄神器，正是该屠戮的死罪，何敢轻慢诋毁大人！"说着上前抓住韩忠的头往下搗，拔刀就要砍头。峭王惊怖，光脚冲上去抱住牵招，请求赦免韩忠，左右都大惊失色。牵招于是还坐，为峭王等分析成败祸福，峭王等都下席跪伏，敬受教戒，于是辞退辽东使者，撤去准备出发助袁的骑兵。

【华杉讲透】

牵招的表现，也是孙子兵法"其次伐交"，折冲樽俎之计，和楚汉相争时刘邦使者随何在英布座上斩项羽使者差不多。他如果真把韩忠斩了，也没问题，让峭王死心塌地和辽东绝交。具体能不能砍，砍不砍得了，就看他自己在现场判断了。

6 丹阳大都督妫览、郡丞戴员杀死太守孙翊。将军孙河屯驻在京城县，驰赴宛陵，又被妫览、戴员斩杀。妫览派人迎接扬州刺史刘馥，请刘馥入驻历阳，与丹阳隔江相应。

妫览入住郡府，想逼娶孙翊的妻子徐氏。徐氏骗他说："等过了本月月底，祭祀先夫完毕，除下丧服，然后听命。"妫览同意。徐氏秘密派亲信统治孙翊旧将孙高、傅婴等人，准备刺杀妫览。孙高、傅婴都涕泣许诺，又秘密招呼孙翊生前侍从二十余人盟誓合盟。到了月底最后一天，设祭，徐氏哭泣尽哀完毕，脱下丧服，熏香沐浴，言笑欢悦，家中大小都觉得凄凉悲怅，奇怪她怎么这样。妫览秘密观察，不再有怀疑。徐氏又安排孙高、傅婴藏在卧室内，派人召妫览来。徐氏出门拜迎妫览，刚刚拜下去，徐氏大呼："二位将军动手！"孙高、傅婴一起冲出来，杀死妫览。其他人就在外面杀了戴员。徐氏于是再换上丧服，以妫览、戴员的头颅祭奠在孙翊墓前，举军震骇。

孙权接到动乱消息，从椒丘回来，到了丹阳，将妫览、戴员余党全部诛杀，擢升孙高、傅婴为牙门（将领），其他人各有赏赐。

孙河的儿子孙韶，年十七岁，收集孙河余众屯驻京城县。孙权引军回吴郡，夜里在京城城下宿营，试探孙韶，假装攻城，孙韶士兵全都登城，传檄警备，呼喊声惊天动地，不断射箭。孙权派人说明真相，才停止。第二天，孙权接见孙韶，拜其为承烈校尉，统领孙河部曲。

【华杉讲透】

妫览荒唐，也是一个管理心理学问题——成功人士的过分自信，既有工作上的过分自信，也有生活上的过分自信，他以为女人都愿意跟他，他的垂青是别人的福气，就算他杀了别人丈夫，也是帮她换一个更好的丈夫。结果呢，就被别人报了杀夫之仇。

建安十年（乙酉，公元205年）

1 春，正月，曹操进攻南皮，袁谭出战，曹军伤亡惨重，曹操想缓一缓。议郎曹纯进谏说："如今孤军深入，难以持久，如果不能攻克而撤退，一定丧失军威。"曹操于是亲自擂鼓，鼓舞军队进攻，一举攻克南皮。袁谭出逃，曹军追赶，击斩袁谭。

李孚自称冀州主簿，求见曹操，说："如今城中强的欺凌弱的，人心扰乱，我认为，应该任命新投降过来的，大家都熟悉的人为官，以宣传朝廷的政策。"曹操即刻派李孚入城，告谕吏民，让他们各安旧业，不得相互侵扰，城中于是安定下来。

曹操斩郭图等人及其妻子。

袁谭派王修到乐安运粮，王修听闻袁谭军情紧急，率领所部兵马赶回救援，到了高密，接到袁谭战死的消息，下马号哭说："没有主君，我去哪里啊!"于是前去找曹操,请求收葬袁谭尸体,曹操同意,再派王修去乐安,督运军粮。袁谭所部诸城都降服,唯有乐安太守管统拒绝。曹操命王修将管统斩首,王修认为,管统是亡国之忠臣,解下他的捆绑,送他去晋见曹操。曹操喜悦,赦免管统,聘请王修为司空掾。

郭嘉建议曹操多选拔青州、冀州、幽州、并州名士为掾属,使人心归附,曹操听从。官渡之战,袁绍让陈琳写檄书,数落曹操罪恶,连带贬低他的家世,极尽丑化诋毁之能事。等到袁绍败亡,陈琳归附曹操,曹操说:"你为袁绍写檄书,数落我的罪状也就罢了,为什么连着我的父祖一起辱骂呢?"陈琳谢罪,曹操原谅了他,让他与陈留人阮瑀一起主管记室(秘书处)。

之前渔阳人王松占据涿郡,郡人刘放游说王松以涿郡归附曹操。曹操聘请刘放参议司空军事。(刘放由此参与魏国机密,为他后来祸乱魏国埋下伏笔。)

袁熙被他的部将焦触、张南攻击,与袁尚一起逃奔辽西乌桓。焦触自号为幽州刺史,胁迫幽州诸郡太守及县令,一起叛袁投曹,陈兵数万,杀白马盟誓,下令说:"敢违者斩!"众人都不敢抬头仰视,各自依次将马血涂在嘴唇盟誓。别驾、代郡人韩珩说:"我受袁公父子厚恩,如今袁氏破亡,智不能救,勇不能死,对于大义来说,已经亏缺了,如果再投降曹氏,我做不出来。"满座都为之失色。焦触说:"举大事,应该立大义,事情能不能成功,也不在于多一个人、少一个人,可以成全韩珩的志愿,以激励忠贞之士!"于是让韩珩自由离开。焦触等投降曹操,都被封为列侯。

2 夏,四月,黑山贼帅张燕率其众十余万人投降,封安国亭侯。

3 故安人赵犊、霍奴等杀死幽州刺史及涿郡太守。三郡乌桓酋长(辽西郡蹋顿、辽东郡苏仆延、右北平郡乌延)攻打右度辽将军鲜于辅于犷平。秋,八月,曹操征讨赵犊等,斩赵犊,接着渡河救援犷平。乌桓等撤走出塞。

4 冬，十月，高干听说曹操征讨乌桓，再次以并州反叛，生擒上党太守，举兵守壶关口。曹操派部将乐进、李典进击。

河北人张晟，有部众一万余人，在崤山、渑池一带寇掠，弘农人张琰也起兵响应。

河东太守王邑被征召进京，郡掾卫固以及中郎将范先等一起去找司隶校尉钟繇，请求让王邑留任，钟繇不许。卫固等表面上以要求留任王邑为名，实际上秘密与高干通谋。曹操对荀彧说："关西诸将，表面服从，但是都有二心，张晟寇乱于崤、渑之间，向南联络刘表，卫固又和他相呼应，将为深害。当今，河东是天下之要地，你为我选一个贤才来镇守。"荀彧说："西平太守、京兆人杜畿，勇足以抵挡危难，智足以应变。"曹操于是任命杜畿为河东太守。钟繇催促王邑交接，王邑于是带着印绶，直接从河北到许县报到。

卫固等派兵数千人阻绝陕津黄河渡口，杜畿到了，数月都无法渡河。曹操派夏侯惇带兵征讨卫固，兵还没到，杜畿说："河东有三万户人家，并不是都要作乱。如今我们以大军相逼，那些想为善的，也没有谋主，反而因为惧怕而跟从卫固。卫固力量凝聚，如果征讨不能取胜，那么战乱不已；如果征讨取胜，又杀伤一郡人民。况且卫固等并没有公开反叛朝廷，只是以要留任前任太守为名，所以他们一定不会杀害新太守。我单车直往，出其不意，卫固为人，计谋很多，决断很少，一定会接受我，我能在郡府待上一个月，用计策来羁縻他，足以成功！"于是绕道从郖津渡口渡河。

范先想杀杜畿以威服群众，先试探杜畿的态度，就在郡府门前斩杀主簿以下三十余人，杜畿举动自若，于是卫固说："杀他也没有用，徒有恶名，况且他已经在我们控制之下。"于是卫固等奉他为太守。杜畿对卫固、范先说："卫、范两家，是河东望族，我只是照你们的决定办事而已，但是，君臣有大义，我们成败都是一体，大事应该一起商议。"杜畿任命卫固为都督，并兼领郡丞和功曹之事。（都督掌兵权，郡丞相当于副太守，功曹掌人事选拔，相当于把郡府权力全部给卫固了。）全郡的将校吏兵有三千余人，全部交给范先统领。卫固等人大喜，虽然表面上事奉杜畿，但完全不把他当回事。卫固想大举征兵，杜畿忧心他壮大军队，对卫固说："如今大举征兵，必然扰乱民心，不如用钱招募志愿兵。"卫固同意，改为募兵，结果得兵很少。杜畿又对卫固等人说："人之常情，都顾恋家庭，诸将掾史，可以让他们轮班回家休息，有急事再召他们，也不难。"卫固等人不愿因拒绝这个建议而招致众人怨恨，又听从了。于是善人在外，暗中相助。恶人分散，各回各家。

不久，白骑变民军队攻打东垣，高干进入濩泽，杜畿知道诸县归附自己，于是单独率领数十骑兵出城，找到一个最坚固的壁垒为据点，驻扎下来。好几个县城的官吏人民，都举城响应杜畿，过了数十日，得四千余人。卫固等人与高干、张晟一起攻打杜畿，不能攻下，在诸县抢掠，又一无所获。曹操派议郎张既征召关中诸将马腾等，都带兵来攻打张晟等，将之击破，斩卫固、张琰等人首级，赦免了其余党羽。

于是杜畿治理河东，一切政事务从宽惠。民间有诉讼之事，杜畿就陈述义理，让他们自己回去再想想，父老们有纠纷都自己责怪自己，不敢去诉讼。杜畿劝勉农桑，鼓励畜牧，百姓家家丰实，然后兴建学校，褒扬孝悌，修筑工事，训练武装，河东安定下来。杜畿在河东十六年，政绩考核常居全国第一。

5 秘书监、侍中荀悦，写作《申鉴》五篇，上奏给皇帝。荀悦，是荀爽哥哥的儿子。当时政权都在曹氏，天子只是拱手而已。荀悦志在有所作为，但是他的见解无处可用，所以写了这本书。书中大意是说："为政之术，先除去'四患'，再推崇'五政'。四患，是虚伪败坏风俗，私心败坏法制，放荡进而越轨，奢侈僭越制度，这四患不除，政治就无法推行。五政，是振兴农桑以养生活，分辨善恶以正风俗，宣扬文教以彰教化，建立武备以秉威信，严明赏罚以统法令。人不畏死，就不能惧之以罪；人不乐生，就不能劝之以善。所以在上位的人，要先让人民丰衣足食，家有财产，以定其心志，这叫养生。善恶合于功罪，毁誉合于准则。听其言，还要观其行；举其名，还要察其实，没有诈伪以动荡民心，俗无奸怪，民无淫风，这叫正俗。荣辱，是赏罚之精华，以礼教荣辱加之于君子，教化他的情操；刑械鞭打加之于小人，改正他的行为。如果教化废绝，就是把中等人也推入小人行列；如果教化大行，则中等人也踏入君子之道，这叫彰化。在上位者一定要有武备以防不虞，平时用来安定内部，战时则可用之于军旅，这叫秉威。赏罚，是政治的重要权柄，人主不随意赏罚，并不是爱财，而是赏赐随意，就不能发挥劝善的作用。人主也不随意处罚，并不是怜惜某人，而是处罚随意，就不能惩恶。赏赐不能发挥劝勉作用，就是遏阻善行；处罚不能发挥惩戒作用，就是纵容恶行。在上位的人能不阻止下位的人为善，不纵容下面的人作恶，国法就立起来了，这叫统法。

"伪乱俗，私坏法，放越轨，奢败制，这四患去除了；养生、正俗、彰化、秉威、统法，这五政立起来了。又能够诚心推行，固直坚守，简易而不懈怠，疏阔而不漏失，则君王垂拱而治，天下太平。"

卷第六十五　汉纪五十七

（公元206年—208年，共3年）

主要历史事件

仲长统写《昌言》讲透历史循环往复的规律　176

曹操杀袁绍之子袁尚、袁熙　179

刘备三顾茅庐请诸葛亮出山　181

朝廷撤除三公，任命曹操为丞相，权力更突出　184

孔融被曹操处死，许县无人敢收尸　187

以人为本的刘备，不肯抛下跟随的民众　189

诸葛亮劝孙权一同抗击曹操，以成鼎足之势　192

面对众人劝降，孙权决心抵抗曹操　194

周瑜赤壁大败曹操　195

曹操后悔不听田畴建议，想事后赏赐田畴　198

主要学习点

失败是必然的，成功是偶然的　180

高管不能把咨询顾问当作竞争对手　182

面对问题还是要多读书　186

上级对下级要有"礼"，不要自我膨胀　197

封赏的原则是先分钱后赚钱　199

孝献皇帝庚

建安十一年（丙戌，公元206年）

1 春，正月，北斗星旁出现孛星。

2 曹操亲自带兵攻打高干，留世子曹丕守邺城，派别驾从事崔琰辅佐他。曹操包围壶关，三月，壶关投降。高干自己逃入匈奴求救，单于不接受他，高干单独与数骑逃亡，想南奔荆州，被上洛都尉王琰捕获，斩首。并州全部平定。

曹操派陈郡人梁习以别部司马的身份代理并州刺史。当时在兵荒马乱之后，匈奴、狄人势力雄张，官吏人民逃亡或背叛的，都投奔他们的部落，地方豪强则各拥部众，自保乡境。梁习到任后，诱喻招纳，礼召那些豪杰之士，荐举任用他们到幕府做事。豪杰收集完了，再征发壮丁为义从士兵（以义从军的志愿兵），每次曹操大军出征，就把这些士兵分派给诸将做战斗部队。军队出征之后，再把他们的家属迁移进邺城，前后迁移了数万人。对其中不听命的，就兴兵讨伐，斩首数千人，降附者以万计。于是单于恭顺，匈奴诸部落王低头，服事供职，就跟汉人一样。从此边境肃清，百姓遍布原野，勤劝农桑，令行禁止。老人们都称颂说，自从记事以来，还没有见过像梁习这样的刺史。梁习又将寓居在并州的名士，如河内人常林、杨俊、王象、荀纬及太原人王凌等，举荐给朝廷，曹操将他们全部任命为各县县长，后来，这些人都显名于世。

当初，山阳人仲长统游学到并州，遇到高干，高干善待他，向他咨询世事。仲长统对高干说："您有雄志而无雄才，喜好士人但并不能选择人才，这是你应该深深警戒的！"高干自以为多才，听了仲长统的话，不高兴，仲长统于是离他而去。高干死，荀彧举荐仲长统为尚书郎。仲长统写了《昌言》一文，言治乱之道，文章大意说：

"豪杰应和于天命，但不一定最终能得到天命，正因为天命归谁还没有定，所以竞争者竞相而起，等到斗智的智短计穷，角力的气馁力竭，形势既不允许他维持现状，也不允许他较量长短，才低下头颅，自己系着脖子来投降。于是天下大定，新朝建立，豪杰们野心都死了，士人百姓坚定了忠于新君之志，贵有常家，尊在一人。这个时候，就算坐在君位上的人是下愚之才，也能使恩同天地，威同鬼神，就算有几千个像周公、孔子这样的圣人，也不能跟他比谁更圣明；有一百万个像孟贲、夏育这样的勇士，也不敢跟他比谁更勇猛。然后，他后世的那些愚主，看见全天下都不敢违抗他，就以为自己和天地一样不会灭亡，于是奔放其私欲，驰骋其淫邪，君臣宣淫，上下同恶，荒芜政事，弃忘人才。信任亲爱的，都是佞谄容悦之人；宠幸贵显的，都是后妃姬妾之家。于是熬尽天下之脂膏，吸取生民之骨髓，怨毒无聊，祸乱并起，中国扰攘，四夷侵叛，土崩瓦解，一朝而去。昔日为我哺乳之子孙者，今日尽是我饮血之寇仇！天命没了，大势已去，还是不能觉悟，这不就是富贵生不仁，沉溺以至于愚邪吗？存亡迭代，治乱周而复始，这是天道常然的规律。"

【华杉讲透】

仲长统一段话，把中国历史循环往复的故事说完了。今日都知道的"黄宗羲定律"，也可以说是"仲长统定律"。

3 秋，七月，武威太守张猛杀雍州刺史邯郸商，州兵讨伐，诛杀张猛。张猛，是张奂的儿子。

4 八月，曹操东征讨伐海贼管承，抵达淳于县，派部将乐进、李典击破之，管承逃入海岛。

5 昌豨再次叛变，曹操派于禁征讨，斩昌豨。

6 这一年，立前琅邪王刘容的儿子刘熙为琅邪王，齐、北海、阜陵、下邳、常山、甘陵、济阴、平原八个封国撤除。

7 乌桓乘天下大乱，裹挟汉民十余万户，当初袁绍立他们的酋长都做单于，选择良家妇女为自己的女儿，嫁给他们为妻。辽西乌桓蹋顿势力尤其强大，袁绍对他也很亲厚。所以袁尚兄弟投奔他，数次入塞为寇，想帮助袁尚恢复故地。曹操准备攻打，开凿平虏渠、泉州渠，以打通运输线。

8 孙权攻击山贼盘踞的麻屯、保屯，都平定。

建安十二年（丁亥，公元207年）

1 春，二月，曹操从淳于回到邺城。二月初五，曹操奏准皇帝，封大功臣二十余人，全部封侯，又上表陈述万岁亭侯荀彧功劳，三月，增封荀彧一千户，又想擢升他为三公，荀彧命荀攸恳切辞让，前后十次，才取消原意。

2 曹操将要攻打乌桓。诸将都说："袁尚不过是一个逃亡的罪犯，夷狄贪婪，跟谁都不亲，岂能为袁尚所用。如今深入征讨，刘备一定游说刘表袭击许县，万一生变，不可追悔。"郭嘉说："明公虽然威震天下，胡人仗恃他们离得远，一定不做防备，乘其不备，发动突袭，可以一战而破。况且袁绍对汉人和胡人都有恩德，而袁尚兄弟还在世。如今四州（冀州、青州、幽州、并州）人民，只是因为害怕才归附我们，我们并没有什么恩德加之于他们，如果放弃北边，而南征刘表，袁尚依靠乌桓的支持，召集死忠的旧臣，胡人一动，汉人胡人都响应，那蹋顿也动了非分之心，生出觊觎之计，恐怕冀州、青州就不归我们所有了。刘表，不过是一个只会坐着空谈的人，他知道自己的才能不足以驾驭刘备，如果重用刘备，则无法驾驭；如果轻用刘备，则刘备不会为他所用。所以，就算我们空国远征，也不用担心刘表会打过来。"

曹操听从，大军出征，到了易县，郭嘉说："兵贵神速，如今千里奔袭，辎重多，容易延误战机。况且敌人接到消息，一定会做防备，不如留下辎重，轻兵急进，急行军一天走两天的路程，出其不意。"

当初，袁绍几次遣使到无终召田畴，又授给他将军印信，让他统率他的部曲，田畴都拒不接受。到了曹操平定冀州，河间人邢颙对田畴说："黄巾以来，二十余年，海内鼎沸，百姓流离。如今听说曹公法令严明。人民厌倦战乱已经很久了，乱到极点，就会平定，请让我先去看看。"于是整理行装，返回故乡。田畴说："邢颙，是先知先觉的人啊。"

曹操任命邢颙为冀州从事。田畴愤恨乌桓杀死了很多本郡冠盖之士，一直想讨伐乌桓，却没有能力。曹操遣使召田畴，田畴催促门人为他准备行装，门人说："当年袁公仰慕您，五次礼聘，您都不屈从。如今曹公使者一来，您就跟生怕去晚了似的，这是为什么呢？"田畴笑道："这就不是你所能懂得的了。"于是跟着使者一起到军中，拜为蓚县县令，随军抵达无终。

当时正是夏天，雨水很多，滨海地区积水不退，道路不通，敌军也据守要害，大军无法前进，曹操很忧虑，问田畴。田畴说："这条道，秋夏总是有水，说它浅吧，车马都过不去；说它深呢，又不能通舟船，这是长久不能解决的困难。旧北平郡治所在平冈，从卢龙走有一条道，可以通往柳城，从建武年间以来，陷塌断绝，已经二百年了，但是还有残迹可寻。如今敌人认为我们大军将从无终来，前进不了，自然撤退，所以懈怠，没有防备。如果我们假装沮丧，宣称班师，然后从卢龙口越过白檀险阻，穿过他们空虚的地区，道路既近，又方便，攻其不备，蹋顿可以不战而擒。"曹操说："善！"于是引军还师，在水边路旁树立木表，说："方今夏暑，道路不通，等到秋冬，再次进军！"敌军斥候骑兵看见，相信大军已经撤退了。

曹操令田畴将其部众为向导，上徐无山，开山填谷，凡五百余里，穿过白檀、平冈，经过鲜卑王庭，东指柳城。距柳城不到二百里，敌军才知道。袁尚、袁熙与蹋顿及辽西单于楼班、右北平单于能臣抵之等人将数万骑兵前来迎击。八月，曹操登白狼山，与敌军遭遇。乌桓联军军力强大，而曹操车马辎重都还在后面，身穿盔甲的士兵很少，左右都很恐惧。曹操登高，看见敌军阵形不整齐，于是纵兵攻击，派张辽为先锋，敌军大溃，斩蹋顿及其他酋长，胡人、汉人投降者二十余万人。

辽东单于速仆丸，与袁尚、袁熙逃奔辽东太守公孙康，部众还有数千骑兵。有人劝曹操进击，曹操说："我等公孙康斩送袁尚、袁熙人头来，不用动兵了。"九月，曹操带兵从柳城回师。公孙康想取袁尚、袁熙人头以立功，于是先在马厩中埋伏精兵，然后请袁尚、袁熙进来，还未落座，公孙康呵斥伏兵擒之，斩下袁尚、袁熙头颅，和速仆丸的人头一起送给曹操。诸将有人问曹操："明公回师，而公孙康斩二袁首级送来，这是为什么呢？"曹操说："他一向畏惧袁尚、袁熙，如果我攻打，他们就团结起来。如果我撤退，他们就起内争，这是形势使然。"

曹操悬挂袁尚人头示众，下令三军："有敢哭一声的，斩！"唯独牵招设祭悲哭，曹操赞赏他的义行，举荐为茂才。

当时天寒且旱，一路二百里都没有水，大军没有粮食，杀马数千匹为粮，掘地三十丈才得到水。回到许县，曹操查问当初谁进谏不要攻打乌桓的，众人不知道他的意图，人人皆惧。后来，曹操厚赏所有进谏者，说："我这次进军，乘危侥幸！虽然成功，纯属天助，不可以为是常态。诸君之谏，才是万安之计，所以赏赐。以后有话就要说啊！"

【柏杨曰】

袁绍杀田丰，刘邦封娄敬，曹操在大胜之后，反而赏赐反对他出军的谏士。狗熊和英雄，在此分界。狗熊最大的特点是"智从己出""恩从己出"，要处处显示他比别人英明；而英雄处处不如人，处处需要别人意见，而且唯恐别人不提出跟他相异的，甚至相反的意见。田丰临刑时，叹息说："给愚人策划，应该一死。"这是睿智之士的悲哀。

【华杉讲透】

失败是必然的，成功是偶然的，这是所有成大事者的深刻体会。曹操把该做的都做到了，最后的成功，还是靠运气。大胜之后，他也是一身冷汗，感叹："我太难了！"面对这样的艰难凶险，他更加谦卑，嘱咐左右下属，你们一定要多提出不同意见啊！

所有的成功，不管你多么优秀，多么睿智，多么谦虚，拥有人间的一切美德，付出世间的一切努力，最后也只不过是拥有中彩票的资格而已，能不能成功，还得等老天爷开奖。

3 冬，十月三日，鹑尾星座旁出现孛星。

4 十月十七日，黄巾军杀济南王刘赟。

5 十一月，曹操抵达易水，代郡乌桓单于普富卢、上郡乌桓单于那楼都来祝贺。

大军还师，论功行赏，以五百户封田畴为亭侯。田畴说："我只是为了给刘公报仇，才率众遁逃（参见公元193年记载），如今志义未立，反而成为图利的资本,这不是我的本意。"坚决推辞。曹操知道他出自至诚,也就不再勉强。

曹操北伐之时,刘备建议刘表攻打许县,刘表不听。等到听说曹操还师,刘表对刘备说:"我不听你的,错失了这大好机会!"刘备说:"如今天下分裂,每天都在找仗打,还愁没有机会吗?如果下一次能抓住,也不在乎这一回。"

6 这一年,孙权西击黄祖,俘虏其人民而还。

7 孙权母亲吴太夫人病重,引见张昭等,嘱咐后事,然后去世。

8 当初琅邪人诸葛亮寓居襄阳隆中,每每自比为管仲、乐毅,但当时的人,对他并不看重,唯独颍川人徐庶与崔州平认为真是如此。崔州平,是崔烈的儿子。

刘备在荆州,向襄阳人司马徽寻访人才,司马徽说:"儒生俗士,都不识时务,识时务者为俊杰,此间俊杰,有伏龙、凤雏二人。"刘备问是谁,司马徽说:"诸葛亮、庞统。"徐庶在新野晋见刘备,刘备很器重他。徐庶对刘备说:"诸葛亮是一条卧龙,将军愿意见他吗?"刘备说:"你带他来!"徐庶说:"此人只能你去见他,不能召他来。将军最好亲自登门求见。"(《礼记·曲礼上》:"礼闻来学,不闻往教。"有来学,无往教,你来我就教你,但不能让老师跑你家里去教你,这是师道尊严。)

刘备于是去拜访诸葛亮,前后去了三次,才见到。刘备屏退左右,说:"汉室倾危,奸臣窃命,我不度德量力,欲伸大义于天下,但智术短浅,接连挫败,以至于今日。但是,我的志向并未改变,请问您认为我应该怎么办呢?"

诸葛亮说:"如今曹操已拥百万之众,挟天子以令诸侯,您不可与之争锋。孙权据有江东,已历三代,地势险固,民心归附,贤能效力,这只能做朋友,而不能图谋他。荆州北据汉水、沔水为屏障,地利一直向南，延伸到南海，向东连接吴郡，向西通往巴蜀，这正是用武之国，但是其主人却不懂得运用，这正是上天送给将军的资源。益州险塞，沃野千里，天府之土，而刘璋暗弱，北边又受到张鲁威胁，民殷国富，而刘璋既不珍惜，也不知如何运用，智能之士，思得明君。将军既然是帝室之胄，信义著于四海，如果能跨有荆州、益州，保其险阻，抚慰戎人、越人，结好孙权，内修政治，外观时变，则霸业可成，汉室可兴矣！"

刘备说："善！"于是与诸葛亮情好日密，关羽、张飞不悦，刘备对他们说："我有孔明，就像鱼儿有了水，你们不要再说了。"关羽、张飞于是停止。

司马徽为人清雅而有知人之明，同县人庞德公一向有名望，司马徽以兄长之礼事奉他。诸葛亮每次到庞德公家，都拜于床下，庞德公初时也不阻止。庞德公的侄儿庞统，少年时就非常朴实，没有人知道他的才能，唯有庞德公和司马徽非常器重他。庞德公说诸葛亮是卧龙，庞统是凤雏，司马徽是水镜。所以司马徽向刘备推荐诸葛亮和庞统二人。

【华杉讲透】

狭隘的高管如果不是对咨询顾问彻底服气，他就会把咨询顾问当竞争对手，三方面的竞争：一是在老板面前争宠，二是阻碍他显自己的智慧和本事，三是他的权力和江湖地位。关、张对诸葛亮就是这种态度。如果征询他们意见要不要请诸葛亮，他们肯定反对。不过，他们虽然不服诸葛亮，但他们百分之百服从刘备，所以暂时无事。但是他们始终有私心，还是会坏事。关羽最后还是逞自己的能，丢了荆州，毁掉了诸葛亮隆中对的大战略。

不服高人有罪，就是这个道理。

建安十三年（戊子，公元208年）

1 春，正月，司徒赵温延聘曹操的儿子曹丕。曹操上表说："赵温延聘我不成才的儿子，选拔不实。"将赵温免职。

2 曹操回到邺城，挖掘人工湖玄武池，操练水师。

3 当初，巴郡人甘宁率领家丁八百人归附刘表，刘表是个儒生，不懂军事。甘宁认为刘表终将一事无成，恐怕一朝树倒猢狲散，自己也遭祸，就想投奔东吴，但是黄祖在夏口拦着，部众无法通过。于是先去投奔黄祖，在黄祖帐下干了三年，黄祖也只把他当一般人看待。孙权攻击黄祖，黄祖败走，孙权校尉凌操将兵追击，甘宁善射，将兵殿后，一箭射杀凌操，黄祖得以逃生。但是黄祖回营之后，待甘宁还是跟过去一样。黄祖的都督苏飞数次向黄祖推荐甘宁，黄祖不用。甘宁想离开，但是无法脱身，苏飞于是向黄祖汇报，任命甘宁为邾县县长。甘宁于是趁机逃奔孙权。周瑜、吕蒙共同举荐他，孙权对他特别礼遇，当成旧臣看待。

甘宁献策于孙权说："如今汉室日益衰微，曹操终将篡夺。南方荆州之地，山川形势便利，又在我国西方，掌握长江上游的形势。我观察刘表，没有长远的考虑，他的儿子则比他更劣弱，不是能承业传基之人。您应该先下手为强，不要落在曹操后面。夺取荆州的战略，应该先取黄祖。黄祖如今年纪衰老，钱粮都缺，左右贪婪放纵，吏士心怀怨愤，舟船战具都缺乏修缮，农耕懈怠，军法松弛，您如今进军，一定可以击破。击破黄祖之后，鼓行而西，占领楚关，大势就为之广阔，即可图谋巴蜀了。"

孙权深以为然，当时张昭在座，说："如今东吴尚在危惧之中，如果大军西行，恐生内乱。"甘宁对张昭说："国家把萧何的责任交给您，您负责留守，却说担心内乱，怎能效法古人！"孙权举酒对甘宁说："兴霸（甘宁字兴霸），今年就进军！如同此酒，都交给你了！你只管制定方略，确保攻克黄祖，那以你的功劳，何必在意张长史几句话呢？"

孙权于是西击黄祖，黄祖用两艘蒙冲战舰（外狭而长曰蒙冲，以冲撞敌船。以生牛皮蒙船覆背，两侧下部开孔划桨，上部有弩窗、矛穴，可以射箭或刺出长矛），横在江中，封锁沔口，又用棕榈搓成绳索，下面系着巨石为船锚固定。船上有士兵千人，交替发射弩机，箭如雨下，孙权军无法靠近。偏将军董袭与别部司马凌统为前锋，各将敢死队一百人，每人身穿两层盔甲，乘大船直冲而上，董袭抽刀砍断两根大绳，蒙冲舰失去固定，横流而去，大军于是挺进。黄祖令都督陈就以水军迎战，平北都尉吕蒙为前锋，亲自将陈就枭首。于是将士们乘胜水陆并进，抵达黄祖城池，尽锐登城进攻，于是屠城。黄祖抽身逃走，被追兵斩杀。俘虏男女数万口。

孙权预先做了两个木匣，准备用来装黄祖和苏飞的头，孙权为诸将设酒宴庆功，甘宁下席叩头，鲜血和眼泪都混在一起，向孙权说苏飞对他有旧恩："我如果没有苏飞，恐怕已经死于沟壑，不能效命于将军麾下了。如今苏飞罪当夷戮，我向将军请求饶他一命！"孙权被他的话感动，说："我今天因为你，放了他，但是他如果逃走，怎么办？"甘宁说："苏飞能免除身首分裂的大祸，受将军再生之恩，就是撵他，他也不会走，怎么会逃亡呢？如果他真的跑了，我愿意斩下我的头放那匣子里。"孙权于是赦免苏飞。

凌统怨恨甘宁杀死了他的父亲凌操，总是想杀甘宁报仇。孙权命令凌统不得仇恨甘宁，又命甘宁驻军在其他地区，远离凌统。

4 夏，六月，撤销三公官职，重新设置丞相、御史大夫。六月初九，任命曹操为丞相。（汉初，以丞相、御史大夫、太尉为三公，哀帝时期，以大司马、大司徒、大司空为三公，东汉中兴以来，以太尉、司徒、司空为三公。如今取消三公，设置丞相，是突出曹操权力。）

曹操任命冀州别驾从事崔琰为丞相西曹掾，司空东曹掾、陈留人毛玠为丞相东曹掾，元城县令、河内人司马朗为主簿，其弟司马懿为文学掾，冀州主簿卢毓为法曹议令史（丞相府属吏，掌议论罪法事，相当于司法助理官）。卢毓，是卢植之子。

崔琰、毛玠负责选拔官员，他们所举用的，都是清廉之士，而那些名气很大，但是行为不本分的，始终得不到任用。他们选拔敦厚老实的人，排斥浮华虚伪之辈；进用谦逊和睦之人，抑制阿谀党附之辈。由此天下之士无不以廉节自励，就算是贵宠之臣，车马衣服也不敢过度，以至于有地方官吏回京的，蓬头垢面，破衣烂衫，独自坐一辆柴车回来。军官进入丞相府，都穿着朝服步行。在上位的人如此廉洁，下面的风俗也就跟着转变了。曹操听说后，叹息说："用人如此，使天下人自治，我还用操心什么呢！"

司马懿，少时聪明睿达，多有战略思维。崔琰对他的哥哥司马朗说："你弟弟聪明信实，刚断英明，你真赶不上他。"曹操听说后，征召司马懿，司马懿以风湿病推辞，曹操怒，要斩他，司马懿惧怕，于是就职。

【华杉讲透】

曹操的节俭风，有时代背景，就是门阀和寒士之争。汉代是门阀政治，所谓举孝廉，贤良方正，都是门阀大族，相互举荐子弟，阶层固化。到了东汉末年，曹操要"任天下之智力"，不拘一格用人才，不问门第出身，甚至也不问道德品质，只问有没有本事，这就是出身低微的寒士出人头地的时代，他们就要把门阀那些高贵的品位和修养，都踩在脚底。

不过，发展到地方官回京办事，都"垢面羸衣"，脸都不洗的地步，这就成了表演赛了，上有所好，下必甚焉，表演给曹操看。

我有一个开物流公司的朋友，跟我讲过一个故事。有一天，他的客户，一个全球连锁超市的当地公司总经理，突然找他借车。借什么车呢？对方要求借他最破的货车，越破越好！他很奇怪，问他要做什么，他说总部大老板要来，他要亲自开去机场接机。为什么呢？因为他们公司的价值观是省钱，把所有成本节省下来，让利给消费者。所以呢，他就把自己的奔驰车藏起来，借一辆最破的货车去接老板。后来呢？后来老板龙颜大悦，他就升官了。

所以，那些不洗脸的官员，有很多都是装。这一节，司马懿出场了。他怎么出场的呢？装病，如果说司马懿有什么独门绝技，就是装病，他的一生，是装病的一生。以后我们会再看到他怎么装病取天下。

5 曹操派张辽屯驻长社，临近出发的时候，军中有谋反的，夜里，惊乱起火，全军都扰动起来。张辽对左右说："不要动！不会是全营皆反，是有人要制造混乱，要我们惊慌失措。"于是下令军中："没有参加造反的，全部安坐不动！"张辽带着数十个亲兵在阵中肃立。过了一会儿，营中安静下来，抓到谋反者，诛杀。

张辽在长社，于禁屯驻颍阴，乐进屯阳翟，三位将领都意气用事，不能合作。曹操派司空赵俨兼任三支部队的参军，从中调解训谕，于是相互亲睦。

【华杉讲透】

这是《孙子兵法》，"夜呼者，恐也"。夜里惊营，士兵们恐惧，敌我不分，如果作乱者开始砍杀，大家都可能敌我不分相互乱砍一气。怎么办呢？"以静待哗"，他要喧哗，我要安静。下令全都不动，还在动的就是敌人。我们要处理的问题，前人都有经验，书上都有办法，关键是要读书！

6 当初，前将军马腾与镇西将军韩遂结为异姓兄弟，后来，因为下面的人相互侵夺，遂为仇敌。朝廷派司隶校尉钟繇、凉州刺史韦端为他们和解，征召马腾屯驻槐里。曹操即将出征荆州，派张既去游说马腾，让他离开部队，到朝廷任职。马腾开始时同意了，后来又犹豫，张既担心他生变，于是通知沿途各县准备接待物资，二千石官员都必须出城郊迎，马腾不得已，出发。曹操表马腾为卫尉，任命他的儿子马超为偏将军，统领其部众，把他的家族全部迁到邺城。（为后来马超反曹，马腾被族灭埋下伏笔。）

7 秋，七月，曹操南击刘表。

8 八月二十四日,任命光禄勋、山阳郡人郗虑为御史大夫。

9 八月二十九日,太中大夫孔融被斩首弃市。孔融恃其才望,数次戏侮曹操,言辞偏激,以至于忤逆。曹操因为孔融名重天下,表面上容忍,内心十分厌恶。孔融又上书,说:"应该遵照古代王畿的制度,千里之内不能有诸侯封国。"曹操觉得孔融的言论涉及范围越来越大,对他更加忌惮。(如果千里之内不能有封国,那曹操就不能住在邺城了。)孔融和郗虑有矛盾,郗虑看出曹操心思,于是给孔融构陷罪状,令丞相军谋祭酒路粹上奏弹劾说:"孔融在北海为国相时,见王室不安,就招合部众,欲图不轨。后来,又与孙权的使节谈话,讥讽诽谤朝廷。另外,之前他与平民祢衡一起形骸放浪,互相赞扬,祢衡说孔融是'仲尼不死',孔融夸祢衡是'颜回复生',大逆不道,应该处以极刑。"曹操于是逮捕孔融,连他的妻子儿女一起诛杀。

当初,京兆人脂习与孔融友善,经常警告孔融刚直太过,一定招来灾祸。孔融被处死后,许县无人敢替他收尸。脂习前往刑场,抚着孔融尸体说:"文举(孔融字文举)离我而死,我还活着干什么呀!"曹操逮捕脂习,要杀他,后来又将他赦免。

【华杉讲透】

孔融与祢衡互相以孔子、颜回自比,真是荒唐。孔子对士人最基本的标准,是"邦有道,不废;邦无道,免于刑戮"。国家有道,则能做官任事;国家无道,也能保护自己免于刑戮。曹操的朝廷,不算是无道,算相当有道了,孔融却一路逼着曹操杀他。怎能自比为孔子呢?他和祢衡,倒真是一对,两人都是恃才傲物,傲视权贵,在中国古代社会,就是找死的性格。

为什么读了很多书,似乎懂得很多道理,却依然过不好一生,因为没有知行合一,对书,对道理,都不是真懂。

还有一个细节,曹操并没有下决心杀孔融,是郗虑主动替曹操解决问题,这和祢衡之死相似。祢衡当众羞辱黄祖,黄祖气得下令杀他,不过是一时激愤，但是黄祖的主簿一向痛恨祢衡，马上就执行了死刑。等黄祖后悔，黄祖的儿子黄射也赶来挽救时，祢衡人头已经落地了。别人被主公处死，都有其他同僚说情，至少拖延行刑，等主公回心转意，但是祢衡不仅没人替他说情，还恨不得他早死。这也是恃才傲物的人没有考虑到的，他们只挑战大人物的度量，没考虑其他人的感受。

《孟子》说："长君之恶其罪小，逢君之恶其罪大。"长君之恶，那还算是小罪，因为他只是不敢违抗君主，或不舍得因违拗而失去权位，听命行事嘛。逢君之恶，那才是大罪。什么是逢君之恶呢，朱熹说："君之恶未萌，而先意导之者，逢君之恶也。"那国君本来没想到要去干的坏事，他引诱国君去干。或者国君想干，但是还不敢干，不好意思干，因为良知未泯，知道那样不应该。而这时候，有奸恶之臣加以逢迎，给国君找出理论依据，帮助他自欺欺人，让他无所忌惮地干。这才是最坏的家伙。

所以，孔融、祢衡不能认为自己没罪，因为有很多长君之恶、逢君之恶的人，会帮主公干出最恶的事。

10 当初，刘表有两个儿子：刘琦、刘琮。刘表给刘琮娶了他后妻蔡氏的侄女，蔡氏于是爱刘琮而厌恶刘琦。刘表的妻弟蔡瑁、外甥张允都得到刘表宠幸，每天在刘表跟前诋毁刘琦，赞誉刘琮。刘琦心中不安，向诸葛亮请教如何保障自己的安全，诸葛亮不回答。后来，刘琦就带诸葛亮登上高楼，又让人拆去楼梯，对诸葛亮说："现在上不接天，下不接地，话出于您的口，进入我的耳，可以说不？"诸葛亮回答说："您没见申生在内而危，重耳居外而安吗？"（春秋时，晋献公的继妻要立她生的儿子奚齐为君，诬陷太子申生要毒死父亲，申生自杀。重耳出奔逃亡，二十一年后回国即位为晋文公。）刘琦感悟，开始暗中设计离开，正赶上黄祖战死，刘琦请求接替黄祖职务，刘表任命刘琦为江夏太守。刘表病危，刘琦回来探视。蔡瑁、张允担心他们父子相见，感动之下，刘表会让刘琦为继承人，于是对刘琦说："将军命你为江夏太守，责任重大，如今抛下部众，擅自回来，一定遭致将军震怒谴责，伤害亲情，加重病情，这不是孝敬之道。"于是将刘琦挡在门外，不让他见父亲。刘琦流涕而去。

刘表去世，蔡瑁、张允拥戴刘琮为继嗣。刘琮给刘琦送去侯爵印信，刘琦怒，将印信掷之于地，将要以奔丧为名发兵。这时曹操大军压境，刘琦奔往江南。

章陵太守蒯越，以及东曹掾傅巽等劝刘琮投降曹操，说："逆顺有大体，强弱有定势，以人臣的地位而拒朝廷的军队，这是逆道；以新接收的楚地来抵御中国，这是危险；以刘备来抵御曹公，这是挡不住。三条都输，何以待敌？况且将军您认为自己比刘备如何？如果刘备都挡不住曹公，那全楚将不能自存。如果刘备能挡住曹公，那刘备也不能居于您之下了。"刘琮听从。

九月，曹操到了新野，刘琮于是举州投降，将刘表当年接受的朝廷符节送去，迎接曹操。诸将疑其有诈，娄圭说："天下攘攘，都用朝廷符节来显示自己的所作所为都是有天子授权，如今他把符节送来，一定是出于至诚。"曹操于是进兵。

当时刘备屯驻在樊城，刘琮不敢告诉刘备他已经投降。刘备过了很久才察觉，派亲信去问刘琮，刘琮令官属宋忠到刘备处宣旨。这时曹操大军已经抵达宛城。刘备大为惊骇，对宋忠说："你们是这么做事的吗？不早告诉我，等到大祸已至，才给我消息，这不是太过分了吗！"刘备抽出佩刀，指着宋忠说："如今我斩下你的头，也不能解恨，大丈夫临别之际，杀你这种人也是我的耻辱！"放宋忠回去。于是刘备招呼部曲一起商议，有人劝刘备攻打刘琮，可以取得荆州。刘备说："刘表去世前给我以托孤之重，背弃信义，只图自己利益，这不是我做的事，否则我死后怎么和刘表见面呢？"于是率众撤离，从襄阳经过的时候，停下马高呼刘琮，刘琮恐惧，不能起身。刘琮左右及荆州人很多都归附刘备。刘备到刘表墓前告辞，涕泣而去。到了当阳，跟随的部众有十几万人，辎重车数千辆，一天只能走十几里。刘备命关羽乘船数百艘，约定到江陵会合。有人对刘备说："应该急速进军，保卫江陵，现在虽然带着这么多人，但是有盔甲的士兵很少，如果曹公兵到，如何抵御？"刘备说："济大事者必以人为本，如今大家跟着我，我怎么能抛弃他们自己走？"

【习凿齿（东晋史学家）曰】

刘玄德虽然在颠沛流离于险难之中，而他的信义更加分明；虽然形势危急，而说的话不违背道德。追忆刘表的嘱托，则情感三军；眷恋赴义之士，则甘与同败。他最终成就大业，难道不是应该的吗？

【华杉讲透】

刘备带着十几万人，还有那么多老百姓，一天只走十几里，这一定会被曹操追上，追上就会崩溃，这是军事常识，《孙子兵法》讲将领的性格缺陷，"覆军杀将"的五个危险性格——其中一危就是"爱民，可烦也"。刘备就正好对上这一条，他不愿意主动抛弃大家，最终也得被动抛弃，反而丢掉了本来可以获取的江陵。刘备并非不懂得这个道理，他要这样做，是政治考虑，不是军事考虑了。

11 刘琮部将王威对刘琮说："曹操听说将军投降，刘备已走，一定懈弛无备，轻车单进。如果给我数千士兵，在险要处伏击他，一定可以擒获曹操。擒了曹操，则将军威震四海，不是仅仅保有今天这个局面了。"刘琮不听。

曹操认为江陵有军粮及武器仓储，担心被刘备占据，于是放下辎重，轻军到襄阳。听说刘备已经过去了，曹操率精骑五千急追，一日一夜行军三百余里，在当阳长坂追上刘备。刘备抛妻弃子，与诸葛亮、张飞、赵云等数十骑逃走。曹操缴获了刘备的人马辎重。

徐庶母亲被曹操俘虏，徐庶辞别刘备，指着自己的心说："我本来想与将军共图王霸之业，就靠这方寸之地，如今我方寸已乱，无益于事，请求就此与您告别。"徐庶于是去投奔曹操。

张飞率二十骑断后，据守河岸，拆除桥梁，瞋目横矛，大喝："我是张翼德（张飞字翼德）！可以来决一死战！"曹操士兵都不敢上前。

有人对刘备说："赵云已经向北去了。"刘备把手戟向他掷过去，说:"子龙(赵云字子龙)绝不会抛弃我!"过了一会儿,赵云抱着刘备的儿子刘禅从乱军中杀出。刘备率残部与关羽的船相遇,得以渡过沔河,又遇到刘琦部众万余人,一起同行到夏口。

曹操进军江陵,以刘琮为青州刺史,封列侯,加上蒯越等,封侯的有十五人。释放韩嵩(韩嵩被刘表囚禁,事见建安四年记载),待之以交友之礼,请他点评荆州人才优劣,都擢升任用。任命韩嵩为大鸿胪,蒯越为光禄勋,刘先为尚书,邓羲为侍中。

荆州大将、南阳人文聘屯兵在外,刘琮投降之时,召他来,一起投降。文聘说:"文聘不能保全荆州,应当在此待罪而已!"曹操渡过汉水,文聘才去进见曹操。曹操问:"为什么来迟了?"文聘说:"我之前不能辅弼刘荆州(刘表)以奉国家,刘荆州去世了,我只愿据守汉川,保全州境,生不负于孤弱(指刘琮),死无愧于地下(刘表),并没有考虑自己的前途,以至于来迟,实在是心中悲痛羞惭,也没有脸面早来见您!"说完唏嘘流涕。曹操也为之怆然,呼他的字号说:"仲业(文聘字仲业),你真是忠臣!"厚礼相待,让他仍旧统率本部兵马,为江夏太守。

当初,袁绍在冀州,遣使迎聘汝南士大夫。西平人和洽认为冀州地势平易,人民强悍,是英雄逐利的四战之地,不如荆州地势险要,人民柔弱,更容易安身,于是南投刘表。刘表以上宾待他。和洽说:"我之所以不跟随袁绍,是为了避开那兵家必争之地。乱世之主,都不可离得太近,久而不去,进谗言的小人就要兴起。"于是向南到武陵。

刘表延聘南阳人刘望之为从事,而他的两个朋友都因为被人诋毁而被刘表诛杀,刘望之也因为所进谏的意见不被刘表接受,辞职回乡。刘望之的弟弟刘廙对他说:"当初赵鞅杀了窦鸣犊,孔子正在去见他的路上,马上折返不去了。如今哥哥你既然不能效法柳下惠的和光同尘,就应该学范蠡,走得远远的。你自绝于时势,又待在这里不走,恐怕有危险!"刘望之不听,后来果然被害。刘廙逃奔扬州。

南阳人韩暨逃避袁绍召命,徙居山都山。刘表又来征聘他,于是再避居孱陵。刘表深为痛恨,韩暨害怕,于是应命,出任宜城县长。

河东人裴潜，也为刘表所礼重，裴潜私底下对王畅之子王粲及河内人司马芝说："刘表不是霸王之才，但是以西伯（周文王）自居，他的败亡随时会出现。"于是南迁到长沙。

曹操任命韩暨为丞相士曹掾（丞相府有户曹、贼曹、兵曹、铠曹、士曹掾），裴潜为参丞相军事，和洽、刘廙、王粲都做掾属，以顺应人心。

12 冬，十月初一，日食。

13 当初，鲁肃听说刘表去世，对孙权说："荆州与我国邻接，江山险固，沃野千里，士民殷富，如果能据而有之，这就是成就帝王大业的资源。如今刘表新亡，二子不和，诸将有的依附刘琦，有的依附刘琮。刘备是天下英雄，和曹操有矛盾，寄寓于刘表，刘表嫉妒防备他的才能，不能用他。如果刘备能与刘氏兄弟齐心协力，我们就慰抚安好，与他们结盟；如果他们之间离心离德，我们就另做图谋，以济大事。请您派我去向刘氏兄弟吊丧，慰问其军中掌权的人，并说服刘备抚慰刘表部众，让大家同心一意，共抗曹操，刘备一定喜而从命。如果能达到目的，则天下可定。如果现在不赶紧去，恐怕被曹操抢了先。"

孙权当即派鲁肃出发。

鲁肃到了夏口，听说曹操进军荆州，于是昼夜兼程赶路，到了南郡，刘琮已经投降，刘备向南撤退，鲁肃径行迎接刘备，在当阳长坂与刘备相遇。鲁肃转达了孙权的好意，与刘备纵论天下形势，问刘备说："如今豫州（刘豫州，刘备）准备去哪里？"刘备说："我与苍梧太守吴巨有交情，准备去投奔他。"鲁肃说："讨虏将军孙权，聪明仁惠，敬贤礼士，江南英豪都归附于他，如今已据有六郡，兵精粮多，足以立事。如今我为您考虑，不如派心腹与他结盟，以共济大业，如果投奔吴巨，吴巨是个凡人，又在偏远之郡，很快就被人吞并，岂能托身于他呢？"刘备非常喜悦。鲁肃又对诸葛亮说："我和诸葛瑾是好友！"诸葛瑾是诸葛亮的哥哥，避乱于江东，是孙权手下长史。刘备听从鲁肃计策，进往鄂县樊口。

曹操在江陵，即将顺江东下。诸葛亮对刘备说："事态紧急！我请求奉命求救于孙将军！"于是与鲁肃一起去见孙权。诸葛亮在柴桑县见到孙权，对孙权说："海内大乱，将军起兵于山东，刘豫州（刘备）收集部众于汉南，与曹操共争天下。如今曹操已平定北方主要大敌，又击破荆州，威震四海。英雄无用武之地，所以刘豫州遁逃至此，愿将军量力而行！如果能以吴、越之众与中国抗衡，不如早早与曹操绝交；如果不能，何不按兵不动，收起盔甲，北面而事奉曹操！如今将军表面服从朝廷，而内怀犹豫之计，事态已经如此紧急，却不做决断，恐怕大祸将至！"孙权说："如果像您说的那样，刘豫州怎么不事奉曹操呢？"诸葛亮说："田横，是齐国壮士，还守义不辱，何况刘豫州是王室之胄，英才盖世，士人们仰慕他，就像水归于大海。如果不能成功，那也是天意罢了，岂能居于曹操之下呢！"孙权勃然说："我不能以全吴之地，十万之众，受制于人！我计议已决！不过，除了刘豫州，没人能挡住曹操，可豫州新败之后，还能抵挡此难吗？"诸葛亮说："豫州虽然兵败于长坂，但战士及关羽水军，还有精甲万人，刘琦合江夏战士也不下一万人。曹操之众，远来疲敝，听说他们追击豫州，轻骑一日一夜奔袭三百余里，这正是所谓'强弩之末，势不能穿鲁缟'，也是兵法大忌，兵法说'必蹶上将军'。（《孙子兵法》原文：'倍道兼行，百里而争利，则擒三将军，劲者先，疲者后，其法十一而至；五十里而争利，则蹶上将军，其法半至。'如果全速前进，一日一夜走一百里，因为每个战士脚力不一样，有的走得快，有的走得慢，就像跑马拉松，出发时都是一起，跑到最后就拉成一条长线，越拉越长，越拉越远，如果敌人在前面候着，只十分之一的兵力，也可以一口一口地把上中下三军全吃掉了，因为你是每次只能到十分之一的人。如果速度稍慢，日行五十里呢，一半的人先到，前锋上将军也被人擒了。兵法上算的是步兵。曹操骑兵一日一夜行军三百里，诸葛亮大概给他算一下，说蹶上将军。）况且北方之人，不善于水战。又，荆州人归附曹操，不过是被他的兵势所逼，并非心服。如果孙将军能令猛将统兵数万，与刘豫州协规同力，必定能击破曹操。曹操兵败，必定北归，如此，则荆州、东吴势力大涨，鼎足之势就形成了。成败之机，在于今日！"

孙权大悦，与群僚商议。

当时，曹操写信给孙权说："近来我奉旨伐罪，旌麾南指，刘琮束手投降。今治水军八十万众，将与将军会猎于东吴。"孙权把信给群臣看，莫不震恐失色。长史张昭等说："曹公，那是豺虎，挟天子以征四方，一切行动都以朝廷的名义，如今我们抵抗他，更是名不正，言不顺，事不成。况且将军的大军，能抵御曹操，就是靠长江而已。如今曹操得了荆州，占据了长江险要之地，刘表所治的水军，蒙冲战舰数以千计，全部落入曹操之手，沿江部署，再加上步兵，水陆并进，这长江之险，他已经和我们共有了。而双方兵力多少的对比更不用说了。以我的愚计，不如迎降。"

唯独鲁肃不说话。孙权起身如厕，鲁肃追到走廊上，孙权知道他的来意，拉着他的手说："您有何话说？"鲁肃说："我观察众人的意见，都是要误了将军呀！不能和他们图谋大事。如今我鲁肃可以迎接曹操，但是将军您不可以！为什么呢？我投降曹操，曹操把我送回家乡，凭着我的名声和地位，少不了也任命我做一个下等的从事，乘着牛车，带着随从，和四方贤士交游，再逐渐升迁，总也能做到郡守州牧。但是将军您如果投降了曹操，把您安排在哪儿呢？希望将军早定大计，不要听众人议论！"

孙权叹息说："诸人议论，非常让我失望！如今您的远见大计，正合我意！"

当时周瑜有任务在番阳，鲁肃劝孙权召回周瑜。周瑜回来，对孙权说："曹操虽然托名汉相，实为汉贼。将军以神武雄才，兼仗父兄之烈，割据江东，地方数千里，兵精足用，英雄乐业，当横行天下，为汉家除残去秽，更何况他曹操自己来送死，岂有迎降之理！我为将军分析：如今北方并未平定，马超、韩遂的势力还在关西，为曹操后患。而曹操舍弃鞍马，操持舟楫，与吴、越争衡，驱中国士众，远涉江湖之险，不习水土，必生疾病。这几条都是用兵大忌，但曹操全都冒险而行，将军擒获曹操，就在今日。周瑜愿得精兵数万人，进往夏口，保证为将军击破曹操！"孙权说："老贼欲废汉自立已经很久了，不过是忌惮二袁、吕布、刘表和我罢了，如今数雄已灭，只有我还在，我与老贼势不两立！您说应该打，正合我意，这是上天把您授给我！"于是拔刀砍断桌案说："诸将吏还有敢说应该迎降曹操的，就如此案！"于是散会。

当天晚上，周瑜又去见孙权，说："大家都看见曹操书信中说水军、步兵一共八十万人，都各自恐惧震慑，不再去想他的虚实，就吓得要投降，真是毫无意义。我们实际给他算一算，他从北方带来的士兵，不过十五六万，况且已经久战疲惫；新得刘表降众不过七八万，都还心怀狐疑。以疲病之卒，统御狐疑之众，人数虽多，不足为畏。我愿得精兵五万，就足以克敌制胜，将军不必忧虑。"孙权抚着他的背说："公瑾（周瑜字公瑾），你说到这一层，很合我意，张昭、秦松等人，各顾妻子，挟持私虑，让我深深地失望！唯独鲁肃和你，跟我想法一致。这是上天把你二人送给我。五万兵一时难以集结，我已精选三万人，船粮战具都已齐备。你与鲁肃、程普就带他们为先锋出发，我继续征发部队，为你做后援。你能把曹操办了，就直接和他决战；如果战斗不利，你就掉头回来，我亲自和曹操对决！"于是任命周瑜、程普为左右都督，将兵与刘备并立，近战曹操。任命鲁肃为赞军校尉，参谋军事。

刘备在樊口，每天派人在江边巡逻瞭望，终于看见周瑜的船来了。巡逻官飞驰前往向刘备汇报，刘备派人慰劳，周瑜说："军务在身，不能擅离职守，如果刘将军能屈尊到我这儿来，那正是我所盼望的。"刘备于是乘一艘小船去见周瑜，说："如今决定与曹操一战，这是正确的决策，不知将军带了多少兵？"周瑜说："三万人。"刘备说："可惜太少！"周瑜说："足够用了，豫州只管看我怎么破敌。"刘备想请鲁肃过来一起商议，周瑜说："我和他都是身负军令，不能擅离职守，您如果要见鲁肃，还得请您自己单独去见，我也陪不了您。"刘备听了，既惭愧，又高兴。

周瑜进兵，与曹操大军在赤壁相遇。

当时曹军人多，已经发生瘟疫。初一交战，曹军不利，退守江北，周瑜在南岸。周瑜部将黄盖说："如今敌众我寡，难以持久。曹军如今船舰都用锁链连接，首尾相接，可以火攻。"于是取蒙冲战舰十艘，载着干草、干柴，中间灌上油，外面裹上帷幕，插上旌旗，船尾再系一条快艇。先派人送信给曹操，诈称要投降。当时东南风吹得正急，黄盖把十艘蒙冲船放在最前面，在江中心升起船帆，其他的船跟在后面依次俱进。曹军吏士都出营，站着观看，指着船说黄盖来投降了。到了离曹军二里多的时候，黄盖将十艘船同时点火，火烈风猛，船行如箭，烧光了曹军船舰，并延及岸上的军营。很快，烟炎张天，曹军人马烧死溺死者甚众，周瑜等率轻锐继其后，雷鼓大震，曹军崩溃。曹操带兵从华容道步行撤退，道路泥泞不通，天又大风，曹操命老弱残兵背负草木铺路，骑兵才得以通过，而铺路的士兵很多都被人马践踏，死在泥泞之中。刘备、周瑜水陆并进，追击曹操到南郡，当时曹操兵败加上瘟疫，死亡超过三分之二。曹操于是留征南将军曹仁、横野将军徐晃守江陵，折冲将军乐进守襄阳，自己引军北还。

周瑜、程普将数万士兵，与曹仁隔江对峙，还未交战。甘陵自请先进取夷陵，率军前去，直接入城据守。

益州将领袭肃举军投降东吴，周瑜上表建议将袭肃的部队交给横野中郎将吕蒙。吕蒙坚持说："袭肃有胆略，而且向慕我们的教化，远来归顺，从大义上来说，我们应该给他增兵才对，不应该夺去他的兵权。"孙权觉得吕蒙说得对，让袭肃仍然统领自己的旧部。

曹仁出兵包围甘宁，甘宁困急，求救于周瑜。诸将都认为现在兵少，不宜再分兵去救。吕蒙对周瑜、程普说："留凌统守江陵，我跟二位去解夷陵之围，估计也费不了多少时间，我保证凌统自己还能坚持十天。"周瑜听从，于是出兵，在夷陵城下大破曹仁，缴获马三百匹而还。于是将士们更加信心百倍，士气高昂。周瑜渡过长江，屯驻北岸，与曹仁对峙。

十二月，孙权亲自将兵攻打合肥，又派张昭攻打九江郡当涂县，都未能攻克。

刘备表刘琦为荆州刺史，引兵南征四郡，武陵太守金旋、长沙太守韩玄、桂阳太守赵范、零陵太守刘度皆降。庐江营帅雷绪率部曲数万人归附刘备。刘备任命诸葛亮为军师中郎将，督察零陵、桂阳、长沙三郡，调其赋税以充军用。任命偏将军赵云领桂阳太守。

14 益州牧刘璋听说曹操攻克荆州，派遣别驾张松向曹操表示敬意。张松身材短小，为人放荡，但很有真知灼见。曹操当时已经平定荆州，赶走刘备，对张松很不重视。主簿杨修建议曹操给张松授以朝廷官职，曹操不接受。张松由此心怀怨恨，回去劝刘璋和曹操绝交，与刘备联盟。刘璋听从。

【习凿齿曰】

当年齐桓公一次骄矜，就有九国背叛。如今曹操也是一次倨傲自负，就造成了天下三分的形势。几十年辛勤的成果，在低头抬头的俯仰之间，就被毁弃，岂不是太可惜了吗？

【华杉讲透】

<u>人性的弱点，就是太容易膨胀；而天意人心，就是对膨胀的人打击来得特别快。</u>

励精图治的时候，都能礼贤下士，也能与群众同吃同住同劳动；一旦觉得自己有了了不起的成就，就膨胀了，放松自己了，要欺压别人，突出自己。这是人性，要么是像电影《泰坦尼克号》一样，站在船头大喊："I'm the king of the world."要么学孙悟空，做不了玉皇大帝，至少我也是"齐天大圣"！

每个人心目中都有一个齐天大圣，如果自己能做宇宙宙长，认为就算是实至名归了。

齐桓公葵丘之会，是他人生的巅峰，也是他由盛而衰的转折点。说是巅峰，是因为他功成名就，在这次大会上得到王室的认可和天下诸侯的拥戴，大家都接受他建立的秩序。说他由盛转衰呢，就是他在这次大会上太骄矜了，太志得意满了，太让别人受不了了。散会之后，诸侯国回去就纷纷背叛他了。

曹操也是一样，来得太容易的胜利，是麻痹自己的毒药。刘琮束手，他认为孙权也该投降，如果孙权不投降，唯一的原因是孙权太傻！所以对黄盖来降，曹操居然毫不怀疑防备，完全错判了东吴的抵抗意志。对张松呢，他可能从人品上不喜欢他，但如果放在以前，不管喜欢不喜欢，他都会拉拢他。现在他膨胀了，就放松了。一放松，大祸也就来了。

君子戒慎恐惧，随时都要保持戒慎恐惧，更何况战争还没结束呢！

从这里我们应该学到什么呢？首先要给自己做"手术"，切除自己心中的那个齐天大圣，保持谦卑，保持戒慎恐惧，不要追求那种爽快，特别是不要追求"我手持钢鞭将你打"那种欺压别人的爽快。

其次呢，始终记住一个字：礼！礼不是下级对上级，晚辈对长辈，越是上级对下级，越要有礼！孔子说："君待臣以礼，臣事君以忠。"你认为自己是齐天大圣，对他无礼，他心中不服，就要让你看看他这个齐天大圣的厉害！曹操无礼，张松就成了齐天大圣，三分天下，张松发挥了很关键的作用。可以说是孔明谋事在前，张松成事于后。

曹操在这里，还犯了一个兵法上的巨大错误，《孙子兵法》用间篇："凡军之所欲击，城之所欲攻，人之所欲杀，必先知其守将、左右、谒者、门者、舍人之姓名，令吾间必索知之。必索敌人之间来间我者，因而利之，导而舍之，故反间可得而用也。"张松代表刘璋，是刘璋派来的间谍，正是把他发展成反间的机会。曹操不仅弃而不用，还把他推到敌对面，这实在是无法解释。猜测只有两个原因：一是他从人格上厌恶张松，二是他自己膨胀放松了。

15 曹操追念田畴的功劳，后悔之前接受了田畴对封侯的辞让，说："这是成全一个人的志向，而亏损了王法的大制！"于是又将以前决定的爵位封给田畴。田畴上书陈诚，誓死不接受。曹操不听，召他来拜爵，使者来回四次，田畴始终不接受。有司弹劾田畴，说："自命清高，特立独行，要立自己的小小名节，应该免官加刑。"曹操命世子曹丕与大臣们商议。曹丕说："田畴的做派，就像子文辞禄，申胥逃赏，最好不要勉强他,应该褒扬他的节操。"尚书荀彧、司隶校尉钟繇也认为可以尊重他的决定,但曹操还是非要给田畴封侯不可。田畴一向和夏侯惇关系好,曹操命夏侯惇去,现身说法,劝谕田畴。夏侯惇到了,住在田畴家,田畴知道他的来意,一言不发。夏侯惇临走,仍然劝田畴接受。田畴说:"我,是一个负义逃窜之人而已,蒙受厚恩,得以活命,已经非常幸运了,岂能出卖卢龙塞换取赏禄呢!就算国家爱护我,我自己能无愧于心吗?将军您是最知道我的,还要坚持逼我,如果您是不得不如此,我愿意现在就自刎在您面前!"话未说完,涕泪交流。夏侯惇回去把田畴的话复述给曹操,曹操喟然长叹,知道田畴的气节不可屈服,于是拜田畴为议郎。

【华杉讲透】

这一段大有可学,不可轻易错过。

曹操兵败赤壁,为什么想到要封田畴?这是我们已经学过三次的大课题,在刘邦封娄敬时学过,在袁绍杀田丰时学过,在曹操赏赐劝谏他讨乌桓的人时也学过。

上一节我们总结赤壁之战,说曹操败在自己心态膨胀了。这一点,曹操自己也总结到了,赤壁之战后,他认识到,之前能讨平乌桓和袁氏兄弟,是因为有了田畴,否则,凭他自己,是根本做不到的。你看,挥师南指,刘琮投降,就得了荆州;孙权不投降,就把自己杀了个"死亡太半",大半是超过一半,太半是超过三分之二,三分之二的人没了,没有"江东田畴"帮忙啊!

于是,他从感情上,要封赏田畴;从道义上,要封赏田畴;从战略上,更是非封赏田畴不可!这就是他总结赤壁失败的原因,找到田畴身上,说这是"成一人之志而亏王法大制也"!为什么呢,前面我们说过,资治通鉴是"博弈通鉴",通篇都是博弈论,这也是一个博弈,博弈的是心理,所以也可以说,这是一个行为主义的心理学课题,理论基础是巴甫洛夫:"人的一切行为都是刺激反射行为,刺激信号的能量越强,则反射越大。"封赏的本质,是一个对后来者的刺激信号,刺激信号越强，行为反射越大。田畴如果得到封赏，这个信号说不定就刺激出一个"江东田畴"来。田畴拒绝了，曹操的信号就没释放出去。不管什么原因，你说是因为他自己不接受，那只能说你说得有理，但是没用，因为信号没发射。

中国著名的餐饮企业西贝莜面村，董事长贾国龙有一句名言，叫作："先分钱，后赚钱。"你不能跟兄弟们说，等打下江山，我分给大家！而是先分好，然后才去打。乌桓之战之后的封赏，就是赤壁之战的"先分钱"，让天下人都看明白，这样说不定什么地方就有英雄冒出来。

这是封赏的"算法"，这个道理曹操懂，袁绍不懂，袁绍没得天下，因为他的算法根本就不对。这个道理田畴当然也懂，对于内行来说，这都属于常识。但他还是坚决不接受，死也不接受。为什么呢？这又不是算法了，是性格，是感情，士为知己者死，他的心里只有刘虞，刘虞的幽州没了，他只是借曹操之手为刘虞报仇，如果因此封了侯，就违背自己的初心，破坏了自己做这件事的意义，破坏了自己人生的意义，人生的意义没了，还活着干什么呢？所以他涕泣横流，跟夏侯惇说："若必不得已，请愿效死，刎首于前！"

人生在世，求自己心安而已！

田畴的心，曹操也懂了，英雄惜英雄，他怎么会不懂呢？"操喟然，知不可屈。"只能放弃了。

读书的魅力也在于此，人只能读懂自己本来就懂的东西，你如果不懂，就是知其然，而不知其所以然，有人跟你讲解，你懂了，如果愿意落实去做，知行合一，这不仅是工作上进步了，甚至性情上也改变了。所以，曾国藩说：读书能改变人的性情，甚至能改变人的骨相，改变骨相，就改变命运了。

曹丕引用的两个典故，子文辞禄，是春秋时候的故事。子文是楚国令尹（宰相），但是，楚成王每次派人去给他发俸禄，他都跑掉，等人走了，他再回来，始终不领工资。有人问他说："人生求富，而你却逃避富裕，为什么呢？"子文说："从政，是庇护人民，人民都很贫穷，我却偏偏富有，那不是找死吗？我逃走，是逃避死亡，不是逃避富裕。"

申包胥逃赏，也是春秋时的故事，吴国攻陷楚国国都郢都，楚国大臣申包胥前往秦国求救，身靠宫墙，日夜号哭，不进饮食，前后七天，秦国出兵，大败吴国军队，郢都得以光复。楚王要奖赏申包胥，申包胥说："我是为了国君，不是为了自己，如今国君已定，我又有何求呢？"于是逃赏不受。

曹丕的例子并不恰当，这两个例子，真有点像有司弹劾田畴的罪名"狷介违道，苟立小节"了，和田畴不是一回事。这种不领工资，不接受赏赐的人，对组织破坏很大，因为他不领工资，别人领工资就难受了；他不接受赏赐，别人立功受奖也不光荣了。那大家都懒得干了，一起完蛋！这样的人就该弹劾："宜免官加刑！"

春秋时鲁国有一条法律，如果在外邦旅行，看见有鲁国人被卖为奴隶的，你就掏钱为他赎身，回来政府给你报销。子贡有钱，他为人赎身，就不找政府报销。孔子指着鼻子骂他："子贡！鲁国人都给你害死了！以后都回不来了！"为什么呢？你不报销，别人也不好意思报销，因为本来是光荣的事，给你一搞，报销就可耻了。既然不报销，干脆看见奴隶也不搭救了。那你子贡一个人能把天下为奴的鲁国人都找回来吗？这就是"成一人之志而亏王法大制也"，对子贡也应该骂他"狷介违道，苟立小节，宜免官加刑"！

16 曹操的幼子仓舒夭折，曹操非常悲痛。正好司空掾邴原的幼女也早夭，曹操想要两个孩子合葬。邴原拒绝说："未成年，也未婚配，合葬在一起，不合礼制。我之所以有一点长处能事奉明公，明公之所以能用我，正是因为我们都能遵守典礼而不改变，如果我听了明公的，那就成了庸俗之辈，明公认为呢？"曹操于是打消了念头。

17 孙权派武威中郎将贺齐征讨丹阳郡黟县、歙县山贼。黟县贼帅陈仆、祖山等带着二万户人家屯驻在林历山，四面都是绝壁，无法攻打。大军停驻一个多月，无可奈何。贺齐秘密招募轻捷士兵，隐藏于险绝之处，晚上以铁戈开山，秘密攀登而上，再放下布条拉上去一百多人，让他们分布四周，擂大鼓，吹号角。贼众大惊，把守路口的人都惊走回营，大军于是一拥而上，大破之。孙权于是以黟县、歙县成立新都郡，任命贺齐为太守。

卷第六十六　汉纪五十八

（公元209年—213年，共4年）

主要历史事件

孙权与曹操以合肥为目标展开争夺，
史称"合肥之战"　205

曹操下令唯才是举　207

周瑜生重病而死　209

士别三日，当刮目相看　210

曹操迎战马超，史称"渭南之战"　212

刘璋麾下张松、法正密谋请刘备入蜀　214

曹操享受特权待遇，公开宣布和皇帝平起平坐　216

荀彧反对曹操东击孙权，服毒自杀　218

献帝下诏合并十四州为九州，封曹操为魏公，
曹操直属地盘得以扩大　221

曹操开始建立魏国社稷、宗庙　223

主要学习点

要有学习观和学习学　210

人只能在自己的理解范围内写作　219

孝献皇帝辛

建安十四年（己丑，公元209年）

1 春，三月，曹操大军抵达谯县。（从赤壁回师。）

2 孙权包围合肥，久攻不下。孙权率轻骑想亲自突击敌人，长史张纮进谏说："兵凶战危，如今您仗恃着自己盛壮之气，冲突强暴之虏，三军之众，无不寒心，就算您斩将夺旗，威震敌场，这也不过是一个偏将军的职责，不是主将应该去做的。希望您能抑制自己孟贲、夏育那样的勇猛，心怀霸王之计。"孙权于是停止。

曹操派将军张喜解围，很长时间援军都没有到。扬州别将、楚国人蒋济，秘密向刺史建议，假称得到张喜书信，说步骑兵四万已到雩娄，派主簿去迎接援军。主簿出城后，分派三个信差，将援军抵达的消息送给城中守将。孙权兵士截获两路信差，一路得以入城。孙权相信了这个假情报，焚烧围城战具，撤退。

3 秋，七月，曹操率领水军，从涡水进入淮河，在肥水登岸，驻军在合肥，开芍陂屯田。

4 冬，十月，荆州地震。

5 十二月，曹操大军回到谯县。

6 庐江人陈兰、梅成，占据灊县、六县叛乱，曹操派荡寇将军张辽征讨，将二人斩首。于是派张辽与乐进、李典等将七千余人屯驻合肥。

7 周瑜攻曹仁一年多，所杀伤甚众，曹仁弃城逃走。孙权任命周瑜为南郡太守，屯据江陵；程普领江夏太守，治所设在沙羡；吕范领彭泽太守，吕蒙领寻阳县令。刘备表孙权为代理车骑将军，领徐州牧。这时，正赶上刘琦去世，孙权表刘备为荆州牧，周瑜分长江南岸地盘给刘备，刘备立营于油口，并将之改名为公安。

孙权把妹妹嫁给刘备。孙权妹妹才捷刚猛，有诸兄风范，侍婢一百余人，都执刀侍立，刘备每次进家，都忐忑不安。

曹操秘密派九江人蒋干去游说周瑜。蒋干以才辩独步于江淮之间，布衣葛巾，自称私人访问，来见周瑜。周瑜出营迎接，站着对蒋干说："子翼用心良苦，远涉江湖，来为曹氏做说客吗？"于是带着他，一起观览军营，行视仓库、军资、器仗，都看了一遍，回到帐中饮宴，又展示给他侍婢美女、服饰珍玩等物，对蒋干说："大丈夫处世，遇到知己之主，外托君臣之义，内结骨肉之恩，言听计从，祸福与共，就算是苏秦、张仪复生，又能说得动我吗？"蒋干只是笑，始终没有说一句游说的话。回来对曹操说，周瑜雅量高致，不是言辞所能离间的。

8 丞相掾和洽对曹操说："天下之人，才德都不一样，不能以一个标准去衡量。过分俭朴，用来要求自己则可，但如果用来作为判断人才的标准，那错失的就多了。如今按朝廷的评议，官吏有穿好衣服，坐新车的，就说人家不清廉。而那些蓬头垢面，破衣烂衫的，就说他廉洁，以至于士大夫们都故意把衣服搞得脏兮兮的，把好车、好衣服都藏起来。朝廷大臣，还自己携带饮食来上班。我们要建立教化，影响风俗，但贵在处之以中庸之道，才可持续。如果像今天这样，提倡一种难以忍受的刻苦行为，勉强大家去做，一定会有疲敝的时候。古人的教化，务在通人情而已，不近人情的激诡之行，也不过是逼着大家去假装罢了。"曹操同意他的看法。

建安十五年（庚寅，公元210年）

1 春，曹操下令说："孟公绰为赵、魏两家的家臣首领是能力有余的，但不能胜任滕、薛小国的大夫。如果一定是要清廉之士才能任用，那齐桓公怎么能够称霸呢！请各位佐助我，在穷乡僻壤，也要发掘人才，唯才是举，我一定任用！"

【华杉讲透】

曹操所引用的话，出自《论语》，子曰："孟公绰为赵、魏老则优，不可以为滕、薛大夫。"孔子说，孟公绰，如果在晋国的赵、魏两家做个家臣首领，那是绰绰有余。但如果在滕、薛这样的小国做大夫，他能力还不够。孟公绰，是鲁国大夫，是孔子非常敬重的有德之人，为人清净寡欲，但才干不足。他若在大国大夫家做一个家臣首领，只是以德服人，垂拱而治而已，具体事都有具体人办，他正好做个领导。但如果是在滕国、薛国这样的小国做大夫，那是任一国之政，事务繁多，时时要决策，事事要躬亲，那他的才干就不够了，非干砸了不可。曹操的意思，他现在不要孟公绰，要具体能办事的人，不管他出身高低，也不管他品行好坏。比如管仲，不仅穷奢极侈，而且排场比国君还大，但是，他真正能让国家富强，如果齐桓公不用管仲，他怎么能称霸天下呢？

2 二月初一，日食。

3 冬，曹操在邺城修筑铜爵台。

4 十二月己亥（本月无此日），曹操下令说："我刚举孝廉的时候（时年二十岁），认为自己并非知名之士，担心士人认为我也不过是一个愚蠢的凡夫俗子，于是想建立政绩教化，为自己争得名誉。所以，在济南为国相时，铲除贪官，清扫污秽，公平正直地选拔人才，结果得罪了当地强豪，担心给自己家族招来灾祸，于是以生病为由，辞职回乡。当时年纪尚轻，于是在谯县东五十里修筑精舍，想秋夏读书，冬春射猎，做了二十年的计划，准备等天下太平之后，再出来做官。但是未能如愿，被征召为典军校尉，于是我转而一心一意要为国家讨贼立功，死后墓碑上能刻上'汉故征西将军曹侯之墓'，这就是我的志向了。结果，遭逢董卓之难，兴举义兵，后来又领兖州牧，击破黄巾军三十万众，又讨击袁氏，让人穷沮而死；摧破袁绍，枭其二子之首；再定刘表，于是平定天下。身为丞相，人臣之贵已极，早已超过了我的期望。假如国家没有我，不知几人称帝，几人称王！有人见我势力强盛，又一向声称不信天命，恐怕就妄加猜测，认为我有不逊之志。每当想到这些，我都耿耿于怀，所以给诸位把话说清楚！都是我肺腑之言！但是，如果我交出兵权，回到我的武平侯国，那实在是不行！为什么呢？恐怕我一离开军队，就会被人所害！所以，既是为子孙考虑，也是为国家考虑，我如果败了，国家也将倾危，我不能慕虚名而取实祸！但是，我如今封地有四个县，食户三万，我有何德何能，受得起这么大的封赏呢？天下未定，我还不能让出我的权位，但是封地可以辞让。今天，上交阳夏、柘、苦县三个县，二万户，我只保留武平县一万户。如此也能减少诽谤议论，减轻我所承受的压力吧！"

【华杉讲透】

曹操的自白书，也可以说是发自肺腑，都是真话，不过是话没说完。所谓"圣之时者",无可无不可,可进可退,可上可下,可取可舍,用之则行,舍之则藏,都无所谓,没有什么是志在必得,也没有什么限制觉得自己不该得,能随遇而安,也能应运而起,听天所命,勇往直前。

5 刘表旧部吏士大多归附了刘备,刘备因为周瑜给的地少,不足以容下他的部众,于是亲自去京口见孙权,请求都督荆州。(荆州八郡,周瑜给了刘备江南四郡,刘备还想得到长江和汉水之间的另外四个郡。)周瑜上书给孙权说:"刘备以枭雄之姿,又有关羽、张飞熊虎之将,必非久屈人下之人,以我的愚计,不如将刘备扣留,多给他美女玩好,以娱乐其耳目;再将关羽、张飞分别调任一方,让我能挟持他们参与攻战,则大事可定。如果割土地以资助他,让他们三人聚集在疆场,恐怕他们是蛟龙得云雨,终非池中之物!"吕范也劝孙权扣留刘备。孙权认为北方有曹操的威胁,正是广结天下英雄的时候,没有听从。刘备回到公安,过了很久才知道这些消息,感叹说:"天下智谋之士,所见略同,当时孔明劝谏我不要去,也是担心被他们扣留。我那时事态危急,不得不去,这真是险途,差一点就逃不出周瑜毒手!"

周瑜到京口见孙权,说:"如今曹操新败,威望受损,内部人心不稳,不敢再来与将军连兵相争了。我希望能抓住这个时机,和奋威将军一起出兵西征,攻取蜀地,吞并张鲁,然后,留奋威将军驻守汉中,与马超结援。我回来,与将军您一起进军襄阳,压迫曹操,则北方可图也。"孙权同意。奋威将军,是孙权弟弟的儿子、丹阳太守孙瑜。

周瑜回江陵准备行装,在路上生了重病,上书给孙权说:"命有长短,诚然不足为惜,只恨我微小的志向,还未能伸展,也不能再听奉您的教命了。方今曹操在北,疆场未静,刘备寄寓于我,又好比养虎为患,天下之事,还不知道结局,这正是朝士废寝忘食之时,至尊殚精竭虑之日。鲁肃忠烈,临事一丝不苟,可以替代我的位置。假如我的建议有可以采纳之处,周瑜就死而不朽了!"

孙权接到周瑜遗书,闻之哀恸,说:"公瑾有王佐之才,如今却忽然短命，我将要依靠谁啊！"亲自出发去迎丧，在芜湖接到周瑜灵柩。周瑜有一个女儿，两个儿子。孙权为长子孙登娶了周瑜的女儿，又任命他的儿子周循为骑都尉，把自己的女儿嫁给他；周胤为兴业都尉，把宗室女儿嫁给他。

当初，周瑜是孙策的朋友，太夫人又让孙权以哥哥的礼节事奉周瑜。当时孙权的地位仅仅是将军，宾客们在礼节上都很简易，只有周瑜始终毕恭毕敬，执臣子之礼。程普年长，经常凌侮周瑜，周瑜折节下之，始终不跟他计较。程普后来自己敬服而亲重周瑜，对人说："与周公瑾交往，如饮美酒，不觉自醉。"

孙权任命鲁肃为奋武校尉，代领周瑜所部兵马。令程普领南郡太守。鲁肃劝孙权把荆州借给刘备，共同抵御曹操，孙权同意。于是分豫章设番阳郡，分长沙设汉昌郡。程普仍任江夏太守，鲁肃为汉昌太守，屯驻陆口。

当初，孙权对吕蒙说："你如今当官任事，不能不学习！"吕蒙推辞说军务繁忙。孙权说："我是要你治儒经当博士吗？我只是要你有所涉猎，了解历史而已。你说你忙，还比我更忙吗？我都经常读书，觉得大有裨益！"吕蒙于是开始学习。后来鲁肃从寻阳经过，与吕蒙论议，大惊说："你今天的才华韬略，已经不是当年的吴下阿蒙！"吕蒙说："士别三日，当刮目相待。大哥您才发现啊！"

刘备任命从事庞统为耒阳县令，庞统到任后，政事荒废，被免官。鲁肃写信给刘备说："庞士元不是治百里小县的小才，你让他做治中、别驾（都相当于副州长），才能施展他的才干。"诸葛亮也这么说。刘备召见庞统，与他谈话，大为器重，于是任命庞统为治中，对他的待遇亲密仅次于诸葛亮，与诸葛亮并为军师中郎将。

【华杉讲透】

坚持学习，则士隔三日，当刮目相看。工作忙，并不是不学习的理由。因为学习首先并不是为了做好工作，而是为了让自己免于愚蠢。我们经常看一个人，觉得他蠢，没头脑，没法跟他讨论问题。其实我们自己也一样，只是蠢的领域和程度不同而已。

学习也并不仅仅是一种进步的手段，而本身就是人生的目的。一生是一段经历和体验，你学习，有智慧，才有体验，否则，都是视而不见，听而不闻，无知无觉，白走一趟。

吕蒙一读书，鲁肃就觉得他换了一个人，不再是当年的吴下阿蒙了。我们如何知道自己的进步呢，就是经常回想一下半年前的自己，复盘一下自己半年前做的事，如果还觉得很得意，就是没进步。如果觉得很羞愧，都不愿意再提起，那就是进步了，当刮目相看了。

中国人是学习的民族，中国是学习的国度。学习，是中国人的人生观。也可以说，中国人的人生观，就是学习观。书中自有黄金屋，书中自有颜如玉，学而优则仕，洞房花烛夜，金榜题名时；一等人忠臣孝子，两件事读书耕田；无论是权力、财富、美女、生活品位、休闲养生，都来自学习。

有学习观，又有学习学，就是学习方法。博学、慎思、审问、明辨、笃行；读万卷书，行万里路，知行合一，就是我们的学习学。

有学习观和学习学，你就是一个中国士人了。士人在家乡，必为乡贤领袖，能修身齐家，保境安民，就是土豪。胸怀天下，游走四方，修得屠龙术，货与帝王家，甚至认为彼可取而代之，就是游士。既不是土豪，也不做游士，独守其身，这是隐士。读中国历史，注意这三种读书人的博弈。下一节讲的士燮，就和孙权取得默契和平衡，做了一个成功的土豪。在之前的田畴，他坚决要做隐士，并取得了曹操的谅解。曹操、孙权则都是游士，要夺天下的，也带着一帮跟他们的游士。刘备更是游士了，但是，他要夺天下，得先成为土豪，找到根据地，否则就是流民，那是最惨的了。

各方士人纷纷登场，比实力，比智力，也是比学习的速度。

6 当初，苍梧人士燮为交趾太守，交趾刺史朱符为夷贼所杀，州郡扰乱，士燮上表任命他的弟弟士壹领合浦太守，士䵋领九真太守，士武领南海太守。士燮器局宽厚，中原士人很多都去归附他。雄长一州，偏在万里，威尊无上。出入仪仗盛大，震服百蛮。

朝廷派南阳人张津为交州刺史。张津喜好鬼神，经常用一个红头巾包在头上，鼓琴、烧香、读道家的书，说可以帮助他升天，结果被他的部将区景所杀。刘表派零陵人赖恭替代张津为刺史。当时苍梧太守史璜死，刘表又派吴巨去接替。朝廷赐给士燮玺书，任命士燮为绥南中郎将，总督七郡，并兼任交趾太守如故。吴巨和赖恭发生冲突，吴巨举兵攻打赖恭，赖恭退回零陵。

孙权任命番阳太守临淮人步骘为交州刺史，士燮兄弟归附孙权。吴巨表面归附，内心另有想法，步骘将他引诱出来斩杀，于是威声大震。孙权加士燮为左将军，士燮派儿子到京口为人质。从此岭南臣服于孙权。

建安十六年（辛卯，公元211年）

1 春，正月，任命曹操世子曹丕为五官中郎将，设置官属，为副丞相。

2 三月，曹操派司隶校尉钟繇征讨张鲁，派征西将军夏侯渊等将兵出河东，与钟繇会师，仓曹属高柔进谏说："大兵西出，韩遂、马超以为是来袭击自己，一定相互煽动。应该先招集三辅，三辅地区平定了，汉中即可传檄而定。"曹操不听。

关中诸将果然起疑心，马超、韩遂、侯选、程银、杨秋、李堪、张横、梁兴、成宜、马玩等十部皆反，其众十万，屯据潼关。曹操派征西将军曹仁督诸将拒之，但严令他们坚壁不出，不与交战，命五官中郎将曹丕留守邺城，统率诸军，以奋武将军程昱参谋曹丕军事，门下督、广陵人徐宣为左护军，统率留守部队，乐安人国渊为居府长史，总管全局。

秋，七月，曹操亲自将兵征发马超等。议者多认为：关西兵习练长矛，没有精选前锋，不可抵挡，曹操说："怎么战，主动权在我，不在敌。敌人虽然有长矛，但是最后捞不到地方刺。诸君只管等着瞧。"

八月，曹操抵达潼关，与马超等隔着关隘扎营。曹操一边对马超军保持压力，一边秘密派遣徐晃、朱灵以步骑兵四千人在蒲坂津渡过黄河，在黄河西岸扎营。

闰八月，曹操从潼关北渡黄河，兵众先渡，曹操率虎士百余人在南岸断后，马超将步骑兵一万余人攻击，箭如雨下，曹操仍坐在胡床（折叠凳）上不动。许褚扶曹操上船，船工中流箭而死，许褚左手举着马鞍，为曹操挡住流箭，右手执篙刺岸。校尉丁斐放出牛马为饵，马超士兵乱了，都去抢牛马，曹操于是得以渡河。曹操从蒲坂再渡黄河向西，然后沿着河岸修筑夹道，向南推进。马超等退守渭口（渭水入黄河处，就是潼关），曹操于是多设疑兵，秘密派船载兵入渭河，修建浮桥，夜里分兵结营于渭河南岸。马超等乘夜来袭营，被伏兵击破。马超等屯驻渭南，遣使提议割让黄河以西土地求和，曹操不许。

九月，曹操进军，全军渡过渭河。马超等数次挑战，曹操又不出战。马超坚持要求割地，并送儿子到京为人质。贾诩认为可以假装接受，曹操问他什么计策，贾诩说："离间计。"曹操说："明白了！"

韩遂请求与曹操相见，曹操与韩遂有旧交情，于是两马相交，在两军阵前聊了半天，没有一句话说到军事，只是说些京都故旧，拊掌欢笑。当时军中汉人、胡人，围观的前后重叠，曹操笑着对大家说："你们想看看曹公是什么样子吗？我也是人而已，不是有四只眼睛，两张嘴巴，只是智慧多一些罢了。"

会面结束，马超问韩遂："说了些啥？"韩遂说："什么也没说。"马超于是起了疑心。过了几天，曹操给韩遂送去一封书信，故意涂抹修改，好像是韩遂自己改的一样。马超于是更加怀疑韩遂。

曹操于是与之约期会战，先以轻兵挑战，大战良久，纵虎骑兵夹击，大破之，斩成宜、李堪等。马超、韩遂逃亡凉州，杨秋逃亡安定。

诸将问曹操："当初，敌人守潼关，渭水北岸防备空虚，将军为什么不从河东直接攻击冯翊郡，反而驻守潼关，然后再北渡黄河？"

曹操说："敌军守潼关，如果我进军河东，敌军一定把守诸渡口，我军就没法渡河向西了。所以我大军驻扎潼关，与敌军对峙，吸引敌军主力，然后徐晃、朱灵二位将军才能取得西河。当我引军北渡的时候，敌人不能和我争西河，就是因为有二位将军在。我们连接车辆，竖起栅栏，修建甬道向南，一方面是让自己立于不败之地，另一方面也是向敌人示弱，以为我们很胆小。渡过渭河之后，坚守不出，拒绝交战，也是为了让敌人骄傲。所以他们都不修筑营垒，不准备长期作战，而是要求割地求和。我顺着他们的意思，假装同意，是让他们安心放松，不做战备，然后积蓄士卒之力，一举将他们击破，这正是迅雷不及掩耳之势。兵法变化，不是固守一个方法。"

当初，关西诸将每一部到，曹操就面有喜色，诸将问他缘故，曹操说："关中广阔，道路遥远，如果贼军各依险阻，我们要去征发，不是一年两年能平定的。如今他们全都来报到，人数虽然多，相互不服，军队没有统帅，一举就可消灭他们，省了多少工夫！所以我很喜悦。"

冬，十月，曹操从长安北征杨秋，包围安定。杨秋投降，曹操恢复他的爵位，让他招抚流民。

十二月，曹操从安定回师，留夏侯渊屯驻长安。任命议郎张既为京兆尹。张既招怀流民，兴复县邑，百姓都爱戴他。

韩遂、马超之叛，弘农、冯翊等县邑都响应，唯独河东之民没有二心。曹操与马超隔着渭河对峙，军粮一概依赖河东。等到击破马超，储备的军粮还剩二十万斛。曹操于是给河东太守杜畿增加俸禄到中二千石。

3 扶风人法正为刘璋手下军议校尉，但是刘璋并不用他，又被同乡流寓益州的人所鄙视，法正郁郁不得志。别驾张松与法正关系亲善，张松自负其才，认为刘璋干不成事，经常私底下叹息。张松劝刘璋结交刘备，刘璋问："谁能出使？"张松于是举荐法正。刘璋派法正去，法正假意推辞，最后假装是不得已才动身。回来之后，跟张松说刘备有雄略，密谋奉戴刘备为益州之主。

这时曹操派钟繇向汉中，刘璋听闻，内怀恐惧。张松于是对刘璋说："曹公兵无敌于天下，如果再得到张鲁的资源，进军蜀地，谁能阻挡他！刘豫州，是您的宗室，又是曹操深仇，善于用兵，如果让他征讨张鲁，一定可以将张鲁击破。张鲁破，则益州强，曹操就是来，也无能为力。如今本州诸将庞羲、李异等，都恃功骄豪，有意向外勾结。如果我们没有刘备相助，则外有劲敌，内有家贼，这是必败无疑啊！"

刘璋同意，派法正将四千人去迎刘备。主簿、巴西人黄权进谏说："刘将军有骁勇之名，把他请来，如果把他当部属，他不会满足；如果把他当宾客，这一国不容二君，如果客人安如泰山，那主人就危如累卵，不如关闭边境，等待天下形势变化。"刘璋不听。把黄权放出去做广汉县长。从事、广汉人王累，把自己倒悬于州府大门来劝谏，刘璋一概不听。

法正到了荆州，秘密献策给刘备说："以明将军之英才，趁着刘璋之懦弱；张松是州中股肱之人，他做内应，将军取益州，易如反掌。"刘备犹疑未决。庞统对刘备说："荆州战后荒残，人口物资都耗尽了，东有孙权，北有曹操，难以得志。如今益州户口百万，土沃财富，如果能得到这一资源，大业可成！"

刘备说："如今与我势同水火的，就是曹操。曹操峻急，我则宽和；曹操暴虐，我则仁爱；曹操诡诈，我则忠厚；我只有和曹操相反，事情才能成。如果因为小利而失信义于天下，怎么行呢？"

庞统说："乱离之时，不能固守一道。况且兼并弱小，攻打愚昧，逆取顺守，也是古人所尊重的行为。在事定之后，给刘璋分封一个大国，对他又有什么失信呢？今日不去，终将落入别人之手。"

刘备同意。于是留诸葛亮、关羽等守荆州，任命赵云为留营司马，刘备亲自率领步兵数万人入益州。

孙权听说刘备西上，派舟船来接他的妹妹。孙夫人想把刘备的儿子刘禅带回东吴，张飞、赵云带兵在江上拦截，把刘禅截回。

刘璋下令沿途各县供奉刘备，刘备入境，就像回家一样，前后馈赠数以亿计。刘备到了巴郡，巴郡太守严颜抚着自己的心叹息说："这就是'独坐穷山，放虎自卫'啊！"刘备从江州北上，经过垫江，抵达涪县。刘璋率步骑兵三万余人前往与刘备相会，车骑帐幔，精光曜日。张松让法正告诉刘备,就在会面时袭击刘璋。刘备说:"此事不可仓促。"庞统说:"在会面时逮捕他,则将军不动一兵一卒就平定一州。"刘备说:"初入他国,恩信未立,不可如此。"刘璋推举刘备为大司马,领司隶校尉;刘备也推荐刘璋为镇西大将军,领益州牧。双方将士,互相交往,欢宴一百余日。刘璋给刘备增兵,厚加资给,派他去攻打张鲁,又命他统率白水关驻军。刘备并军三万余人,车甲、器械、物资、财货非常丰盛。刘璋回成都,刘备北到葭萌,并未出击征讨张鲁,而是厚树恩德,收买人心。

建安十七年(壬辰,公元212年)

1 春,正月,曹操回到邺城,皇帝下诏,给予曹操赞拜不名、入朝不趋、剑履上殿的特权待遇,和萧何当年一样。(萧何只有后两项,赞拜不名是董卓加上去的,曹操给自己加上这个待遇,相当于是公开宣布他和皇帝平起平坐,甚至可能取而代之了。)

2 曹操西征的时候,河间平民田银、苏伯造反,煽动幽州、冀州的百姓。五官中郎将曹丕准备亲自去征讨,功曹常林说:"北方吏民,乐安厌乱,服从教化已经很久了,守善的人多。田银、苏伯犬羊相聚,掀不起什么大浪。方今大军在远方,外有强敌,将军为天下之镇,不宜轻动远举,去了,就算打胜,也算不上什么武功。"于是派将军贾信前往,去了直接就把变民灭了,剩余一千多人请降,参与讨论的人都说:"主公有旧法,战败之后再投降的不赦免。"程昱说:"这是天下大乱之时的权宜之计,现在天下初定,不宜再大肆诛杀。就算要诛杀,也要向主公请示。"其他人都说:"将在外,军事可以专断,无须请示。"程昱说:"所谓可以专断,是有临时紧急之事,如今这一千多人都在贾信手里,没什么紧急,所以我不愿意将军自己专断。"曹丕说:"善。"于是向曹操请示,曹操果然下令赦免。后来听说是程昱之谋,非常高兴,说:"你不仅明达于军事计策，而且善于在主君父子之间处事。"

按过去的惯例，击破贼军的捷报文书，以一为十，而负责留守的长史国渊呈报首级，都以实数。曹操问他缘故，国渊说："征讨外敌，多报杀敌人数，那是为了夸大武功，耸人听闻。河间在我们境内，田银等叛逆，虽然克捷有功，我私下里仍以之为耻。"曹操大悦。

【华杉讲透】

这一段，常林、程昱、国渊三个小故事，真是体现了宋神宗在《资治通鉴》序言里说的"明君贤臣，切摩治道，议论之精语，德刑之善制，良将之方略，循吏之条教"，"君子多识前言往行以畜其德，故能刚健笃实，辉光日新"。读者宜熟玩焉！

3 夏，五月癸未日（五月无此日），诛杀卫尉马腾，夷灭三族。（报复马超造反。）

4 六月二十九日，日食。

5 秋，七月，螟虫灾害。

6 马超等余众屯驻蓝田，夏侯渊击平之。

鄜县变民集团首领梁兴，寇掠冯翊郡，诸县恐惧，各县长都把县府迁到郡府所在地办公，议事者认为应该迁到险阻的地方，左冯翊郑浑说："梁兴部众破散，藏窜山谷，虽然还有人跟随，不过是被胁迫而已。如今应该广开降路，宣谕威信。如果保险自守，那反而是示弱了。"于是聚集吏民，修治城郭，加强守备，招募百姓抓贼，得到其财物妇女，十分之三交公，十分之七归自己。于是百姓大悦，踊跃捕贼，那些贼人妻子被夺的，都来投降。郑浑责成他们送回所抢夺的别人家妇女，再把他们的妻子还给他们。于是变民相互寇盗，党羽离散。又派遣在各地有恩信的官吏人民，分布山谷，告谕变民，又让各县长各回本县，安集百姓。梁兴等恐惧，将余众聚集在鄜城。曹操派夏侯渊协助郑浑进讨，斩梁兴，余党全部平定。

郑浑，是郑泰的弟弟。

7 九月二十一日，立皇子刘熙为济阴王，刘懿为山阳王，刘邈为济北王，刘敦为东海王。

8 当初，张纮认为秣陵山川形胜，劝孙权以秣陵为治所。后来，刘备东行，经过秣陵，也建议孙权以之为首府。孙权于是修建石头城，将治所迁到秣陵，改秣陵为建业。

9 吕蒙听说曹操将再度东征，建议孙权在濡须水口两岸建立城寨。诸将都说："上岸就杀敌，洗脚就上船，要城寨来干什么！"吕蒙说："兵有利钝，没有百战百胜之事，如果突然和敌人遭遇，敌人步骑兵一起冲上来，下水都来不及，还上得了船吗？"孙权说："善！"于是修筑濡须坞。

10 冬，十月，曹操东击孙权。董昭对曹操说："自古以来，人臣匡扶国家，没有达到您今天这样的功勋的。而有今天这样大的功勋，没有能久处人臣之位的。明公对于德行赶不上古人，感到羞耻，想保守自己的名节，但是，处于大臣的地位，让人以大事来猜疑自己，也不能不考虑。"于是与列侯诸将提议，认为丞相应该进爵为国公，加九锡，以表彰他特殊的功勋。荀彧认为："曹公本来是兴义兵以匡朝宁国，秉持忠贞之诚，坚守退让之实，君子爱人以德，不宜如此。"曹操由此不悦。到了东击孙权，曹操上表，请荀彧劳军于谯县，然后留下荀彧，以侍中、光禄大夫的身份持节、参丞相军事。曹操出兵濡须，荀彧因病留在寿春，服毒自杀。荀彧坚持大义，行为端正而有智谋，好推贤进士，时人都为他惋惜。

【司马光曰】

孔子轻易不把"仁"的评价给予他人,从子路、冉求、公西赤等门人高足,到令尹子文、陈文子等诸侯之贤大夫,都够不上他的"仁"的标准。但是,他唯独称管仲为"仁",岂不是因为管仲辅佐齐桓公,有恩德于人民吗?齐桓公的行为,就跟猪狗一般,但管仲不以给他做相国为耻,他的志向,大概是因为要济天下百姓,非齐桓公不可吧!汉末大乱,生灵涂炭,自然是非高世之才,不能救天下,荀彧舍弃曹操,他又去事奉谁呢?

齐桓公之时,天下虽衰,还没有建安时期那么严重。建安之初,四海荡覆,尺土一民,皆非汉有。荀彧佐曹操而兴之,举贤用能,训卒厉兵,决机发策,征伐四克,于是能以弱胜强,化乱为治,十分天下而有其八,其功岂在管仲之下!管仲不为公子纠而死,而荀彧为汉室而死,他的仁,又在管仲之上了!

而杜牧说:"荀彧劝曹操取兖州的时候,把他比作高祖、光武,官渡之战的时候劝阻他回许县,又以楚汉相争为比喻,等到事就功毕了,又要邀名誉于汉室。这就好像强盗教小偷凿墙撬柜,又说他没有参加偷盗行动吗?"我认为,孔子的话:"文胜质则史。"夸夸其谈,脱离了本质,但凡著史之人,总是要加以修饰。把曹操比作高祖、光武,把官渡之战比作楚汉相争,都是史家之文饰,一定是荀彧说过的话吗?用这个来贬荀彧,是说错了。假使曹操称帝,荀彧就是佐命元功,与萧何同赏。荀彧不追求这样的名利,却杀身以邀名誉,岂不是太不合人情了吗?

【华杉讲透】

荀彧的选择,确实不可理解,以他的智慧,当初不知道曹操要干什么吗?他不知道自己在干什么吗?如果要我猜测一个合理解释,就是他内心的骄傲,造王者心态,他并不服曹操,只是以曹操为工具,实现他匡扶汉室的抱负。他的心中另有计划,而被逼着提前摊牌,就不得不死了。

历代史家对此评述很多，不过，人只能在自己的理解范围内写作，并且有把历史写成自己的理解的倾向。所以，每个人写的历史都不一样，换一个人写，历史就会改变。这也是一个史学理论——历史会变。或者说是量子力学的"测不准原理"，观测结果由观测者决定。

11 十二月，五诸侯星旁出现孛星。

12 刘备在葭萌，庞统对刘备说："如今秘密派出精兵，昼夜兼道，直取成都，刘璋既不懂军事，又一向没有防备，突然兵临城下，可以一举而定，这是上策。杨怀、高沛，是刘璋手下名将，各仗强兵，据守白水关头，听说他们数次上书刘璋，建议将将军遣返荆州。将军送信给他们，就说荆州有急，我们要回去救援，同时下令部队准备行装，假装要开拔的样子，这两个人既服将军英明，又喜将军之去，一定轻骑来见将军，这时将他们生擒，兼并他们的部队，再向成都进军，这是中策。退军回到白帝城，与荆州相连，慢慢图谋益州，这是下策。如果沉吟不去，在此拖延，将致大困，不可久矣。"刘备同意中策。

等到曹操攻孙权，孙权呼刘备救援。刘备写信给刘璋说："孙权与我本是唇齿相依，而关羽兵弱，如今我不去救，曹操必取荆州，转而侵犯益州，这比张鲁更糟。张鲁只是一个自保的小贼，不足为虑。"接着要求增兵一万及相应粮草，但刘璋只给四千兵，其余粮草物资也只拨付刘备要求的一半。刘备借此激怒部众说："我为益州出征强敌，将士们勤苦病困，刘璋却堆着财物，吝啬赏赐，难道就这样让士大夫死战吗？"张松不知真相，写信给刘备及法正说："如今大事就要成功，怎么能放弃而离去呢？"张松的哥哥，广汉太守张肃，担心大祸殃及自己，告发张松，于是刘璋收斩张松，并给戍守各关的诸将下令，不得与刘备往来。刘备大怒，召见刘璋白水关守将杨怀、高沛，责以无礼，斩首。勒兵径直到白水关，兼并他们的部队，进据涪城。

建安十八年（癸巳，公元213年）

1 春，正月，曹操进军濡须口，号称步骑兵四十万，攻破孙权江西大营（历阳到濡须口为江西，建业为江东），生擒都督公孙阳。孙权率众七万抵御，相持一个多月。曹操见孙权舟船器仗，军武整齐，叹息说："生子当如孙仲谋（孙权，字仲谋），如果像刘表的儿子，猪狗一样！"孙权写信给曹操，说："春天来了，要涨水了，你应该早点撤退。"又令附一张字条："足下不死，我不得安。"曹操对诸将说："孙权倒是不跟我说假话。"于是撤退回去。

2 正月初三，皇帝下诏，合并十四州为九州。

【胡三省注】

十四州，是司州、豫州、冀州、兖州、徐州、青州、荆州、扬州、益州、梁州、雍州、并州、幽州、交州，合并方案是割司州之河东、河内、冯翊、扶风及幽州、并州皆入冀州，凉州全境及司州之京兆并入雍州，司州之弘农、河南并入豫州，交州并入荆州。则司州、凉州、幽州、并州撤销，和上古时期九州差不多了。不过，主要目的是曹操自领冀州牧，扩大他的直属地盘以制天下而已。

3 夏，四月，曹操抵达邺城。

4 当初，曹操在谯县，担心临近长江的郡县被孙权侵略，想把当地百姓迁往北方，征询扬州别驾蒋济的意见，说："当初我与袁绍在官渡对峙，迁徙燕县、白马居民，百姓没有逃散，敌人也不敢来追。如今我想迁徙淮南居民，如何？"蒋济回答："当初我们兵弱，敌人兵强，如果不把百姓迁走，就归附敌人了。自从破袁绍以来，明公威震天下，人民没有二心。人之常情，都怀念乡土，不愿意迁徙。他们一定会恐惧不安。"曹操不听。结果百姓接到迁徙消息，互相转告，非常恐慌，庐江、九江、蕲春、广陵，十余万户人家皆东渡长江，归附孙权，江西为之一空，合肥以南，只有皖城百姓还在。蒋济后来奉使到邺城，曹操迎见，大笑说："我本来想别让百姓落入敌人之手，结果反而把他们全驱赶到敌人阵营去了！"拜蒋济为丹阳太守。（注意：这是曹操再一次赏赐给了他正确意见，但是他自己没听的人。）

5 五月初十，皇帝以冀州十郡封曹操为魏公。曹操以丞相身份兼领冀州牧如故。（先合并十四州为九州，扩大冀州地盘，再将冀州全部变成曹操封地。）又加九锡（非御赐不能用）：大辂（大车）、戎辂（兵车）各一辆，玄牡二驷（黑色雄马八匹），衮冕之服（皇帝和上公的礼服），配赤舄（红色木底的鞋子），又有诸侯国君专用的轩悬之乐（三面悬挂，缺南面，意思是南面为王），六佾之舞（天子八佾，八八六十四人；诸侯六佾，六六三十六人），朱户以居（红色大门），纳陛以登（凿殿基为登升的台阶，上有屋檐），虎贲卫士三百人，斧、钺各一，红色弓一把，红色箭一百支，黑色弓十把，黑色箭一千支，美酒一坛，配玉勺。

6 天降大雨。

7 益州从事、广汉人郑度听说刘备举兵，对刘璋说："刘备孤军袭我，兵力不满一万，军心并未归附，没有粮草辎重，全靠沿途抢掠，我们的计策，莫过于将巴西、梓潼的百姓，全部迁移到内水、涪水以西，粮仓及田野庄稼，全部烧毁，深沟高垒，静以待之。他来请战，我们坚守不出，他没有粮草，不过一百天，自己就走了，他撤退，我们再追击，一定可以将他生擒。"

刘备听到这个计策，非常担心，问法正。法正说："不用担心，刘璋不会用这个计策。"刘璋果然对群下说："我只听说过拒敌以安民，没听说过赶走人民避开敌人的。"

刘璋派他的部将刘璝、冷苞、张任、邓贤、吴懿等抵御刘备，都战败，退保绵竹。吴懿到刘备军前投降。刘璋再派护军、南阳人李严，江夏人费观到绵竹督军，李严、费观也率其众投降刘备。刘备军力越来越强，分遣诸将平定附近各县。张任勒兵出战于雁桥，军败，张任战死。

【华杉讲透】

郑度向刘璋所献之计，是教科书式的标准答案，叫"坚壁清野"。坚壁，就是深沟高垒，坚守不出；清野，就是把城外百姓全部迁走，粮草物资房屋全部烧光，让敌人得不到任何给养。这样敌人撑不住就只能撤，他一撤，就追击。刘璋说他没听说过，他真的是军事文盲。

8 秋，七月，魏国开始建立社稷、宗庙。

9 曹操将三个女儿献给皇帝，都被封为贵人。

10 当初，曹操追击马超到安定，听说田银、苏伯造反，撤军回去。参凉州军事杨阜对曹操说："马超有韩信、吕布之勇，又得羌、胡人心，如果大军撤退，不设守备，则陇上诸郡不再是国家所有了。"曹操撤军，马超果然率领羌、胡军队攻打陇上诸郡县，郡县都响应他，唯有冀城是雍州州府及汉阳郡府所在地，固城自守。

马超吞并了陇上所有部队，张鲁又派出大将杨昂前来相助，一共一万多人，攻冀城，从正月到八月，没有救兵。刺史韦康派别驾阎温出城，告急于夏侯渊。外面重重包围，阎温夜里从水中潜出。第二天，马超士兵见到水迹，派人追击搜索，将阎温擒获。马超将阎温带到城下，让他告诉城中："没有救兵。"阎温向城上大喊："大军三天就到！大家坚持！"城中皆哭，高呼万岁。马超虽怒，但因为城池久攻不下，还是耐心劝诱阎温，希望他改变心意。阎温说："事奉君王，有死无二，你要让长者口出不义之言吗？"马超于是杀死阎温。

既而救兵不至，韦康及太守欲降，杨阜号哭进谏说："杨阜率父兄子弟以义相励，有死无二，以为使君守此城，如今奈何放弃垂成之功，陷于不义之名！"刺史、太守不听，开城门迎接马超。马超入城，杀刺史、太守，自称征西将军、领并州牧、督凉州军事。

曹操派夏侯渊领兵救援冀城。军未到，冀城已经陷落。夏侯渊距冀城还有二百里，马超迎战，夏侯渊失利。氐王千万造反响应马超，屯驻兴国。夏侯渊撤退回师。

这时杨阜妻子去世，向马超请假回家葬妻。杨阜妻兄、天水人姜叙为抚夷将军，拥兵屯驻历城。杨阜见到姜叙及其母亲，唏嘘悲痛。姜叙说："何至于此？"杨阜说："守城不能完，君亡不能死，如今有何面目活在世间！马超背父叛君，虐杀州将，难道只是杨阜一人之担忧和责任吗？一州大夫皆蒙其耻。你拥有兵权，却无讨贼之心，这不是跟赵盾杀君一样吗？（春秋时期，赵穿杀死晋灵公。当时，主持国政的赵盾在外。史官记录说："赵盾杀君。"赵盾说："怎么是我杀的呢？"太史说："你是正卿，出去又没出国境，回来也没追究凶手，不是你杀的，是谁杀的呢？"）马超强而无义，毛病很多，容易对付。"

姜叙之母慨然说："咄！伯奕！韦使君遇难，也是你的责任！难道只有义山（姜叙字伯奕，杨阜字义山）吗？人谁不死！死于忠义，死得其所！你们应当即刻发兵，不要管我，我自会为你小心，不以我的余年来牵累你！"

姜叙于是与同郡人赵昂、尹奉，武都人李俊等合谋征讨马超，又派人到冀城，结交安定人梁宽、南安人赵衢为内应。马超取赵昂儿子赵月为人质，赵昂对妻子士异说："我参与这样的密谋，事情一定可以成功，但是赵月怎么办？"士异厉声回答说："雪君父之大耻，断头也不足为重，何况一个儿子呢？"（这话，儿子的命，跟自己的命比起来是无足轻重了。）

九月，杨阜与姜叙进兵，入卤城。赵昂、尹奉占据祁山，以讨马超。马超听闻，大怒，赵衢于是假意劝说马超，让他亲自带兵出城攻击。马超出城，赵衢即刻与梁宽关闭冀城城门，杀尽马超妻子儿女。马超进退失据，于是进袭历城，抓获姜叙母亲。姜叙母亲骂他说："你这背父之逆子，杀君之桀贼，天地岂能容你，你还不早死！敢以面目见人吗？"马超杀死她，又杀死赵昂的儿子赵月。杨阜与马超战，身上五处受伤。马超兵败，于是南奔张鲁。张鲁任命马超为都讲祭酒（张鲁设五斗米道，自号为师君。来学的人，初进为鬼卒，然后叫祭酒，各领部众。门徒都要学习老子《道德经》，设都讲祭酒，地位仅次于师君）。张鲁想把女儿嫁给马超，有人对他说："马超这人，自己父母都不爱，岂能爱别人！"张鲁于是打消念头。

曹操封讨马超之功，封侯的有十一个人，赐杨阜为关内侯。

11 冬，十一月，魏国开始设置尚书、侍中、六卿，任命荀攸为尚书令、凉茂为仆射，毛玠、崔琰、常林、徐奕、何夔为尚书，王粲、杜袭、卫觊、和洽为侍中，钟繇为大理（相当于汉之廷尉，司法部长），王修为大司农，袁涣为郎中令，兼代理御史大夫，陈群为御史中丞。

袁涣得赏赐，都分给他人，家里没有储蓄，没有了再找别人要，并不做出很坚守原则或秋毫不犯的做派，但是，时人都佩服他的清廉。当时有传言说刘备已死，群臣皆贺，唯有袁涣认为是谣言。

曹操想恢复肉刑，下令说："当初陈鸿胪认为死刑还可以再加以仁恩，御史中丞能再阐述一下你父亲的议论吗？"陈群回答说："家父陈纪认为，汉朝废除肉刑而增加笞刑，本意是为了仁慈，而很多人都被鞭笞而死，死者反而更多，这就是名轻而实重，名轻，犯的人就多；实重，就伤害人民。况且杀人偿命，符合古制，至于伤人，或伤人致残，只是剪掉他的头发送去服苦役，就不合理。如果用古代的刑法，把奸淫的人阉割，偷盗的人砍足，就永远没有奸淫和入室盗窃的人了。周朝的刑法三千条，虽然不能全部恢复，但是以上几条，是当今社会的严重问题，应该可以施行。按汉律，对罪大恶极的死罪，应该斩首，不能施以仁恩；其余可杀可不杀的，就可以用肉刑替代。如此，所诛杀的和所救活的，可以平衡。如今以鞭笞致死之法，来替代不杀之肉刑，是看重人的肢体，而轻视人的性命了。"当时议论的人，只有钟繇和陈群看法相同，其他人都认为不可行。曹操觉得战争还未结束，顾及大多数人意见，于是作罢。

卷第六十七　汉纪五十九

（公元214年—216年，共3年）

主要历史事件

夏侯渊攻烧羌屯，大破韩遂　229
刘璋不愿吏民受苦而投降刘备　231
刘备自领益州牧，重用当初痛恨的刘巴　232
伏皇后密谋除曹操，事泄，曹操诛杀众人　235
曹操立其女为皇后　236
刘备向孙权提出和议，平分荆州　238
孙权围攻合肥，史称第二次合肥之战　240
张鲁投降曹操，曹操占领汉中，统一北方　242
曹操进封为魏王　244
中尉崔琰被曹操以"怨谤不逊"之罪赐死　244

主要学习点

要发挥出团队每个人的最大动能　241
真正善战的人都是防患于未然　242
明哲保身，关键在于不抢先说话　245

孝献皇帝壬

建安十九年（甲午，公元214年）

1 春，马超从张鲁求得军队，北取凉州，张鲁派马超回师包围祁山。姜叙向夏侯渊告急，诸将都说要等魏公曹操节度。夏侯渊说："魏公在邺城，往返四千里，等报告回来，姜叙已经败了，这不是救急之议。"于是进军，派张郃率步骑兵五千为前军。马超败走。

韩遂在显亲县，夏侯渊想袭取之，韩遂撤退，夏侯渊追到略阳城，离韩遂还有三十里，诸将想攻城，也有人说应该攻兴国氐人。夏侯渊说："韩遂兵精，兴国城池坚固，短时间攻不下来，不如攻击长离羌族。长离羌族很多人都在韩遂部队当兵，一定要回来救援他们的家乡。如果韩遂不救，他就不得人心而孤立了。如果他来救，我们就可以和他野战。"

夏侯渊于是留督将守辎重，自将轻兵到长离，攻烧羌屯，韩遂果然来救长离。诸将见韩遂兵多，想扎下大营，修筑工事，再与他作战。夏侯渊说："我军转战千里，如果再修筑营垒，则士众疲惫，不可复用。贼军人数虽多，容易对付。"于是击鼓进攻，大破韩遂军，再进军包围兴国。氐王千万逃奔马超，余众皆降。夏侯渊再转战高平、屠各，都攻陷。

【华杉讲透】

夏侯渊之计，也是《孙子兵法》标准战术，围点打援，攻其所必救之计，"敌虽高垒深沟，不得不与我战者，攻其所必救也"。兴国城池坚固，攻不下来，怎么办呢？找一个他非救不可的地方去攻，他就不得不从那坚城中出来，和我野战。

2 三月，皇帝下诏，魏公曹操的地位在诸侯王之上，改授金玺、赤绂（绶带）、远游冠。

3 夏，四月，旱灾。五月，大雨。

4 当初，曹操派庐江太守朱光屯驻皖城，朱光大举垦田种稻。吕蒙对孙权说："皖城土地肥美，如果等他稻谷成熟，有了收成，部众一定会增加，应该早点把他除掉。"闰五月，孙权亲自带兵攻打皖城。诸将想堆筑土山，增添攻城战具，吕蒙说："制造攻城战具及堆筑土山，需要时间，等我们准备好了，他的救兵也到了，攻不了了。况且咱们是趁着下雨涨水进军，如果停留时间太长，水退了，船都回不去，这样太危险。我观察这城池，也不怎么坚固，以三军锐气，四面一起进攻，几个时辰，便可攻破，然后趁着水势回去，这才是全胜之道。"孙权听从。吕蒙推荐甘宁为升城督（攻城指挥官），甘宁手持绳索，攀城而上，身先士卒。吕蒙以精锐随其后，手擂战鼓，士卒皆奋勇腾跃。拂晓时分发动攻击，早饭时就攻破城池，俘虏朱光及男女数万口。既而张辽援军抵达夹石，听说城池已经陷落，撤退回去了。孙权拜吕蒙为庐江太守，回师屯驻寻阳。

5 诸葛亮留关羽守荆州，与张飞、赵云将兵逆流而上，攻克巴东，抵达江州，生擒巴郡太守严颜。张飞呵斥说："大军既至，为何不降，而敢拒战！"严颜说："是你们无礼，侵夺我州。我州只有断头将军，没有投降将军！"张飞怒，命左右牵出去砍头。严颜神色不变，说："砍头便砍头，生那么大气干什么！"张飞大为敬佩，将他松绑，引为宾客。于是，赵云从外水进军，平定江阳、犍为；张飞平定巴西、德阳。

刘备包围雒城将近一年，庞统为流箭所中而逝。法正写信给刘璋，为他分析形势强弱，说："刘备从举兵以来，仍顾念旧情，没有负心之意，我认为可以有所改变，来保护您的家族。"刘璋不答。雒城陷落，刘备进军包围成都。诸葛亮、张飞、赵云带部队来会师。

马超知道张鲁不足与计事，而张鲁部将杨昂等都妒忌他的才能，马超心怀抑郁。刘备派建宁督邮李恢前往游说，马超于是从武都逃入氐中，密信给刘备，请求投降。刘备派人劝阻马超，但是又秘密给他一支军队。马超带兵抵达成都，屯驻在城北，城中震怖。

刘备围城数十日，派从事中郎、涿郡人简雍入城游说刘璋。当时城中尚有精兵三万人，粮食布帛，足够支持一年，吏民都愿死战。刘璋说："我父子在益州二十余年，没有恩德于百姓。如果再让百姓因为我个人的缘故，攻战三年，横尸荒野，为草木肥料，我如何能够心安！"于是打开城门，与简雍同乘一车，出城投降，群下无不流涕。刘备将刘璋迁居公安，归还他的全部财产，让他仍佩戴朝廷所授的振威将军印绶。

刘备入成都，置酒，大宴士卒。取成都城中金银，分赐将士，而粮食布帛则还给原主。刘备领益州牧，任命军师中郎将诸葛亮为军师将军、益州太守，南郡人董和为掌军中郎将，并兼左将军府总管（左将军是朝廷任命刘备的最高官衔），偏将军马超为平西将军，军议校尉法正为蜀郡太守，扬武将军、裨将军、南阳人黄忠为讨虏将军，从事中郎麋竺为安汉将军，简雍为昭德将军，北海人孙乾为秉忠将军，广汉县长黄权为偏将军，汝南人许靖为左将军长史，庞羲为司马，李严为犍为太守，费观为巴郡太守，山阳人伊籍为从事中郎，零陵人刘巴为巴西曹掾，广汉人彭羕为益州治中从事。

当初，董和在益州郡太守任上，清廉公正，为百姓和夷人所爱戴信任，蜀中之人都推崇他是好官，所以刘备擢升任用他。

刘备从新野逃奔江南之时，荆楚士人从之如云，唯独刘巴向北，投奔曹操。曹操聘任他为掾，派他去招纳长沙、零陵、桂阳三郡，恰巧这三郡被刘备夺取，刘巴事情没办成，准备从交州绕道回京师。当时诸葛亮在临蒸，写信劝刘巴投奔刘备，刘巴不从，刘备深以为恨。刘巴从交趾入蜀，依附刘璋。等到刘璋迎接刘备，刘巴进谏说："刘备是奸雄，入蜀必然为害。"刘备入蜀之后，刘巴又向刘璋进谏："如果派刘备讨张鲁，那是放虎归山！"刘璋不听，刘巴称病回家，闭门不出。刘备攻成都，下令军中说："有伤害刘巴的，诛灭三族。"等得到刘巴，刘备非常高兴。

当时益州郡县都望风归附，唯有黄权闭城坚守，得知刘璋降了，他才投降。

董和、黄权、李严等，都是刘璋任用的人；吴懿、费观等，是刘璋的姻亲；彭羕，是刘璋所摒弃的；刘巴，是刘备当初痛恨的。刘备把这些人都提拔在显要的高位，尽其才能，于是有志之士，无不踊跃，益州百姓，一团和睦。

当初，刘璋任命许靖为蜀郡太守。成都即将崩溃，许靖密谋逃出城来投降刘备，刘备由此看不起他，不用。法正说："世间确实有一种只有虚名，没有实际用处的人，许靖就是。但是主公如今始创大业，不可能挨家挨户去给天下人解释为什么不用许靖，还是应该对他敬重，让远近之人都能安心。"刘备于是礼敬任用许靖。

包围成都的时候，刘备就与将士们约定："入城之后，府库中的财物，全部分给大家，我一件不留。"等到攻下成都，士兵们都扔下武器，直奔各仓库，竞相搬取财物。军用不足，刘备忧虑。刘巴说："这好办，可以铸造直百钱（一钱值旧币一百钱），平抑物价，并且建立官市专卖。"刘备听从，数月之间，府库充实。

当时议事的人想将成都的良田美宅分赐诸将。赵云说："霍去病当年说，匈奴未灭，何以家为。如今的国贼，不只是匈奴，我们不能追求安定的生活。等到天下皆定，各自返回故乡，归耕本土，才是买田置宅的时候。益州人民刚刚遭受兵祸，田宅都应该物归原主，让他们安居复业，然后才能向他们征调赋税徭役，得其欢心，不可以夺取他们的田产，来分给自己私心相爱的人。"刘备听从。

刘备当初袭击刘璋的时候，留中郎将、南郡人霍峻守葭萌城。张鲁派杨昂诱骗霍峻，要求入城协防。霍峻说："小人头可得，城不可得。"杨昂于是退军。后来，刘璋部将扶禁、向存等率万余人由阆水逆流而上，围攻霍峻，将近一年。霍峻城中士兵只有数百人，趁着攻城部队懈怠的间隙，选精锐出击，大破之，斩向存。刘备平定蜀地之后，从广汉分割出梓潼郡，任命霍峻为梓潼太守。

法正在外任蜀郡太守，在内为刘备谋士，位高权重，那些对他有一餐饭的恩德的，他都要报答；而睚眦之怨，也必报复；公权私用，擅自诛杀了好几位之前伤害过他的人。有人对诸葛亮说："法正太肆无忌惮，应该启奏主公，不能再让他这样作威作福。"诸葛亮说："主公在公安的时候，北畏曹操之强，东惮孙权之逼，近则惧孙夫人变于肘腋。法正为主公谋划，迎接入蜀，让主公幡然翱翔，不再受制于人。为什么要禁止法正，不能让他快意恩仇，舒展一下心意呢？"

诸葛亮辅佐刘备治蜀，严刑峻法，时人颇有怨叹。法正对诸葛亮说："当初高祖入关，约法三章，秦民知其德。如今你凭借威力，跨据一州，初有其国，尚未有恩惠抚慰人民。况且咱们是外来政权，作为客人，姿态应该稍微放低一点，缓刑宽禁，以合民望。"诸葛亮说："你只知其一，不知其二。秦朝无道，政苛民怨，匹夫大呼，天下土崩，高祖顺应这个形势，所以宽缓。如今刘璋暗弱，从刘焉以来，有累世之恩，典章礼仪繁复，互相奉承，德政不举，威刑不肃。而蜀土本地人，专权自恣，君臣之道，都已废弛。给他们高位，高到极点，那位置就贱了。施之以恩德，恩情太多，他反而怠慢。蜀地的弊病，病根全在这里。所以，如今我威之以法，有严刑峻法，他们就知道恩情的可贵；对官爵严格限制，那他得到官爵，就知道荣耀。荣恩并济，上下有节，为治之要，就在这里了。"

刘备任命零陵人蒋琬为广都县长。刘备某次巡游，到了广都，见蒋琬什么事都不管，还喝得醉醺醺的，刘备大怒，要杀蒋琬。诸葛亮求情说："蒋琬是社稷之器，不是治理一个县的小才。他的为政，也是以安民为本，不是假装很忙追求自己的表现，希望主公重新审察！"刘备一向敬重诸葛亮，于是不再加罪，只是免了蒋琬的官职。

【华杉讲透】

诸葛亮对法正所论，是宽猛相济之道。《左传》："政宽则民慢，慢则纠之以猛，猛则民残，残则施之以宽，宽以济猛，猛以济宽，政是以和。"成都武侯祠有对联："能攻心则反侧自消，自古知兵非好战；不审势则宽严皆误，后来治蜀应深思。"下联就是讲诸葛亮和法正这场对话。

6 秋，七月，曹操出兵攻打孙权，留少子、临淄侯曹植守邺城。曹操为儿子们选官属，以邢颙为曹植家丞，邢颙处处以礼制限制曹植，毫不妥协，所以二人不和。庶子（此处庶子为官职，汉制：列侯设家丞、庶子各一人，负责侍候、理家事）刘桢文辞优美，曹植喜欢他。刘桢写信谏劝曹植说："君侯采庶子之春华，忘家丞之秋实，将替君上（曹操）招来毁谤，其罪不小，我其实很惧怕啊！"

7 魏尚书令荀攸去世。荀攸智虑深密，并能设防以保身，自从跟随曹操南攻北讨，常常谋划于帷幄之中，时人及子弟都不知道他说了什么。曹操曾经说："荀彧举荐善人，得不到任用绝不罢休；荀攸排斥恶人，不看到免职绝不停止。"又说："两位荀先生评论人物，时间越长，越让人信服，我没世不忘。"

8 当初，枹罕人宋建因为凉州乱，自号为河首平汉王，改年号，置百官，维持了三十多年。冬，十月，曹操派夏侯渊从兴国出发，包围枹罕，攻陷，斩宋建。夏侯渊另派张郃等渡过黄河，进入小湟中，河西诸羌皆降，陇右平定。

9 皇帝自迁都许县以来，只是坐着帝位而已，左右侍卫都是曹操的人。议郎赵彦时常向皇帝陈言时事及对策，曹操厌恶，把他杀了。曹操有事入见皇帝，皇帝非常恐惧，说："先生如果能辅佐我，恩德至厚；如果不能，希望能开恩放我一条生路。"曹操脸色大变，频频行礼告辞。按照旧制：因为三公掌有兵权，朝见的时候，有虎贲卫士持刀左右挟持（因为三公领兵，怕他发动事变，所以防备），曹操出宫之后，环顾左右，汗流浃背，从此再也不入宫朝见。

董承的女儿为贵人，曹操诛杀董承，又找皇帝要人，杀了董承的女儿。皇帝说她有身孕，屡次求情，曹操不许。伏皇后于是感到恐惧，写信给父亲伏完，述说曹操残酷相逼之状，令伏完秘密图谋曹操。伏完不敢发动。事情最终泄露，曹操大怒，十一月，派御史大夫郗虑持符节及策书，收缴皇后印绶，以尚书令华歆为郗虑副手，勒兵入宫，逮捕皇后。皇后关闭门窗，躲在夹墙中。华歆破门而入，挖开墙壁，将皇后牵出。当时皇帝在外殿，请郗虑就座，皇后披头散发，光着脚，一路走一路哭，经过皇帝时诀别说："能不能救我一命？"皇帝说："我的命也不知道能活到什么时候！"转头对郗虑说："郗公，天下竟有这样的事吗？"于是将皇后关押在暴室，幽闭而死。皇后所生的两个皇子，都被毒死，兄弟及宗族死者一百余人。

10 十二月，曹操到孟津。

11 曹操任命尚书郎高柔为理曹掾，旧法：大军出征，如果有士兵逃亡，就逮捕拷问他的妻子。但是，逃兵还是止不住。曹操想加重刑罚，将逃兵父母、兄弟全部逮捕拷打。高柔进言说："逃兵确实可恶，但是听说其中也有后悔的。我认为应该宽恕他们的妻子，可以诱使他们回心转意。像之前那样，已经让他们绝望，如果再加重处罚，我担心军中士兵，见一人逃亡，自己也要被牵连，恐怕相随而走，要杀也找不到人杀了。这样的重刑，不仅不能制止逃亡，反而促使逃亡。"曹操说："善！"于是停止不杀。

建安二十年（乙未，公元215年）

1 春，正月十八日，立贵人曹氏为皇后，是魏公曹操的女儿。

2 三月，魏公曹操亲自将兵攻打张鲁，将从武都进入氐族地区。氐人堵塞道路，曹操派张郃、朱灵等攻破氐人。夏，四月，曹操从陈仓出散关至河池，氐王窦茂有部众一万余人，仗恃地势险要，拒绝投降，五月，曹操攻陷河池，屠城。

西平、金城诸将麹演、蒋石等，一起斩杀韩遂，将人头送给曹操。（这也是不断重复的故事，叛军面临穷途末路，首领最大的危险，就是被自己的部下刺杀求荣。）

3 当初，刘备在荆州，周瑜、甘宁等劝孙权攻取蜀地。孙权遣使对刘备说："刘璋没有军事才能，不能自守，如果让曹操得了蜀地，那荆州就危险了。如今，我计划先取刘璋，再取张鲁，一统南方。那时候，就是有十个曹操，也不怕了。"刘备回复说："益州民富地险，刘璋虽弱，足以自守。如果用兵于蜀、汉中，粮草物资运输，交通线长达万里，想战必克，攻必取，没有失利，这就是孙子、吴起，也做不到。议论的人只看到曹操失利于赤壁，认为他力量已尽，不再有远略。如今曹操三分天下有其二，将要饮马于沧海，观兵于吴郡、会稽，他岂肯安守现状，等着养老呢！如果我们同盟之间，自相攻伐，给曹操创造机会，让他乘虚而入，这不是长久的计策。我与刘璋同为宗室宗亲，还指望着凭借祖先威灵，匡扶汉朝。如今刘璋得罪于您，我也感到悚然畏惧，实在是不敢听到您的计划，希望您能够宽恕。"

孙权不听，派孙瑜率水军前往夏口。刘备不让军队过去，对孙瑜说："你如果要攻取蜀地，我当披发入山，也不失信于天下。"派关羽屯驻江陵，张飞驻守秭归，诸葛亮守南郡，刘备亲自把守孱陵。孙权不得已，召孙瑜撤回军队。

等到刘备攻取刘璋，孙权说："老滑头！竟敢奸诈至此！"

刘备留关羽守江陵，鲁肃与关羽临界，关羽不断挑起是非，鲁肃总是以欢好抚慰。

等到刘备已得益州，孙权令中司马诸葛瑾找刘备要求归还荆州诸郡。刘备不许，说："我正图谋凉州，凉州平定之后，就将荆州归还。"孙权说："这是借了不想还，说空话拖延时间罢了。"于是任命长沙、零陵、桂阳三郡长官，关羽将他们全部驱逐。孙权大怒，派吕蒙督兵二万，以取三郡。

吕蒙写信送到长沙、桂阳，二郡都望风归降，唯有零陵太守郝普守城不降。刘备接到消息，从蜀地亲自将兵到公安，派关羽争夺三郡。孙权也进驻陆口，亲自指挥军队，派鲁肃率一万人屯驻益阳以拒关羽，飞书召吕蒙，让他放弃零陵，火速回师协助鲁肃。吕蒙收到信，将消息保密，当夜，召集诸将会议，授以方略，说第二天清晨就攻打零陵，转头对郝普的老朋友、南阳人邓玄之说："郝普听说世间有忠义之事，也想做一个忠义之人，却不识时务。如今刘备在汉中，被夏侯渊包围，关羽在南郡，我主公孙权亲自攻打他，他自己首尾倒悬，救自己命都来不及，岂有余力来救援零陵？如今我估计双方实力对比，一天之内就能攻破零陵，城破之后，郝普必死，又何益于事？反而让百岁老母亲，在白发之时受到诛杀，岂不痛哉！我估计郝普听不到外面的消息，以为还有救兵来，所以如此吧。你可以去见一见他，为他陈述祸福。"

邓玄之于是去见郝普，把吕蒙的话一五一十告诉他。郝普惧而出降。吕蒙迎接，拉着他的手一起下船，谈话毕，将孙权的信给他看，拊掌大笑。郝普读了信，才知道刘备已到公安，而关羽也在益阳，羞惭得恨不得找个地缝钻进去。吕蒙留部将孙河留守零陵，即日率军赴益阳。

鲁肃想与关羽会面，诸将担心发生变故，商议说不能去。鲁肃说："今日之事，最好还是当面把话说开，刘备虽然忘恩负义，但是是非还没有定论，关羽岂敢以他个人私欲，害我性命？"于是邀关羽相见，双方兵马停驻在百步之外，诸将单刀赴会。鲁肃责问关羽为何不返还三郡，关羽说："乌林之战（赤壁之战），左将军（刘备）亲自上阵，勠力破敌，岂能徒劳，得不到一块土地吗？足下还来收地？"鲁肃说："不对，当初我与刘豫州在长坂坡相见之时，你们的部队不堪一战，无计可施，志气低落，想远投吴巨，根本指望不了还有今天。主公（孙权）怜悯刘豫州无处栖身，不爱自己的土地，不惜自己的民力，让刘豫州有所庇荫，度过患难。而刘豫州自私自利，虚饰矫情，辜负恩德，毁坏盟好，如今已经得手益州，又想兼并荆州，这样的事，就是凡夫俗子也做不出来，更何况是领袖人物呢？"关羽无言以对。

这时传来消息，说曹操将攻汉中，刘备担心失去益州，遣使向孙权求和。孙权令诸葛瑾主持谈判，重新确定盟好和约。于是分割荆州，以湘水为界：长沙、江夏、桂阳以东属孙权，南郡、零陵、武陵以西归刘备。

诸葛瑾每次出使入蜀，和弟弟诸葛亮只在公开场合会晤，散会之后，从不私下见面。（避嫌。）

4 秋，七月，魏公曹操抵达阳平。张鲁想率领整个汉中投降，但是他的弟弟张卫不肯，率领数万人据关坚守，顺着山势修筑城墙，绵延十余里。当初，曹操听信凉州从事及武都投降过来的人的说辞，说："张鲁容易攻取，阳平城下南北两山相距甚远，他们守不住。"等到自己亲自到了现场，才发现不是那么回事，于是叹息说："听他人意见，很少让人满意。"

曹操攻阳平山上诸屯，山势险峻，难以攀登，既不能攻拔，士卒死伤很多，军粮又将吃尽，曹操消沉沮丧，准备班师撤退，派大将军夏侯惇、将军许褚去把山上的士兵喊回来。结果前军夜里迷路，误打误撞，进到张卫另一个军营，营中大惊，霎时溃散。侍中辛毗、主簿刘晔等在士兵们后面，对夏侯惇、许褚说："官军已经占据贼军要屯，贼军散走。"两人还不相信。夏侯惇亲自上前，察看情况，然后向曹操汇报，再进兵攻打张卫，张卫等乘夜逃遁。

张鲁听说阳平陷落，又要投降，阎圃说："如今我们窘迫之下投降，没有谈判筹码，不如依靠杜濩，投奔朴胡，与曹军相拒对峙，然后再谈判投降，可以得到比较好的条件。"于是逃向南山，进入巴中。左右要烧毁宝货仓库，张鲁说："我本来要归顺国家，却没有实现我的愿望，如今走避兵锋，并无恶意，宝货仓库，都是国家财产。"于是封藏而去。曹操进入南郑，非常嘉许，又因为张鲁本有善意，派人慰问。

丞相主簿司马懿对曹操说："刘备以诈力夺取刘璋，蜀人并未归附，却远征江陵，这正是机不可失。如今我们攻克汉中，益州震动，进兵攻打，势必瓦解，圣人不能违背天时，但也不能错失良机。"曹操说："人啊，就是贪心不足，既得陇，复望蜀吗！"刘晔说："刘备是人中之杰，有谋略，但是反应比较慢，他得到蜀地的时间还很短，人民并不支持他。如今我们击破汉中，蜀人震恐，他们自己都会崩溃，以主公之神明，顺势推倒他，一定是攻无不克。如果错过这个时机，诸葛亮为丞相，明于治国；关羽、张飞为将，勇冠三军；蜀民人心既定，据险守要，则不可侵犯了。今日不取，必为后忧。"曹操不听。

过了七天，蜀中投降过来的人说："蜀中一日数十次惊扰，守将就是将作乱的人斩首，也不能安定下来。"曹操问刘晔："现在还能攻击吗？"刘晔说："如今已经小定，不能再攻击了。"曹操于是班师，任命夏侯渊为都护将军，节制张郃、徐晃等守汉中，任命丞相长史杜袭为驸马都尉，留下掌管汉中事务。杜袭抚慰开导百姓，令他们自愿迁居洛阳、邺城的有八万多人。

【柏杨曰】

时间仅隔七天，就从可击变成不可击，判断的正确性，使人怀疑。曹操已兴致索然，再次询问刘晔，不过是要封评论者之口，刘晔揣摩主人意愿，提供一个下台阶的工具。他如果坚持认为可击，曹操岂会改变主意。

【华杉讲透】

柏杨也是揣测，对很多历史事件，我们也只能根据著史者的字里行间来揣测。著史者自己也是揣测，但是他不明说，留给读者去揣测。我的揣测，也是感觉曹操这回情绪不高，要得陇望蜀，也准备不足。

5 八月，孙权率众十万包围合肥。当时张辽、李典、乐进将七千余人屯驻合肥。曹操征张鲁之时，给合肥护军薛悌送去一封教令，在信封边上写着："敌人到了，再打开。"等到孙权兵到，薛悌打开信封，教令上写着："如果孙权兵到，张、李将军出战，乐将军守城，护军不得参战。"诸将都认为众寡不敌，心有疑虑。张辽说："主公远征在外，如果等他来救，救兵未到，我们已经被击破了，所以留下教令，乘敌人还未集结完毕，即刻出击，打下敌人的气势，安定我们的军心，然后才能守城。"乐进等人都不说话。张辽愤怒说："成败之机，在此一战。诸君如果犹疑不定，我自己单独出战！"李典一向与张辽不和，慨然说："这是国家大事，我们只是在考虑你的计策到底如何而已，我岂能因为私怨而忘记公义吗？我跟你一起去！"

于是张辽当夜招募敢死队，得八百人，杀牛设宴，第二天早上，张辽披甲持戟，冲锋陷阵，斩杀两员大将，一路大喊自己的名字，冲进军营，杀到孙权大旗之下。孙权大惊，不知所措，急忙奔上一座土丘，左右长戟环绕自守。张辽呵斥孙权下来决战，孙权不敢动，望见张辽兵少，吴军将张辽重重包围。张辽冲击，带领麾下数十人突围而出，还在包围圈里的部众大呼："将军抛弃我们了吗？"张辽又杀回来，救出余众。孙权人马都望风披靡，无人敢挡。从早上战至中午，吴军气势全无。于是魏军回城，修治守备，军心安定下来。

孙权围城十余日，无法攻破，撤军而回。军队都上路了，孙权与诸将还在逍遥津北，张辽远远望见，即刻将步骑兵追击。甘宁与吕蒙等力战，凌统率亲近侍从扶孙权突围，再反身与张辽大战，左右全部战死，凌统也受伤，估摸着孙权已经走远，才撤退回来。

孙权乘骏马上桥，桥南端已经毁坏，一丈多宽的桥面没有桥板，亲近监（官名）谷利在马后，让孙权抱紧马鞍，放松缰绳，谷利鞭马以助其冲势，才一跃跃上南岸。贺齐率三千人在南岸迎接孙权，孙权才得以逃生。

孙权进入大船宴饮，贺齐下席涕泣说："至尊人主，应当持重，今日之事，几乎祸败，群下震怖，好像失去了天地一样。希望主公以此为终身之戒。"孙权亲自上前，给他擦干眼泪，说："非常惭愧，已经铭心刻骨，不仅仅是书在衣带上而已。"

【华杉讲透】

曹操深通兵法，张辽也了然，对曹操留下的教令，做出了正确解读。这是《孙子兵法·军争篇》："故三军可夺气，将军可以夺心。"《司马法》说："战以力久，以气胜。"《尉缭子》说："气实则斗，气夺则走。"这就是气势决胜，打仗就要懂得"治气"，能治自己的气，也能治敌人的气。孙权大军来攻，他的气势壮，魏军看见敌人兵多势大，害怕了，气势弱。这时候，就要治气，马上打一个胜仗，敌人的气焰就被打下去了，而我军的士气鼓舞起来了。这一仗一定要马上打，第一时间打。为什么呢？因为敌人十万大军，他不是同时抵达，是陆陆续续地来，先到的只是先头部队，人数并不多，不能等他集结完成，十万人都到齐，就不好打了。所以张辽说："是以教指及其未合逆击之，折其盛势，以安众心，然后可守也。"这一句话就说完了，趁他兵势未合，马上出击，他的气势折了，我们的士兵心安了，然后可守，目的还是守城。但是不先治气，就守不住。

战事的发展超出了张辽的预期，"吴人夺气"，吴军的战斗意志被彻底打垮了，应该加一句"孙权夺心"，孙权的心气儿也没了，他要撤退。这形势又变了，兵法叫"击其惰归"，他气势萎惰，要回家，那就在后面追击。这一战，孙权几乎丧命。

上一节，我们说到曹操情绪不高，这一仗，孙权也没心气了，都是人，都有弱点。两件事有一个共同点，就是曹操要得陇望蜀，孙权要攻陷合肥，都不是非办不可的事，而另一方呢，则是拼死相争，双方的战斗意志不一样，胜负就以意志力决定了。孙权还犯了第二个错误，就是他撤退，没有自己先撤，这是他再次低估了张辽。败了还轻敌，这太不应该，教训太大了，所以有贺齐和他的对话。

治气是战场上的决胜力，到了唐朝，我们还会遇到另一位治气大师——李世民，这里不展开了。在我们的日常工作中，治气也是领导力的关键，决定了你能不能发挥出团队每一个人的最大动能。读者宜切己体察，掩卷深思。

6 九月，巴郡賨族酋长朴胡、杜濩、任约，各自举众归附朝廷，于是分割巴郡，以朴胡为巴东太守，杜濩为巴西太守，任约为巴郡太守，都封为列侯。

7 冬，十月，设置"名号侯"以赏军功。（有金印、紫绶，但是没有食邑，不食租。）

8 十一月，张鲁率家属出降。魏公曹操拜张鲁为镇南将军，待之以客礼，封阆中侯，食邑一万户。封张鲁的五个儿子及阎圃皆为列侯。

【习凿齿曰】

阎圃当初谏止张鲁不要称王，而曹操因此追封他为列侯，那将来之人，谁能不思归顺呢？塞住本源，而水流自止，就是说这样的事啊！如果不明白这个道理，而只看重焦烂之功（武力征伐的作用），丰爵厚赏只给死战之士，那么人民就知道越乱越有机会，以杀伐相竞，个个倚仗武力，干戈无法停息了。曹公这一封赏，可以说是知赏罚之本矣！

【华杉讲透】

习凿齿所论"焦烂之功"，有一个典故：汉宣帝重用霍光，不听徐福限制霍光的劝谏。后来，霍光的子孙因为谋反被宣帝镇压，宣帝奖赏有功人员，唯独不赏徐福。于是有人上书讲曲突徙薪的故事：有一个过路人，看见主人家房子烟囱是直的，旁边堆着干柴，就建议主人把烟囱改成"曲突"，弯曲的，并且"徙薪"，把柴搬走，否则有祸患。主人不听，后来果然失火。邻里一起救火，幸而没有烧掉房子。主人设宴答谢邻居们，那位救火烧得焦头烂额的人坐在上席，却根本没有请那位建议他曲突徙薪的人。有人提醒他，说你当初如果听了他的话，根本就不会有火灾，你怎么不请他呢？主人醒悟，才把那人请来。

宣帝听了这个故事，也醒悟，重赏徐福，拜为郎中。

《孙子兵法》说："不战而屈人之兵，善之善者也。"怎么不战而屈人之兵呢？曹操这赏罚之道，就是不战而屈人之兵。《孙子兵法》又说："善战者，无智名，无勇功。"真正善战的人，没有诸葛亮那样的智名，也没有飞将军那样的勇功，因为他从不把自己搞得焦头烂额，都是防患于未然，事情没发生，一般人也就看不出来他有什么本事了。

9 程银、侯选、庞德都跟随张鲁投降。（程银、侯选是关中部将，庞德是马超部将，渭水和冀县战败后，都归附张鲁。）魏公曹操恢复程银、侯选官爵，拜庞德为立义将军。

10 张鲁逃亡巴中时，黄权向刘备建议："如果失去汉中，则三巴（巴东、巴西、巴郡）全被压制，这相当于是割去了蜀的股臂。"刘备于是任命黄权为护军，率诸将迎接张鲁。结果张鲁已经投降曹操，黄权于是移师攻打朴胡、杜濩、任约，全被击破。魏公曹操派张郃率诸军争夺三巴，想将当地人民全部迁徙到汉中，进军宕渠。刘备派巴西太守张飞与张郃相拒，五十余日，张飞袭击张郃，张郃大败，退还南郑，刘备也回师成都。

曹操将从前韩遂、马超的士兵五千余人分出来，命平难将军殷署等督领，任命扶风太守赵俨为关中护军。曹操派赵俨征发一千两百士兵协防汉中，由殷署负责督送，被选派的人都不高兴。赵俨护送到斜谷口，转身回去，还没到军营，殷署那边士兵已经发生叛乱。赵俨自己带领的步骑兵一百五十人，都是哗变士兵的亲属，听到消息，非常惊慌，穿上盔甲，手持兵器，十分不安。赵俨徐徐向他们晓谕成败的道理，恳切地慰抚勉励，士兵们都慷慨说："生死都跟着护军，不敢有二心！"赵俨就命他们分别前往各军营，召唤他们所认识的参与哗变的士兵，共八百余人，散布在原野。赵俨下令：只惩治带头闹事的，其余一概不问，其他逃亡被郡县逮捕的也全部释放。于是哗变士兵全部投降。赵俨秘密向曹操报告说："应该将这批人送回大营，派朝廷旧兵来守关中。"曹操于是派将军刘柱率两千人前来，准备到了之后，再遣返这些关中部队。很快消息走漏，诸营士兵大为惊骇，怎么做思想工作也没法安心了。赵俨于是宣称："将选出新兵中温和敦厚的一千人，镇守关中，其余的派往东方。"于是召见各营主管军籍的官员，送来名册，加以区别。那些被选中留下的，心意安定下来，与赵俨同心。而被选中派往东方的，也不敢闹事了。赵俨一日之内，把他们全部发遣上路。刘柱兵到之后，赵俨劝谕胁迫并用，将剩下的一千人也全部发遣，跟在前军之后东行。前后安全送抵邺城的，有两万余人。

建安二十一年（丙申，公元216年）

1 春，二月，魏公曹操回到邺城。

2 夏，五月，进封魏公曹操为魏王。

当初，中尉（就是汉朝的执金吾，相当于邺城警备司令）崔琰向曹操举荐巨鹿人杨训，曹操礼聘杨训。等到曹操进爵为王，杨训上书称颂功德。有人讥笑杨训阿谀浮夸，说崔琰举荐失当。崔琰从杨训处把奏章草稿取来观看，给杨训写信说："看了奏章，事情是好事，但是，要看时机！时机，会有变化的时候。"崔琰的本意，是说那些讥议的人，喜欢谴责别人，而不近情理。当时有跟崔琰平时有矛盾的人，告发说崔琰"态度傲慢，怨恨诽谤，心怀不逊之意"。曹操怒，将崔琰逮捕下狱，剃光头发，罚做奴隶苦役。之前告发崔琰的人又举报说："崔琰做奴工，直视宾客，胡须卷曲，好像怒目而视的样子。"于是曹操将崔琰赐死。

尚书仆射毛玠感伤于崔琰无辜，心中不悦。于是又有人告发毛玠口出怨言，诽谤魏王。曹操再逮捕毛玠下狱，侍中桓阶、和洽都替他讲理说情，曹操不听。桓阶请求调查事实。曹操说："举报的人说，毛玠不仅诽谤我，而且因崔琰的事而心怀怨恨，这是捐弃君臣恩义，妄为死友怨叹,实在是让人忍无可忍!"和洽说:"如果真像举报者说的那样,那毛玠罪过深重,天地不容,臣也不敢为他辩护,而罔顾君臣大伦。但是,毛玠多年蒙受大王恩宠,刚直忠公,为众人所忌惮,他不至于做出这种事情。当然,人心人情,也很难说,关键在于调查事实,对毛玠和告发他的人都要调查,才能得到真相。大王圣恩,不忍将他交司法部门审理,反而使是非曲直不能分明。"曹操说:"之所以不予拷问,是让毛玠和举报的人双方都能保全。"和洽说:"如果毛玠真有诽谤主上之言,就应该在街市斩首示众;但如果是举报的人诬告大臣,误导主上,却不加以调查,臣心中不安。"曹操仍然拒绝调查,毛玠于是被免职,终老于家。

当时西曹掾、沛国人丁仪当权,毛玠获罪,丁仪起了大作用,群臣畏惧他,路上遇见都不敢正眼直视。唯独尚书仆射何夔及东曹属、东莞人徐奕不事奉丁仪。丁仪诋毁徐奕,外放为魏郡太守,幸而靠桓阶帮助,免于被害。尚书傅选对何夔说:"丁仪已经陷害了毛玠,您也稍微低一下头。"何夔说:"行为不义,那只能害自己,哪能害别人!况且他心怀奸妄之心,立于明主之朝,他能长久吗?"(为丁仪被诛埋下伏笔。)

崔琰的堂弟崔林,曾经与陈群议论冀州人士,称赞说以崔琰为首。陈群认为,崔琰的智慧都不足以保全自己,贬低崔琰。崔林说:"大丈夫也有偶然遭遇之事罢了。如果都像你们这样,又有什么可贵呢?"

【华杉讲透】

崔林原话:"大丈夫为有邂逅耳!"崔琰遭遇的事,是不是偶然呢?曹操为什么拒绝调查呢?曹操是不是明主呢?

可以说,曹操"明","明"得很!他心里明镜一般地明白,他根本不关心崔琰和毛玠冤不冤,只是他刚刚封了魏王,进一步逼近皇帝,这时候,任何一点不同的声音都要即刻压制下去,谁送上来,就收拾谁。处理崔琰和毛玠,是释放政治信号,这两个人越是位高权重,越是有刚直忠公的名声,信号就越强,其他人就越不敢说话。崔琰、毛玠都要处理,你算什么呢?

曹操拒绝调查,因为调查就要拷打,他说是为了保全原告被告双方，这是真心话，对于他来说，这就是仁至义尽了，到此为止，也保护了后面的人，不要乱讲话，就都没事了嘛。但是，和洽不懂得他这番"苦心"，都是屁股指挥脑袋，不在那个位置上，就不太能理解那个位置的逻辑。

陈群说崔琰智不足以保全自身，这是孔子的标准："邦有道，不废；邦无道，免于刑戮。"国家有道，能当官任事；国家无道，能保全自己免于刑戮。崔琰没做到后一条。曹操算是有道明君，但是在加九锡的时候，死了荀彧，封魏王的时候，又死了崔琰，这不是在重复一样的事吗？崔琰怎么不吸取教训呢？他写信给杨训，意思含糊，不管他的"本意"是什么，不以为然是无疑了，文字被人发挥解读，自己也有责任。曹操杀他，没杀毛玠，曹操是分得很清的。

<u>君子明哲保身，保身，一是不同流合污，二是保全自己。</u>不说话，不抢先赞美，就达到不同流合污的标准了；说话，而说的话不是赞颂，好像很"客观"似的，"客观"就是不逊，因为你是臣，不是"客"，就会招来杀身之祸。

大丈夫处事，唯义而已，什么是义？义者，宜也，该怎样就怎样。在这个时候，坚决支持曹操是义呢，还是匡扶汉室是义呢？君臣大伦，是和曹操的君臣大伦呢，还是和献帝的君臣大伦呢？他们当然都是曹操的臣，但是，在当时的历史文化和环境下，总是有精神的迷雾，让人不能明哲保身。明哲者，明于事，哲于理，事和理，都不明白。

3 五月初一，日食。

4 代郡乌桓三个酋长都称单于，仗恃自己的势力，恣意骄纵，太守不能治。魏王曹操任命丞相仓曹属（掌管仓储的助理）裴潜为太守，打算给他精锐部队。裴潜说："单于知道自己行为放横，如果我带的兵多，他们一定惧怕，不让我入境；带的兵少呢，对他们又没有威慑力。应该以计谋图之。"于是单车赴任，单于惊喜，裴潜恩威并施，单于们全都慑服。

5 当初，南匈奴久居塞内，与编入户籍的汉族居民相同，但是不缴纳赋税。议事的人担心他们人口繁衍，难以控制，应该早做防范。秋，七月，南单于呼厨泉入朝于魏，魏王曹操于是将他留在邺城，派右贤王去卑监国。每年给单于供应棉布、丝绸、钱、粮，就如列侯一样，子孙传袭其号。又将他的部众分为五部，分别遴选贵族担任统帅，选汉人为司马监督他们。

6 八月，魏国任命大理钟繇为相国。

7 冬，十月，魏王曹操出兵攻打孙权；十一月，大军抵达谯县。

卷第六十八　汉纪六十

（公元217年—219年，共3年）

主要历史事件

曹操率军抵达居巢，开始攻击孙权　251
曹丕被立为太子，曹植失宠　252
刘备发兵进攻汉中　254
代郡、上谷乌桓无臣氏等造反，
曹操派其子曹彰前往征讨　256
夏侯渊战败，被刘备斩首　258
赵云使出空城计，大胜曹操　259
刘备攻占汉中，自称汉中王　260
关羽水淹七军，威震华夏　262
孙权大将吕蒙偷袭荆州，袭杀关羽　266
曹操表孙权为骠骑将军，领荆州牧　272

主要学习点

权力越大，责任越大　254
要始终站在领导的立场思考　255
不是每一个优秀的人都需要提升　256
领导者的三个职责　257
不怕死是大将的大忌　259
惟贤知贤，惟圣知圣　264
永远保持谦卑，保持敬畏　270

孝献皇帝癸

建安二十二年（丁酉，公元217年）

1 春，正月，曹操率军抵达居巢，孙权驻防濡须；二月，曹操开始攻击。

当初，右护军蒋钦屯驻宣城，芜湖县令徐盛逮捕蒋钦属官，上奏斩首。等到孙权在濡须，蒋钦与吕蒙负责诸军节度，蒋钦每每称赞徐盛。孙权问他，蒋钦说："徐盛忠诚勤强，有胆略器度，有领导一万人以上的才能。如今大事未定，臣当助国求才，岂敢挟私愤而遮蔽贤才呢？"孙权很称许他。

三月，曹操带兵撤退，留伏波将军夏侯惇、都督曹仁、张辽等二十六军屯驻居巢。孙权令都尉徐详晋见曹操请降，曹操遣使回报，双方修好，立下盟誓，结为婚姻。

孙权留平虏将军周泰留守濡须。朱然、徐盛等都在周泰部下，因为周泰出身寒门，不服。孙权大会诸将，设宴欢乐，命周泰解下衣裳，孙权亲手指着他身上的伤痕，询问哪一仗受的伤，周泰则回忆当时战斗的地方来回答。一一问毕，让他穿上衣服，孙权抓着他的手臂流涕说："幼平（周泰字幼平），你为我兄弟，战如熊虎，不惜躯命，受伤数十处，整个皮肤都像刻了画一样，我又怎么能忍心不以骨肉之恩待你，委托给你以兵权大任呢！"宴会结束，孙权暂时留步，派周泰率兵马为先导，在盛大的鼓吹军乐中，昂扬而出，于是徐盛等人服气。

2 夏，四月，皇帝下诏，魏王曹操设天子旌旗，出入戒严，清除街道。

3 六月，魏国任命军师华歆为御史大夫。

4 冬，十月，皇帝命魏王曹操冠冕挂十二条旒穗，乘六匹马拉的金根车，另有五种颜色的五辆副车。（都是天子规格。）

5 魏国立五官中郎将曹丕为太子。

当初，曹操娶丁夫人，无子；妾刘氏，生子曹昂；卞氏生四子：曹丕、曹彰、曹植、曹熊。曹操命丁夫人养育曹昂，曹昂死于穰城，丁夫人悲伤哭泣，没有节制，曹操怒，休了她。（曹昂之死，是因为曹操纳了张绣的婶娘，张绣恼羞成怒，降而复叛，曹昂战死。所以曹昂之死，曹操有直接责任，而且是风流债，丁夫人的悲号，是悲伤，也是控诉，夫妻俩就闹翻了。）

曹操以卞氏为正妻。曹植性格机警，多才多艺，文辞华丽，反应敏捷，曹操很喜爱他。曹操曾经想把女儿嫁给丁仪，曹丕认为丁仪一只眼睛大，一只眼睛小，劝谏曹操停止。丁仪由此怨恨曹丕，与弟弟、黄门侍郎丁廙，以及丞相主簿杨修，数次称颂临淄侯曹植之才，劝曹操立曹植为嗣。杨修，是杨彪之子。曹操以密函征求大臣们意见，尚书崔琰偏偏要公开回答，说："春秋之义，立长子，再加上五官中郎将仁孝聪明，应该继承正统，崔琰以死坚持这个意见。"曹植，是崔琰哥哥的女婿。

尚书仆射毛玠说："近年袁绍因为嫡庶不分，覆宗灭国。废立大事，不应该发生。"东曹掾邢颙说："以庶子替代正宗，这是先世所戒，希望殿下深思！"曹丕派人问太中大夫贾诩，如何能巩固自己的地位。贾诩说："希望将军修养德行，躬身学习，朝夕孜孜不倦，不要违背人子之道，如此而已。"曹丕听从，严格要求自己，砥砺修行。有一天，曹操屏退左右，问贾诩意见，贾诩默然不应。曹操说："问你意见，你不作声，为何？"贾诩说："我在想一件事，所以没回答。"曹操问："想什么事？"贾诩说："我在想袁绍、刘表父子的事。"曹操大笑。

曹操有一次出征，曹丕、曹植都送到路旁，曹植称述功德，发言出口成章，左右为之瞩目，曹操也非常高兴。曹丕怅然若失，济阴人吴质在一旁耳语说："大王将要远行，你只需要流泪就可以了。"到了辞别的时候，曹丕涕泣而拜，曹操及左右都唏嘘不已，于是大家都认为曹植多华丽之辞，而诚心不如曹丕。曹植一向任性而行，不知道雕饰自己，而曹丕施用权术，矫情自饰，宫人左右都说他好话，于是终于定曹丕为太子。

卞夫人左右长御（宫廷女官）道贺说："曹丕将军被立为太子，天下无不喜悦，夫人应当倾府藏以赏赐。"夫人说："大王因为曹丕年长，所以立他为嗣。我不过是幸而免于教导之过而已，有什么值得赏赐的呢？"长御回来，将卞夫人的话告诉曹操，曹操很高兴，说："愤怒而脸色不变，喜悦而不失节度，这是最难的！"

太子抱住议郎辛毗的脖子，说："辛先生知道我的喜事不？"辛毗回去把这事告诉女儿宪英，宪英叹息说："太子的责任，替代君主主持宗庙、社稷。替代先君，不可以不悲戚；主持国家，不可不惧怕；这应该悲戚惧怕的事，反以为喜，魏国的国运，还能昌盛吗？"

过了很久，临淄侯曹植乘车飞驰在驰道中，且开司马门而出，曹操大怒，斩公车令。从此对各诸侯国君开始严厉限制，曹植也失宠了。曹植的妻子身穿锦绣，恰巧被曹操登上高台时看见，以违反节俭禁令，休妻遣返回家，并赐死。

6 法正对刘备说:"曹操一举而降伏张鲁,平定汉中,却没有乘势以图巴、蜀,而留夏侯渊、张郃屯守,自己班师北还,这不是他才智不足,而是力量不足,必定是有内忧之故。如今我估量夏侯渊、张郃的才略,比不过我国将帅,我们兴师进讨,必可攻克。攻克之后,广开农田,积蓄军粮,再等待机会,上可以倾覆寇敌,尊奉王室;中可以蚕食雍州、凉州,广拓疆土;下可以固守要害,为持久之计。这是上天给予的机会,机不可失。"刘备很赞同他的计划,于是率诸将进兵汉中,派张飞、马超、吴兰等屯驻下辨。曹操派都护将军曹洪抵御。

7 鲁肃去世,孙权以从事中郎、彭城人严畯接替鲁肃,督兵一万人,屯驻陆口。众人都为严畯感到高兴,严畯则坚决推辞,说:"朴素书生,不懂军事。"发言恳切怛恻,至于流涕。孙权于是任命左护军、虎威将军吕蒙兼任汉昌太守,以替代他。众人都嘉许严畯能据实相让。

【华杉讲透】

这一节,讲了宪英论曹丕,又记述了严畯坚辞兵权之事,都是权力和责任的道理,<u>权力越大,责任越大</u>。关注点在权力背后的利益,就喜不自胜;关注点在权力背后的责任,就戒慎恐惧。在我们的生活中,面对权力的态度,也是这两种人,有的人享受权力,有的人如履薄冰。

8 定威校尉、吴郡人陆逊对孙权说:"如今要克敌制胜,平定动乱,没有充分的人力不行,而山越一向作恶,又仗恃深山险阻。腹心未平,难以图谋远方,平定了他们,可以扩大我们的兵源,从中得到精锐。"孙权听从,任命他为帐下右部督。

这时丹阳贼帅费栈作乱,煽动山越。孙权命陆逊讨伐,将他击破。于是在东三郡征兵,强者入伍,弱者编入户籍,得精兵数万人;一路清剿,盘踞多年的盗匪和变民,尽皆荡除,所过之处,全部肃清,回师屯驻芜湖。

会稽太守淳于式上书弹劾说:"陆逊随意抓壮丁,所在之处,人民愁扰。"陆逊后来到了首府见孙权，谈完工作，补充称赞淳于式是个好官。孙权说："淳于式告你的状，你反而推荐他，为什么呢？"陆逊回答说："淳于式想养民，让人民休养生息，所以告发我。如果我反过来诋毁淳于式，那就是扰乱圣德，此风不可长。"孙权说："你这是忠厚长者做的事，一般人做不到。"

【华杉讲透】

陆逊所做的，不是忠厚，而是智慧和格局，是始终站在主君的立场，这是我们每个人需要学习和养成的素质。大家都是为主君工作，那就要站在主君的角度思考和作为。能站到这个角度，就超越了个人恩怨，与国家同频共振，与主君共进退。

再说，淳于式告他抓壮丁，他跟孙权本来就是商量去抓壮丁的，他知道淳于式告不倒他。

从内心来说，他也理解赞同淳于式，这又是"自古知兵非好战"的器局了。

陆逊真英雄，一出场就器度不凡。

9 魏王曹操派丞相长史王必统御军队，镇守许县。（曹操居城在邺城，派王必控制许县。）当时关羽强盛，京兆人金祎眼见曹操即将篡夺汉朝，于是与少府耿纪、司直韦晃、太医令吉本、吉本的儿子吉邈、吉邈的弟弟吉穆等，密谋杀死王必，挟天子以攻魏，南引关羽为援军。

建安二十三年（戊戌，公元218年）

1 春，正月，吉邈等率其党一千余人，夜攻王必，烧其大门，射中王必肩膀，帐下督扶王必奔南城。这时天亮了，吉邈等部众溃散，王必与颍川人、典农中郎将严匡一起平定叛乱，将吉邈斩首。

2 三月，有孛星出现在东方。

3 曹洪准备攻打吴兰，张飞屯驻在固山，声言要截断曹洪军后路，众人紧张狐疑。骑都尉曹休说："敌人如果真要断我后路，那应该秘密埋伏，岂有先张声势之理？很明显是他们根本没有这个能力。我军应该趁他们还未集结完成，迅速出击，击破吴兰，张飞自然就撤走了。"曹洪听从，进兵，击破吴兰军，斩吴兰。三月，张飞、马超撤退。

曹休，是曹操的族侄。

4 夏，四月，代郡、上谷乌桓无臣氐等造反。

之前，曹操召代郡太守裴潜，升任丞相理曹掾，曹操非常欣赏裴潜治理代郡的功劳。裴潜说："我对汉人百姓虽然宽厚，对胡人却很严峻。如今，继任的人，一定认为我过去对胡人太严，而加之以宽惠。胡人一贯骄纵恣肆，对他们过宽，他们一定就放纵。放纵之后，又不得不施之以法制，他们的怨恨叛乱之心又滋生了。我估计，代郡一定再发生叛乱。"

于是曹操非常后悔太快召回裴潜。

后来过了数十天，三位单于反叛的消息果然送到。曹操派他的儿子、鄢陵侯曹彰代理骁骑将军，前往征讨。曹彰从小就擅长骑马射箭，膂（脊梁骨）力过人。曹操叮嘱曹彰说："居家为父子，受事为君臣，一举一动都要按王法从事，你要切记！"

【华杉讲透】

裴潜提拔而代郡叛乱，这是一个管理学难题。一个人因为表现优秀而得到提升，往往是从一个他最擅长的岗位，被提拔到一个他不擅长的岗位。或者说从一个最需要他的岗位，提拔到一个并不是非他不可的岗位。所以，不是每个人都需要提升，而是需要在较低的职位。如果较低的职位重要且在其位的人杰出，那么如果老板格局大，眼光长远，那这个人也能有较高的、甚至超过更高职位的收入。

裴潜当然能胜任丞相府的工作，但是，接替他的安排没有做好，就像曹操后悔的那样，提拔早了。

5 刘备屯驻阳平关，夏侯渊、张郃、徐晃等与之相拒。刘备派部将陈式等去阻绝马鸣阁道路，被徐晃击破。张郃屯驻广石，刘备攻不下来，迅即征调益州兵。诸葛亮征求从事、犍为人杨洪意见，杨洪说："汉中，是益州咽喉，存亡的关键，如果不占据汉中，也就没有蜀了。这是家门之祸，有什么疑问呢？当然要发兵！"当时法正正跟从刘备北征，诸葛亮于是表奏杨洪代理蜀郡太守。杨洪一切安排妥当，于是去掉"代理"二字。

当初，犍为太守李严延聘杨洪为功曹，李严还没离开犍为，杨洪已经任蜀郡太守。杨洪举荐说门下书佐何祗有才干策略，杨洪还在蜀郡任上，而何祗已经升任广汉太守。于是益州人士都佩服诸葛亮能识拔人才，人尽其用。

秋，七月，魏王曹操亲自率兵进攻刘备。九月，到达长安。

【华杉讲透】

领导者的三个职责：一是自己有本事，能带领大家打胜仗；二是不光显自己本事，而是让团队每个人都得到充分的发挥，人尽其用；三是成就他人，培养新的领导者。诸葛亮可谓是有领导力了。

6 曹彰攻打代郡乌桓，亲自上阵搏战，身上铠甲被射中数箭，而斗志更加激昂，乘胜追击，一直打到桑干之北，大破乌桓，斩首、俘虏数以千计。当时鲜卑酋长轲比能将数万骑兵观望强弱，见曹彰力战，所向披靡，于是请求投降。北方全部平定。

7 南阳吏民苦于徭役，冬，十月，宛县守将侯音反叛。南阳太守东里衮与功曹应余逃出城外，侯音派骑兵追捕，流箭四射，应余用身体遮蔽东里衮，身中七箭而死，侯音将东里衮抓回。当时征南将军曹仁屯驻樊城以镇荆州，曹操命曹仁回师征讨侯音。功曹宗子卿对侯音说："足下顺民心，举大事，远近无不望风归顺，但是你囚禁太守，这是违逆之事，又没有什么益处，何不把他释放？"侯音听从。宗子卿于是夜里翻墙而出，跟随太守，招募余众，包围侯音。正赶上曹仁军到，一起攻打宛县。

建安二十四年（己亥，公元219年）

1 春，正月，宛县陷落，曹仁屠城，斩侯音，再回师屯驻樊县。

2 当初，夏侯渊虽然数战数胜，但是曹操经常告诫他说："身为大将，应该有胆怯的时候，不能一味仗恃勇敢。将领当然应该以勇敢为本，但是也要辅之以智谋，如果一味逞勇，那就只是能敌过一个普通人罢了。"等到夏侯渊与刘备相拒超过一年，刘备从阳平南渡沔水，顺着山势，稍稍向前，在定军山扎营。夏侯渊带兵来攻。法正说："可以出击了。"刘备派讨虏将军黄忠乘高鼓噪攻击，夏侯渊军大败，斩夏侯渊及益州刺史赵颙（曹操所任命的益州刺史，实际并不能到任）。

张郃带兵退回阳平，当时军中新失元帅，军心不安，不知所为。督军杜袭与夏侯渊的司马、太原人郭淮收集散卒，号令诸军说："张将军是国家名将，也是刘备所忌惮的，今日事态紧急，非张将军不可！"于是临时权宜推荐张郃为元帅。张郃出营，勒兵按阵，诸将都受张郃节度，众心乃定。

第二天，刘备想渡过汉水来攻，诸将都认为寡不敌众，想在水边列阵抵御。郭淮说："这反而让刘备看见我们兵少，并不足以挫敌，没有胜算。不如远离河水列阵，引他渡河，等他渡过一半，再出击攻打，则可击破刘备。"

如此列阵之后，刘备犹疑，不敢渡河。郭淮于是坚守，以示没有撤退之意，并将军情向曹操汇报。曹操赞许，遣使授以张郃符节，仍旧任命郭淮为司马。

【华杉讲透】

此处大有兵法可讲：

曹操说大将应该有胆怯的时候，《孙子兵法》讲大将的性格缺陷，"将有五危"，第一条就是"必死可杀"，你如果不怕死，怀有必死之心，就真被人杀了。用现代经营的话说，叫"风险偏好太高"。

《论语》里也有这样的故事，子路问孔子："老师如果带兵出征，带谁跟你去？"子路的意思，他会武功，又不怕死，老师当然带他去。孔子知道他心思，冷冷地说："不怕死的人我不带，一定带那临事而惧、好谋而成的人。"有勇无谋，还不怕死，就会给军队带来灾难。

郭淮远离河岸列阵，也是《孙子兵法》里的标准战术，两军之间隔着一条河，或者隔着一道山谷，各据一山，这种地形，兵法上叫"支形"："我出而不利，彼出而不利，曰支。支形者，敌虽利我，我无出也，引而去之，令敌半出而击之利。"

支形，就是谁先进攻，就对谁不利；隔着河，你出动得先渡河，兵半渡可击，渡一半的时候，就是你最脆弱的时候；隔着山谷，你出动得先下到谷底，再往上仰攻，也是吃亏。所以，这种情况，敌人引诱我，我也不出动。怎么办呢？引而去之，往后撤，引诱他出动，他出一半，我再反扑回来。

郭淮就是按教科书办事，刘备一看，会发生什么书上都有，所以他不渡河，这一仗就到此为止了。

3 二月三十日，日食。

4 三月，魏王曹操从长安出斜谷（斜谷道险），先派兵控制要害之处，然后大军挺进到汉中。刘备说："曹公虽来，也干不成事，汉川一定是我的了。"于是集中兵力，据守险要，拒绝出战。曹操的军粮运到北山下，黄忠带兵出去抢粮，过了约定时间，还没有回来，翊军将军赵云率数十骑兵出营探望，正赶上曹操大军出动，仓促间与赵云遭遇，赵云即刻发动攻击，且战且退。魏兵被打散，又集合起来，追到赵云军营。

赵云入营，大开营门，偃旗息鼓。魏兵担心赵云有埋伏，撤退。赵云擂鼓震天，以劲弩在后面射击魏军。魏兵惊骇，自相踩踏，坠入汉水淹死的很多。刘备第二天过来，到赵云军营，视察昨日战场，说："子龙一身都是胆！"

曹操与刘备对峙一个多月，魏军逃兵很多。夏，五月，曹操将汉中诸军全部撤回长安，汉中于是归刘备所有。

曹操担心刘备北取武都氐人，逼近关中，问雍州刺史张既，张既说："可以劝告氐人向北迁徙以避刘备，先到的有厚赏，那先到的得了好处，后来的羡慕了也跟着来。"曹操听从，派张既到武都，迁徙氐人五万余落到扶风、天水居住。（胡三省注：曹操放弃武都，氐人散居秦川，苻氏乱华的种子就此埋下了。）

5 武威人颜俊、张掖人和鸾、酒泉人黄华、西平人麴演等，各据其郡，自号将军，互相攻击。颜俊派使者把母亲和儿子送到魏王曹操处为人质，请求援助。曹操问张既意见，张既说："颜俊等人外假国威，内生傲悖，计定势足之后，他们又要再反叛罢了。如今我们的重心是平定蜀地，应该让他们自己相互斗去。就像《战国策》里的卞庄刺虎，让两只老虎自己斗，最后出手，两只老虎都到手了。"曹操说："善！"

过了一年多，和鸾杀死颜俊，武威人王祕又杀死和鸾。

6 刘备派宜都太守、扶风人孟达从秭归北攻房陵，杀房陵太守蒯祺，又派养子、副军中郎将刘封从汉中顺沔水而下，统率孟达军。刘封与孟达攻打上庸，上庸太守申耽举郡投降。刘备任命申耽为征北将军，领上庸太守，任命申耽的弟弟申仪为建信将军、西城太守。

7 秋，七月，刘备自称汉中王，设坛场于沔阳，陈兵列众，群臣陪位，宣读奏章（奏章实际无法上达，只是表示对皇帝尊重），然后拜受玺绶，戴上王冠。将奏章派人乘驿车送到首都，并交还之前朝廷所授的左将军、宜城亭侯印绶。立刘禅为王太子。擢升牙门将军、义阳人魏延为镇远将军，领汉中太守，镇守汉川。

刘备回到成都，任命许靖为太傅，法正为尚书令，关羽为前将军，张飞为右将军，马超为左将军，黄忠为后将军。其余臣僚都各有提升。

刘备派益州前部司马、犍为人费诗给关羽送去印绶，关羽听说黄忠地位与自己并列，怒道："大丈夫不与老兵同列！"不肯受拜。费诗对关羽说："开创王业者，各种类型的人都要用。当年萧何、曹参是高祖少年时代的朋友，而陈平、韩信是后来从楚国逃亡投靠过来的，但是排座次的时候，韩信最高，从来没听说萧何、曹参有什么怨言。如今汉中王因为一时之功尊崇黄忠，但是他内心有亲疏轻重，难道黄忠能跟您一样吗？汉中王与您仍是一体，同悲喜，共祸福。我认为，您不应该计较官号之高下，爵禄之多少。我只是一个使者，奉命行事，您不受拜，我回去复命汇报就是了。我只是替您惋惜，恐怕您之后会后悔。"

关羽大受感悟，即刻受拜。

【王夫之曰】

关羽是可用之才，但是没能用好而以至于败亡，是刘备骄纵他，这不是驾驭将领之道啊！韩信说刘邦："陛下能将将。"能将将，则能取天下。刘备就不善于将将了，刘备入蜀，带诸葛亮、张飞、赵云同行，而留关羽守江陵，因为他认为关羽可信而且有用。吴、蜀两国在可离可合之间，却留一个自己绝对信任但是好逞勇自傲的人来和吴国相处，他能处理好吗？为吴、蜀定下联盟大计的是诸葛亮，如果我为刘备设计，应该留诸葛亮率赵云、张飞守江陵，而自己带关羽入蜀。留下关羽，却不知关羽恨吴国，激怒吴国，最后发展到孙权投降曹操，而鲁肃一番苦心得不到实现。

刘备岂止是没有用好关羽呢，他对诸葛亮也不够信任，他担心诸葛亮和吴国关系太深，不能完全按他的意志行事罢了。刘邦能信任张良，曹参是他的故旧，又有百战之功，但是，运筹帷幄的大事，还是只有张良能参与，并不以私心而偏爱故旧。而刘备信任关羽超过信任诸葛亮，这是很明显的了。诸葛瑾出使蜀国而不敢和诸葛亮有兄弟亲情的来往，这就是刘备有诸葛亮而不能用，一味信任骄纵关羽。

吴、蜀的结盟不能善终，关羽最终因此而死，荆州丢失，关羽能逃避他的责任吗？关羽守江陵，数次与鲁肃生疑心，而诸葛亮的战略得不到贯彻，鲁肃的苦心也得不到回报。鲁肃以欢好抚慰关羽，难道他是偏爱关羽，畏惧刘备吗？他只是希望吴蜀并力，对抗曹操而已。而关羽毫不谅解。

关羽争夺三郡，这是贪忿之兵而已，但是鲁肃仍然和他坦诚相见，以义理正告，关羽无言以对。刘备当初败于长坂坡，而关羽的兵却毫发无损。是诸葛亮出使东吴，鲁肃西向迎接刘备，这两人定下双方盟约。赤壁之战，功劳在诸葛亮，而不在关羽。关羽由此嫉妒诸葛亮，也忌恨鲁肃。那诸葛亮和鲁肃结成的盟约，终究就要被他破坏了。

但是鲁肃始终没有因为关羽无礼而改变心意和战略，一方面以义理折服关羽，另一方面又平息孙权的愤怒，仍然希望吴蜀联合，共同抗曹。鲁肃死后，吕蒙继任，吴国没有人再能去和关羽周旋，而诸葛亮也有难言之隐，当初的战略就毁掉了。鲁肃之死，就是关羽之败、曹操之幸，而刘备就孤立了。

8 皇帝下诏，册封魏王曹操夫人卞氏为王后。

9 孙权攻合肥。当时曹操各州部队都屯驻在淮南，扬州刺史温恢对兖州刺史裴潜说："这里虽然也有敌人，但是不足为忧。如今水势开始上涨，曹仁孤军在外，又没有长远防备，关羽骁勇狡猾，恐怕曹仁会遇到变故。"果然，关羽很快派南郡太守麋芳守江陵，将军傅士仁守公安，自己亲自率军攻打樊城。曹仁命左将军于禁、立义将军庞德屯驻樊城北。八月，连绵大雨，汉水溢出河岸，平地水深数丈，于禁等七军军营都被淹没。于禁与诸将登高避水，关羽乘大船攻击，于禁等穷迫，于是投降。庞德在河堤上，披甲持弓，箭不虚发，从清晨开始奋战，过了中午，关羽越攻越急，庞德箭矢用尽，短兵相接，庞德越战越勇，意气越壮，而水势越来越高，所有官兵都投降了。庞德登上小船，想回到曹仁大营，结果小船倾覆，弓箭也丢失了，庞德抱着船身漂浮在水中，被关羽生擒。庞德站立，拒绝下跪。关羽对他说："你的哥哥在汉中，我希望任用你为将，何不早降？"庞德骂道："竖子！魏王带甲百万，威震天下，你家刘备一个庸才，岂能匹敌？我宁为国家之鬼，不为贼将！"关羽于是处死庞德。魏王曹操听到消息，说："我认识于禁三十年，想不到他临危处难，反而不如庞德！"封庞德的两个儿子为列侯。（曹操收兵于兖州时，于禁就跟随他为将，而庞德是后来随张鲁归降曹操的。）

关羽急攻樊城，城中被大水侵蚀，到处崩塌，众人都很恐惧。有人对曹仁说："今日之危，不是人力可以支持的，可以趁关羽的包围圈还未合拢，夜里乘轻船撤走。"汝南太守满宠说："山洪暴发，水来得快，去得也快。我听说关羽遣别将已经到郏县，许县以南，百姓惊扰。但是关羽之所以不敢继续北进，就是因为担心我军断他后路。如果我们撤了，黄河以南，都不再为国家所有了，我们应该坚守在这里。"曹仁说："善！"于是沉白马与军人盟誓，同心固守。城中人马只有数千，而城垣还没被淹没的，也只有数尺而已。关羽乘船临城，重重包围，内外断绝。关羽又遣别将将吕常包围在襄阳。荆州刺史胡修、南乡太守傅方都投降关羽。

10 当初，沛国人魏讽有能迷惑众人之才，倾动邺城，魏相国钟繇延聘他为西曹掾。荥阳人任览与魏讽是朋友，同郡人郑袤，是郑泰之子，郑袤对任览说："魏讽是个奸雄，终将会作乱。"九月，魏讽秘密联结党徒，与长乐卫尉陈祎密谋袭击邺城，还未到举事日期，陈祎惧怕，告发魏讽。太子曹丕诛杀魏讽，连坐死者数千人。钟繇被免职。

11 当初，丞相主簿杨修与丁仪兄弟谋立曹植为嗣，曹丕十分忧虑，把朝歌县长吴质藏在竹筐里，用车拉进府中商议。杨修向曹操告发，曹操还没来得及查验。曹丕惧怕，告诉吴质，吴质说："没关系。"第二天，用车拉着竹筐，筐里装着绢布进府，杨修告发，查验，筐里并没有人。曹操于是怀疑杨修。之后曹植也因为骄纵，被曹操疏远。曹植一直主动联系杨修，杨修也不敢拒绝。每次去曹植那里，因为曹植思虑不够周密，杨修就揣摩曹操心思，估计他会问曹植什么话，预先写了数十条回答，告诉曹植左右说："教令如果送来，根据他问的问题，选择作答。"于是，每每曹操的教令刚出，曹植的答卷就交上来了。曹操奇怪怎么这么快，追问调查，真相大白。曹操本来就因为杨修是袁术外甥而厌恶他，就以泄露言教、交通诸侯的罪名，将杨修逮捕诛杀。

12 魏王曹操任命杜袭为留府长史，驻地在关中。（在关中设留府，防备蜀。）关中地方军阀许攸（不是袁绍那里投降过来的许攸，是另一个同名的人），坐拥部众，拒绝归附，又满口大话，侮慢曹操，曹操大怒，准备先讨伐他。群臣大多进谏说："应该招怀许攸，共讨强敌。"曹操把大刀横放在膝盖上，满面怒色，不听。杜袭进来想进谏，曹操先给他顶回去："我主意已定，你不要再说话了！"杜袭说："如果殿下的计策是对的，我就帮助殿下去完成。如果殿下的计策是错的，就算是定了，也应该改正。殿下不让我说话，岂不是太不开明了吗？"曹操说："许攸侮辱我，怎么能饶了他！"杜袭说："殿下认为许攸是什么人呢？"曹操说："凡人一个。"杜袭说："只有贤德的人才能认识理解何为贤德，只有圣人才知道谁是圣人，凡人怎么能知道非凡之人是怎么回事呢？方今豺狼当道，却要先讨伐狐狸。别人会说殿下避强攻弱，进不为勇，退不为仁。我听说，千钧之弩，不会用来射老鼠；万石之钟，不会因为一根小草撞它就发出声音。如今区区一个许攸，何足以劳殿下之神武呢？"曹操说："善！"于是厚厚地抚慰许攸，许攸归服。

【华杉讲透】

那时候如果有网络，许攸就是每天恶语侮辱曹操，自吹自擂的，曹操怎么办呢？"惟贤知贤，惟圣知圣"，像许攸这样的人，他不知道曹操怎么回事，那完全在他的认知和想象范围之外。他自己有一支小队伍，高喊"曹操算个屁"的时候，也只能在部下面前麻醉自己。曹操如果回击他，就耽误正事了。杜袭的谏言，可以供今天被网络暴民攻击的成功人士学习。

13 冬，十月，魏王曹操到洛阳。

14 陆浑县变民首领孙狼等作乱，杀死县主簿，向南归附关羽。关羽授给孙狼将印，并给他补充兵员，让他回去继续作战。自许县以南，往往都响应关羽，关羽威震华夏。魏王曹操甚至商议要迁都以避关羽，丞相军司马司马懿、西曹属蒋济对曹操说："于禁之败，是因为洪水，不是战斗之失，对国家大计，也没有造成很大损害。孙权和刘备，表面亲密，实际上疏远，关羽得志，是孙权不愿意看到的。可以派人劝孙权袭击关羽后方，将江南封给孙权，则樊城之围自然解除。"曹操听从。

当初，鲁肃曾经劝孙权，因为曹操的存在，应该拉拢关羽，和他同仇敌忾，不能失了双方和气。等到吕蒙接替鲁肃，屯驻陆口，认为关羽是个枭雄，对东吴有兼并之心，又居于长江上游，目前的和平形势难以长久，对孙权密言说："如今令征虏将军孙皎驻守南郡，潘璋驻守白帝，蒋钦率机动部队一万人在长江上下游弋，哪儿有敌人就去哪儿，我再前据襄阳，如此，何须担忧曹操！何须依靠关羽！况且关羽君臣，仗恃他们的诈术和武力，所在之处，都是反复无常，不能把他们当心腹对待。如今关羽之所以没有向东攻击，不过是因为至尊您的圣明，还有我吕蒙这样的大将在。如果我们不在现在攻打他，等我们死了，谁还治得了他呢？"孙权说："我们先取徐州，再图关羽，如何？"吕蒙回答："如今曹操远在河北，镇抚幽州、冀州，还顾不上东方，徐州守兵，自然不足为虑，去了就能攻下来。但是，徐州地势平坦，四通八达，骑兵可以往来驰骋，我们今日取徐州，曹操大军十天就到，我们就是留七八万人来守，也未必守得住。不如攻取关羽，全据长江，国力更强，也更容易防守。"孙权同意。

孙权曾经为自己的儿子求娶关羽的女儿，关羽不同意，还辱骂来使，孙权怒。等到关羽攻打樊城，吕蒙上书说："关羽征讨樊城，却留了很多兵守备，一定是担心我从背后袭击他。我本来多病，就以治病为名，让我带一部分兵回建业。关羽听说后，一定撤走留守的军队，全部投入襄阳战场。这时候，我们大军昼夜兼程而上，袭其空虚，则可攻下江陵，生擒关羽。"于是吕蒙声称病重，孙权发布公开文告，召吕蒙回建业，商量大计。吕蒙经过芜湖，定威校尉陆逊对吕蒙说："关羽与您接境，将军为何远离南下，以后难道不会担忧吗？"吕蒙说："就像我来之前说的，确实是因为生病。"陆逊说："关羽自负骁勇，气势凌人，现在有了大功，更加意骄志逸，一心要北进，并不在乎我们，如今他听说你生病，更加不设防备。如果我们出其不意，一定可以把他制服。您南下见到主公，可以和他好好商议。"吕蒙说："关羽一向勇猛，我们难以匹敌，如今他已占据荆州，施行恩信，再加上他立了大功，胆势更壮，并不容易对付。"

吕蒙到了建业，孙权问："谁能接替你的位置？"吕蒙说："陆逊谋虑深长，有才能担当重任，我观察他的格局和谋略，终将得到大用，而且他现在还没有什么名气，也不会引起关羽忌惮，没有比他更合适的了。如果用他，可以让他对外韬光养晦，实际秘密窥视机会，可以一举攻克关羽！"孙权于是召见陆逊，拜为偏将军、右都督，替代吕蒙。

陆逊到了陆口，给关羽写了一封信，赞美他的功勋，深深地谦逊，把自己的位置放得很低，表达出一种效忠关羽，希望跟随他的意思。关羽大为安心，于是毫不防备，又调了一部分军队去樊城前线。陆逊将情况详细汇报给孙权，陈述擒服关羽的要略。

关羽得了于禁数万人马，粮食不足，于是擅自夺取孙权所属湘关储粮。孙权听说，便发兵攻击关羽。孙权令征虏将军孙皎与吕蒙为左右大都督，吕蒙说："主公如果觉得孙皎有能力，就用他；如果认为我有能力，就用我。当初周瑜、程普为左右都督，督兵攻打江陵，虽然决策权归周瑜，但是程普自恃老将，况且两人都是都督，并不与周瑜和睦，几乎败坏国事，这正是前车之鉴。"孙权醒悟，向吕蒙道歉说："就以卿为大都督，命孙皎为后备军。"

魏王曹操出师汉中，命平寇将军徐晃屯驻宛城以助曹仁。等到于禁陷没，徐晃向前挺进到阳陵坡，关羽派兵屯驻偃城，徐晃兵到，在侧翼小道挖掘壕沟，显示出要截断他后路的样子，关羽部将烧毁军营撤退。徐晃于是得了偃城，连营向前稍稍推进。曹操派赵俨以议郎身份担任曹仁的军事参谋，和徐晃一起前往就任。其他的救兵还没到，徐晃的兵力不足以解围，而诸将都呼吁责备徐晃，催促他出击救援曹仁。赵俨对诸将说："如今敌军包围圈很坚固，洪水也还未退去，我军兵少，而且与曹仁隔绝，并不能里应外合，贸然出战，只不过是自己损失罢了。不如前军进逼敌军，派间谍向城中通告消息，让他们知道救兵已到，激励士气。估计北军不过十天就到，他们还能坚持，到时候内外齐发，一定可以击破敌人。如果因为我们拖延救援而要军法从事，由我负责！"诸将皆喜悦。徐晃军营一直进抵到关羽包围圈三丈之遥，挖掘地道，又用箭将飞书射进城中给曹仁，于是内外可以互通消息。

孙权写信给曹操，说自愿征讨关羽，为国效力，并请曹操不要泄露消息，让关羽有了防备。曹操问群臣意见，群臣都说应该保密。董昭说："军事崇尚权变，关键是合乎利益。应该答应孙权保密，但实际又把消息泄露出去。关羽听说孙权打过来，如果回师自护，那樊城之围就解除了，对我们有利。而且可以让他们两家相争，我们坐待其敝。如果我们保守秘密，让孙权得手，不是上计。而且，现在在包围圈里的将士不知道外面有救兵，每天算着粮食快吃完了，心怀恐惧，如果生出别的心思来，那祸患不小！从这方面讲，也是泄露消息为好。再说关羽为人强悍，自以为城池守备坚固，他一定不会马上退兵。"曹操说："善！"即刻让徐晃把孙权的书信分别射进城里以及关羽营中。城中士兵得到消息，士气百倍。而关羽果然犹豫不去。

魏王曹操从洛阳南救曹仁，群下都说："大王还不赶紧去，恐怕他们就要失败了。"唯独侍中桓阶说："大王认为曹仁等人的智慧，能不能正确评估形势？"曹操说："能。"又问："大王认为曹仁、吕常二人会不尽力吗？"曹操说："不会。"桓阶问："那大王为什么要亲自去呢？"曹操说："我怕敌人兵多，徐晃等人力量不够。"桓阶说："如今曹仁等身处重围之中，而死守无二，是因为大王在外有强大的声援。他们居于万死之地，必有死争之心。内怀死争，外有强救，大王按兵不动，以示还有余力，何须担忧他们失败而亲征呢？"曹操赞赏他的意见，于是驻军于摩陂，前后派出殷署、朱盖等十二个营区支援徐晃。（桓阶这番宏论，为什么曹操用兵需要保留余力，什么道理，搞不懂！）

关羽的围城部队指挥大营设在一座山丘上，又另有四个山丘上扎有军营。徐晃声称要攻打关羽主营，而实际秘密集结，攻打另外四座山丘的军营。关羽见四营不能支持，亲自带步骑兵五千出战，徐晃迎击，关羽退走。关羽在包围圈布下十层鹿角障碍，徐晃追击关羽，与关羽一起冲入营中，击破关羽军，傅方、胡修都战死。关羽于是撤围而退，但是舟船仍然据守沔水，襄阳隔绝不通。

吕蒙到了寻阳，在船中埋伏精兵，派穿平民服装的人摇橹，其他人穿着商人服装，昼夜兼行。关羽所设置的江边瞭望哨兵，全部被抓获捆绑，所以关羽不知消息。糜芳、士仁一向不满关羽轻视自己。关羽出征的时候，糜芳、士仁供应军资不力，关羽扬言："等我回来治你们！"糜芳、士仁恐惧。于是吕蒙令故骑都尉虞翻写信给士仁，陈说成败，士仁收到书信，即刻投降。虞翻对吕蒙说："我们这是幽灵部队，应该带士仁跟我们一起走，另外留兵守城。"于是带着士仁到南郡，糜芳守城，吕蒙带士仁和他相见，糜芳于是开城出降。吕蒙进入江陵城，从监狱放出于禁，并俘虏了关羽及将士家属。

吕蒙抚慰俘虏们，并下令军中："不得侵犯民家，求取财物。"吕蒙麾下一个士兵，和吕蒙是同郡老乡，拿了老百姓一个斗笠，盖在公家的铠甲上，铠甲虽然是公家的，吕蒙仍然认为他违反军令，不能因为他是自己同乡就破坏军令，一边流泪一边下令将他斩首。于是军中震栗，道不拾遗。吕蒙早晚派人问候地方长老，问他们缺什么东西，有病的就给以医药，饥寒的赐以衣服粮食。关羽府藏的财宝，都封存等孙权来处理。

关羽听说南郡陷落，即刻撤退向南。曹仁与诸将会议，都说："如今关羽危惧，可以追击擒获。"赵俨说："孙权侥幸利用关羽出击、内部空虚的机会，偷袭其后。他担心关羽回师去救，被我们利用他们两败俱伤的机会，所以假意送信来，说是为朝廷效命，不过是希望坐看我们战斗，等待胜败结果，再做他的打算罢了。如今关羽已失其根本，孤军奔进，我们应该留着他，让他去祸害孙权。如果我们深入追击，那孙权就不需要防关羽，改为防我们，那就是我们的祸患了。大王一定也会这么考虑。"

曹仁于是解除军事戒备，放弃追击。魏王曹操听说关羽撤退，担心诸将追击，果然紧急送来命令，和赵俨所考虑的一模一样。

关羽数次给吕蒙派去使者，吕蒙则厚待来使，带他周游城中，家家户户都平安，有的还写信托使者带回去。使者回到军中，将士们私底下打听情况，都知道家人平安，而且待遇比平时还要好！于是关羽手下将士，都没有斗志了。

孙权到了江陵，荆州将吏全部归附，唯独治中从事、武陵人潘濬称病不见，孙权派人用床把他抬来，潘濬伏面趴在床上不起来，涕泣交横，哀号哽咽，不能自已。孙权呼叫他的字"承明"，恳切慰谕，又让亲近左右用手帕给他擦干眼泪。潘濬起身，下地拜谢。孙权即刻任命潘濬为治中，荆州军事一律向他咨询意见。

武陵部从事樊伷煽动诸夷人，想以武陵郡归附汉中王刘备。官员向孙权汇报，要求派一万人前往征讨，孙权不听，召潘濬问计，潘濬回答说："派五千兵去，足以擒获樊伷。"孙权问："你为何如此轻视他呢？"潘濬说："樊伷是南阳旧姓（南阳樊姓，是光武帝的母亲一族），有口才，但是没有实际才略。我之所以知道他，是因为一件小事。樊伷曾经设宴招待州里人物，到了中午，菜还上不来，有十几个人自己起身走了。这就好比看侏儒演滑稽戏，看一节就知道他手段如何了。"孙权大笑，即刻就派潘濬将五千人前往，果然将樊伷斩首，平定武陵。

孙权任命吕蒙为南郡太守，封孱陵侯，赏钱一亿，黄金五百斤；任命陆逊为宜都太守。

十一月，汉中王刘备所任命的宜都太守樊友弃郡而走，诸城官吏及蛮夷酋长皆投降陆逊。陆逊请孙权颁发金、银、铜印给新归附过来的将领，派他们攻打蜀将詹晏等，以及秭归当地土豪武装。全部击破或招降，前后斩首、招降数以万计。孙权任命陆逊为右护军、镇西将军，进封娄侯，屯驻夷陵，把守西陵峡口。

关羽自知势孤力穷，于是向西，坐保麦城。孙权派人招降，关羽假意投降，在城上插满幡旗，树立假人，而秘密逃走，军队解散，只有十几个骑兵跟着。孙权早已派朱然、潘璋截断他的逃亡归路。十二月，潘璋帐下司马马忠在章乡捕获关羽及其子关平，斩首，荆州平定。

【华杉讲透】

《孙子兵法》："不战而屈人之兵者，善之善者也。"又说："上兵伐谋，其次伐交。"吕蒙平定荆州，就是这一法则的完美演绎。他和关羽，实际上没有打仗，像抓逃犯一样把关羽父子给擒了。一开始是"伐交"，外交战，关羽根本就没外交，他骄傲自大，盛气凌人，得罪了所有人，包括敌人、盟友和自己内部人，诸葛亮定下的联吴抗曹大计，给他搞成欺吴打曹，结果是曹吴联手，把他办了。然后是伐谋，伐谋是什么意思呢，就是伐掉他的谋，伐掉他心头的念想，伐掉他的战斗意志。吕蒙俘虏了关羽将士家属，又照顾他们家家平安，就伐掉了关羽全军的战斗意志，谁都不想打仗了。这就是不战而屈人之兵，关羽的部队自己就瓦解了。

骄兵必败，关羽"威震华夏"，但是他的每一个念头，每一步举措，都被人算得死死的还不知道，从威震华夏到束手就擒的转换，就这么快！所以，永远要保持谦卑，保持敬畏，保持戒慎恐惧，每个人都是脆弱的，自以为强大，只是不知道自己有多脆弱而已！

当初，偏将军、吴郡人全琮上书陈述关羽可取之计，孙权担心事情泄露，没有回答。等到擒获关羽，孙权在公安设宴庆祝，转头对全琮说："你之前向我陈述过这计策，我虽然当时没有回答，而今天的胜利，也是你的功劳！"于是封全琮为阳华亭侯。孙权又任命刘璋为益州牧，驻地在秭归。没多久，刘璋去世。

吕蒙还没来得及受封，旧病复发。孙权把他接到自己行馆旁边，想尽一切办法医治照护。吕蒙时常要针灸医治，孙权为之忧戚。一天几次想去看看他怎么样，又怕打搅他，就在墙壁上穿个孔偷看。看见他稍微能吃点东西，就喜滋滋地看着左右，不然的话，就叹息不止，夜不能寐。稍后，吕蒙病情稍轻，孙权为之下令赦免罪犯庆祝，群臣毕贺。但是，吕蒙还是病逝了，得年四十二岁。孙权哀痛不已，为他设置三百户人家负责守墓。

孙权与陆逊讨论周瑜、鲁肃及吕蒙说："公瑾（周瑜）雄烈，胆略过人，于是能击破曹操，开拓荆州，很少有人能够和他相比。子敬（鲁肃）由公瑾推荐给我，第一次和他谈话，他就谈到帝王大业，这是一大快事。后来曹操收服了刘琮，放言要率数十万大军水陆并进，我与诸将会议，个个都不敢先发言，而张昭、秦松则说应该遣使迎降，只有子敬说不可！让我急呼公瑾，将大任交给他，逆击曹操，这是第二大快事。后来虽然他劝我借地给刘备，这是他的短处，但不足以损伤他之前的两大长处。周公对人不求全责备，我也只记鲁肃的长处，不计较他的短处，我拿他和邓禹相比。（邓禹建策以开光武中兴之业，但是邓禹未能平定赤眉，都是打败仗，最后是冯异给他收拾烂摊子。）子明（吕蒙）少年时，我就认为他做事不避艰难，果敢有胆，等他成年之后，学问越来越开阔，谋略非同寻常，仅次于周瑜，只是没有周瑜那样的雄姿英发、谈笑风生罢了。图取关羽，子明超过子敬。子敬曾经写信回复我说：'帝王之起，总有人在前面替他驱除，关羽不足为忌。'这是子敬他自己办不到，对外说大话而已，我也原谅他，不予苛责。但是子敬作军屯营，一向令行禁止，部界之内，没有一个人不尽忠职守，做到了路不拾遗。他治理军民之法，也是尽善尽美了。"

孙权与于禁并马而行，虞翻呵斥于禁说："你一个降将，还敢与主公并肩骑马吗？"拿起鞭子就要打于禁。孙权将他喝止。

【华杉讲透】

孙权封全琮，他的奖赏之道，和曹操相当。

刘备夺取益州，将刘璋迁居公安，孙权占了公安，得了刘璋，马上任命他为益州牧，利用他的政治价值，打击刘备，这是他的战略思维。

对鲁肃，只记优点，不记缺点，这是用人的关键。每个人都有短处。我们要用的是他的长处，不是短处，看他短处干吗呢，心里明白，不要把他往短处用就是了。

这里还有一个重点，就是吕蒙的进步，我们重抄一下之前的记载：

孙权对吕蒙说："你如今当官任事，不能不学习！"吕蒙推辞说军务繁忙。孙权说："我是要你治儒经当博士吗？我只是要你有所涉猎，了解历史而已。你说你忙，还比我更忙吗？我都经常读书，觉得大有裨益！"吕蒙于是开始学习。后来鲁肃从寻阳经过，与吕蒙论议，大惊说："你今天的才华韬略，已经不是当年的吴下阿蒙！"吕蒙说："士别三日，当刮目相待。大哥您才发现啊！"

吕蒙是真读书，而且学以润身，知行合一。相比关羽呢，在《三国演义》里他是一副秉烛夜读《春秋》的形象，他的读书，是假读书，只是晓得些说法，没有真正懂得那些道理。

15 孙权表示臣服之后，魏王曹操召张辽等诸军（在合肥驻防，防备孙权）全部还师救援樊城，还没走到，樊城之围就已经解除。徐晃整顿部队，回师摩陂，曹操亲自到七里外迎接。曹操置酒大会，举酒对徐晃说："保全樊城、襄阳，是将军您的功劳啊！"也厚赐桓阶，任命为尚书。曹操认为荆州残破，想将当地人民及在汉川屯田的士兵迁走。司马懿说："荆楚人心脆弱，关羽新败，那些作恶的人，正像老鼠一样藏着观望，如果把好人都迁走了，既违背他们的意愿，又让那些逃亡的人都不敢回来。"曹操说："你说得对！"于是逃亡的人都回来了。

16 魏王曹操表孙权为骠骑将军，假节，领荆州牧，封南昌侯。孙权派校尉梁寓入朝进贡，又将朱光释放送回。（朱光，曹操的庐江太守，被孙权俘虏，见公元214年记载。）孙权上书向曹操称臣，陈说天命，曹操把孙权的信给大家看，说："这是要把我架在炉火上烤吗？"侍中陈群等都说："汉祚已终，这也不是今天才发生的事了。殿下功德巍巍，万民瞩望，所以孙权在远方称臣，这也是天人感应，异气齐声。殿下宜正大位，这有何怀疑呢？"曹操说："如果天命在我，我愿意做周文王。"

【华杉讲透】

曹操说的，也是真心话，周文王三分天下有其二，但还是服事于殷商，建国大业，留给他的儿子周武王去完成。曹操做了文王，曹丕就要做武王了。

【司马光曰】

教化，是国家的急务，而俗吏轻慢；风俗，是天下之大事，而庸君忽略。只有明智君子，深识长虑，才能懂得教化风俗为益之大，功效之远。

光武帝遭遇中衰，群雄鼎沸，奋起于布衣之身，光复汉室，征伐四方，日理万机，但仍然崇尚儒经，延聘宿儒，广开学校，修明礼乐。武功既成，文德也到位。明帝、章帝继承光武遗志，经常到学校拜会老师，递上经书，请老师讲道。从公卿大夫到郡县官吏，全部选用明经修身之人，而虎贲卫士，也学习《孝经》，匈奴弟子，也游学于大学。于是教化立于上，而风俗成于下。忠厚清修之士，既被公卿大夫所尊重，也为平民百姓所仰慕。而愚鄙污秽之人，不仅不容于朝廷，也见弃于乡里。从三代以来，风俗教化之美，没有能赶上东汉的。

和帝之后，贵戚擅权，嬖幸用事，赏罚无章，贿赂公行，贤愚混淆，是非颠倒，可以说是太乱了！但还不至于覆亡，因为上有公卿、大夫袁安、杨震、李固、杜乔、陈蕃、李膺等人在朝堂上谏争，用公义扶持危局；下有布衣之士符融、郭泰、范滂、许劭之流，立舆论以救其败政；以至于触冒斧钺，僵仆于前，忠义奋发，继起于后，随踵就戮，视死如归。这些前仆后继之士，只是因为他们贤德吗？这也是光武、明帝、章帝传下来的教化！在那个时候，如果能出现一位明君，振作起来，则汉室之祚还不可限量！不幸的是，在这伤害颓废之余，又遇上桓帝、灵帝这样的昏虐之君，他们对奸邪小人的爱，超过骨肉至亲；他们殄灭忠良，甚于铲除寇仇！搞到天下积愤，四海怨怒，于是何进征召外兵，董卓乘势而起，袁绍之徒从而起兵，祸患连接，以至皇帝四处流亡，宗庙废为丘墟，生灵涂炭，天命已绝，不可复救。

但是，州郡拥兵割据者，虽然互相吞噬，表面上还都打着尊崇汉室的名义。以曹操之暴戾强横，加之有大功于天下，心中早就没有什么君上了，但是到死都不敢废汉自立。是他没这个想法吗？是他仍然敬畏名义，抑制自己罢了。由此观之，教化岂能轻慢，风俗怎可忽视呢！